THE SEDONA METHOD

圣多纳释放法

持久幸福、成功、平静的秘诀

〔美〕海尔·德沃斯金◎著

顾啸峰◎译

北京科学技术出版社

著作权合同登记号　图字：01-2024-1564

图书在版编目（CIP）数据

圣多纳释放法 / （美）海尔·德沃斯金著；顾啸峰
译 . — 北京：北京科学技术出版社，2025.4（2025.11 重印）
书名原文：The Sedona Method
ISBN 978-7-5714-3819-7

Ⅰ.①圣… Ⅱ.①海… ②顾… Ⅲ.①心理学 Ⅳ.
① B84

中国国家版本馆 CIP 数据核字（2024）第 068932 号

策划编辑：李　菲
责任编辑：李　菲
责任校对：贾　荣
责任印制：吕　越
出 版 人：曾庆宇
出版发行：北京科学技术出版社
社　　址：北京西直门南大街 16 号
邮政编码：100035
电　　话：0086-10-66135495（总编室）　　0086-10-66113227（发行部）
网　　址：www.bkydw.cn
印　　刷：北京顶佳世纪印刷有限公司
开　　本：710 mm × 1000 mm　1/16
字　　数：260 千字
印　　张：19.75
版　　次：2025 年 4 月第 1 版
印　　次：2025 年 11 月第 7 次印刷
ISBN 978-7-5714-3819-7

定　　价：108.00 元

献给莱斯特·利文森

国外对圣多纳释放法的盛赞

圣多纳释放法为我们提供了一个切实可行、经过验证的情绪和精神自由的方案，让我们能够体验生活的喜悦和快乐。

畅销书《男人来自火星，女人来自金星》作者，约翰·格雷

圣多纳释放法是一个非常强大的工具，可以帮助你找到内在的平衡及情感的自由。它会支持你快速地将你的意识状态从压力和抗拒转变为放松与接纳。我强烈推荐圣多纳释放法。

畅销书《接纳不完美的自己》作者，黛比·福特

非常简单，也非常有效！对于教练、咨询师、治疗师、管理者和任何渴望深刻、温和、快速改变的人来说，圣多纳释放法都是一个极佳的方法。

畅销书《觉醒的亲密关系》作者，盖伊·汉德瑞克

这是一个强大而深刻的方法，可以让你在工作和生活中实现快速、持久的改善和突破。

畅销书《销售的心理学》作者，博恩·崔西

没有什么朝圣比我们对自身的探索更为重要了。圣多纳释放法是一个很有价值的方法，可以帮我们完成自我发现之旅，这会带来强有力的个人突破和新的开始。它的设计深具智慧、简洁、慈悲，它将引领你过上梦寐以求的生活。

畅销书《活在当下》作者，芭芭拉·安吉丽思

（国内众多知名心灵导师对圣多纳释放法这一情绪释放工具均有独到的见解，现按照篇幅长短的顺序编排如下。）

推荐序 1
在负重前行的世界里，找回轻盈的自己

我们几乎所有人都在负重前行，并且我们都已经习以为常。我们似乎都已经忘记了自己曾经也天真烂漫，我们开始妥协、压抑、屈服，我们开始接纳这就是人生。事实上，真的是这个样子吗？

不是的，完全不是这样的，我们每一个人都有可能活得轻松、自在。

曾经的我们一心想要获得，或许也曾经获得了金钱、身份和地位，可是到头来，却发现唯一没有获得的就是内心的幸福。在人生的某一个时间节点，我们终于可以停下来，开始反思，反思自己到底做了什么，收获了什么，同时又失去了什么。

我们终于发现，过去的自己在现实世界不断获取的同时，也在不断地在自己的内心积淀情绪垃圾。正是因为这些情绪垃圾的不断积淀，我们持续感觉到困顿、疲惫、痛苦，甚至绝望。我们开始警醒：我不想要这些，我想要幸福，让我快点摆脱这些情绪重负。

这是发自我们觉醒的内心的呼喊，可是，进一步，我们却发现，自己不知道该怎么做，我们开始到处寻求解决方案。我们不停地探索、学习、咨询，参加各种心灵成长训练营，一心想要将那该死的"情绪垃圾"驱逐出境。我们用力过猛，但是收效甚微。

曾经的我也是这样。作为一名高度敏感者，在生命过去的几十年里，相比于他人，我的内心承担了太多负重。终于，我完全不堪重负，开始感受到万念俱灰，我变得完全不知所措，但是，出于对心灵的敏感，在我内心一直有一个声音：生命不应该是这个样子的。

2021 年年末，我成立了一个高敏感人群成长互助社区——高敏感星球，开始和更多的伙伴一起对生命展开探索，也是对自己还有更多同样处境的伙伴展开救赎。

大概是在星球成立后几个月，有一名伙伴给我推荐了一个人——莱斯特，我了解了他的一些事迹，并阅读了这本书。在这本书正式出版之际，我写了这段推荐序。我认为这本书为我们以上提及的情境提供了解决方案，并且是非常简单、直接、有效的解决方案。

关于圣多纳释放法的具体应用，以我的个人感知和经验，有两个核心要点和大家分享。

第一，我们需要认知到"不是情绪紧抓着我们不放，而是我们紧抓着情绪不放"。

这个认知是颠覆性的。大多数人根本无法理解这一点，会感觉到非常困惑。

这种困惑的根源在于我们把"自我"和"自己"等同了。实际上，在很多时候，将自己陷入某些情绪是自我所需要的，自我的核心目的就是要感觉到"自我的存在"，而情绪则是"自我的存在"的最好证明，至于我们幸福不幸福，对于自我来说并不重要。

在这里，说我们紧抓住情绪不放，实际上是"自我"紧抓住情绪不放。只是因为我们在大多时候都是被自我绑架了，而且我们对此没有觉知，自我的意愿就成为我们自己的意愿，而在情绪这个问题上，自我的意愿和我们自己的意愿是完全相反的。

一旦我们对以上内容有所领悟，我们的情绪释放就完成一半了。

第二，"释放"这个词有些不太准确，更准确的说法应该是"放下"，是一种无为。

说到"释放",我们会自然想到要做些什么,要花一些力气将情绪垃圾向外推。实际上不是这样的,我们无需做这些动作,反而如果我们刻意这么做,情绪释放的效果还会大打折扣。

我们需要做的只是"放下"。具体来说,我们之前是花费气力来紧抓情绪,现在只要允许自己不再花费气力,对情绪放手,这些情绪就会自然而然释放掉。

我们很多人之前参加过一些情绪疗愈训练营,让自己做这个、做那个,实际上方向全都错了,有时候,感觉到情绪有所缓和,也只是因为"通过做其他事情,将情绪感受暂且掩盖了",这些都是治标不治本的。实则情绪释放没有这么复杂,只是需要我们"心念一转"。

在理解了以上两个核心要点的基础上,我们再进行圣多纳释放法的练习,就会减少很多疑惑和顾虑。感受任何一种情绪,然后问自己"你能释放这些情绪吗?你愿意释放这些情绪吗?什么时间释放?"我们对此逐渐给予肯定回答,就可以释放情绪了。

这是多么简单的事情啊,而它却有可能为我们几乎所有人都带来更为轻松、愉悦的生活。我为此感到非常激动和兴奋。如果你也一样,那就赶紧开始吧。

世间皆苦,感谢莱斯特,感谢每一位为减少人类苦痛而做出贡献的伙伴。关于圣多纳释放法,我之后也会在高敏感星球引领练习,欢迎关注我们。愿我们所有人都可以活得轻松、自在。

神木

高敏感星球创始人

推荐序 2
通往清晰的路

木工房里，有一个木匠丢了一块手表，他招呼同伴们和他一起赶紧找。他们翻腾着地上的刨花和木屑，把半成的家具搬过来搬过去，可是找了半天，还是找不到。等他们都出去了，木匠的儿子悄悄走进屋子，不一会，就找到了这块手表。

木匠很奇怪，我们这么多人折腾半天也没找到，你是怎么一下子就找到的？儿子说，很简单，你们走了以后，我就只是安静的坐着，一会儿我就听到手表滴答滴答的声音，跟着声音很快就找到了。

我们总是说要倾听内心的声音，但通常，每一刻我们头脑里都会有无数声音，这些声音带动胸中各种各样的情绪涌起，我们无法分辨清晰什么才是所谓真正内心的声音。越是这样，我们就越焦躁，就越希望在外部快速抓取到答案。而当我们把自己的中心移到外部时，我们就离自己越来越远，试图抓住一些幻觉如救命稻草。我们把稻草当作自己的中心。

没有清晰的问题，怎么会有清晰的答案呢？为了寻找答案，我们就这样离开简单，走向复杂。每天我们都在忙碌地寻找，内心却感觉一无所获。

通过内心的寂静可以抵达清晰，但我们如何抵达寂静呢？静置一杯浑水，沙尘落下，水会变得清澈。浑水的本质是清水，只是混杂了沙尘。在我们之内，我们拥有内在的寂静，我们不需要在外面寻找寂静，只需要处理抵达内在寂静的障碍。

通常，这些障碍来自某些情绪，或者某些限制性的信念。我们被这些情绪和信念束缚着，甚至我们已经习惯了这种束缚。

这些我们想处理的情绪是一种能量，藏在我们自身某处，如果我们未曾充分看到、未曾充分释放，它们就还在那里。它们就像天上的云，时有时无，聚散难测，却让我们不时感到阴晴悲欢。而经由我们对情绪能量的认识，我们就可以找到对这些情绪能量释放的路径。

圣多纳释放法提供了一条可以在生活中简易使用的路径。它的朴素在于，我们并不用做加法，而是让我们回到简单的内在能量状态，就像孩子一样。而这种回归背后的意义却是深远的。

我很喜欢书里的这句话："请不要相信这本书里的任何话，除非你能够证明它。"在这个信息庞杂的时代，面对各种神奇方法、各种权威头衔，拥有一种独立思考的态度，可以让我们既不盲从，又乐于实践。

任何美食，自己尝过以后才知道好不好吃、是不是你的菜。任何方法也是如此。经过实践之后，那些对自己有效的，可以带来成长和突破的，可以感受到爱的，是我们的路。

而我们习惯于去寻找和抓取，期望有一个救世主向我们伸出闪着炫光的稻草。我们的心，沉溺于我们自己的浑水中，越搅动，越浑浊。

任何的理论都需要经由我们的实践，获得属于我们自己的经验，才能转化为自己的智慧。通过信息采集和逻辑思考得来的，只是借来的智慧。只有经过我们反复应用，发现它确实给我们带来了帮助、成长和进化，它才是我们自己的，我们才会自然的反复应用它。

如果我们仅仅去追随某一位导师，或在避世的环境中学习某一个方法，而不去把这些方法用到生活里，那么这种方法就永远不属于我们，还是属于导师、属于特有的环境而已。这就是为什么很多方法，当失去了它的导师之后，就失去了生命力，追随者也变得更加迷茫，甚至迷失了自己。

而另一些方法，当你学到了、用到了，你甚至再不需要见到你的导师，你都可以在生活中应用它，它可以在你生活工作中的点点滴滴中发光。好的方法，自己是有生命力的。

所以，"请不要相信这本书里的任何话，除非你能够证明它。"——而要容易"证明它"，还需要这个方法足够简单。

简单来自你"本来就有"。我们生来简单，在这一点上，我们并不需被教育，而只需唤醒和忆起。当我们身处大自然，仰望星空和宇宙，往往可以感受到一种内心的连接，在我们内心深处，我们拥有所有的智慧，答案在我们的心里早已经存在，只不过我们把它遗忘了，我们设置了障碍。

而简单的路，却并不容易走。我们不相信，这么简单就能做到，我们不相信只需要唤醒自己一直存在的某一个部分，或者回归到某一部分，就能拥有完整。这样的信念同样是一种障碍和限制。我们相信复杂的逻辑才管用，复杂的技术更过瘾，但打动我们的心的，却往往是简简单单的东西。

个人成长并不存在于某一本书里，某一个课上，也不存在于某一个权威、某一个大师的教导里，更不存在于一次次安抚、一次次逃避里，个人成长就在生活的点滴里。在每一个点滴的进程中，我们都在走近我们的心，我们都在辨认出我们究竟是谁。

这种辨认由犹疑到坚定，由模糊到清晰。

个人成长的路漫长而遥远，却也可以瞬间折叠如虫洞。我们内在障碍越少，离我们的心就越近，我们就越清晰，也越发印证通往清晰的路可以那么简单。

云起云落，无碍天空依旧。我们越清晰，意味着我们越自由。

乌实

冥想导师 / 心探索创始人

推荐序 3

在当今这个快节奏、高压力的世界里，我们往往被各种情绪所困，焦虑、恐惧、愤怒、不安成为了日常生活的一部分。

我们习惯于认同自己的念头、情绪和头脑的活动，把它们当作"我"的一部分。然而，这种认同不仅让我们陷入痛苦，也让我们无法真正触及自身的自由与幸福。

我日常教学使用的心理学方法，其中的核心假设是"头脑不是我，念头不是我，情绪不是我"——而《圣多纳释放法》正是这样一本指引我们放下内在束缚、回归真实自由的实践指南，让我们认识到：我们从未被这些内在活动所定义，我们的本质远比它们更广阔、更自由。

圣多纳释放法的创始人莱斯特·利文森（Lester Levenson）通过亲身的探索，创造了一种简单却极具力量的原始释放技术，能够帮助我们释放负面情绪，恢复内在的宁静与清明。莱斯特用这一方法彻底改变了自己的生命状态，也帮助了无数人在事业、关系、健康乃至个人成长方面获得突破。

释放：从认同到超越

《圣多纳释放法》不仅是一种简单可行的情绪释放技术，更是通往深度自由的通道。它的核心理念是：情绪、念头和头脑的活动只是暂时的现象，它们可以被观察、被体验，但不必被执着或认同。当我们学会释放情绪，而不是紧抓不放，我们会发现，它们并不属于"我"，而只是像云一样飘过的现象。通过不断地放下，我们会越来越接近那份无条件的平静、喜悦和自由——那个始终存在、超越所有情绪和念头的"真正的自己"。

从寻求者到发现者

在自我成长的过程中，我们往往被误导去寻找外在的解决方案，希望通过学习、努力、奋斗来获得幸福。然而，真正的自由不在未来，不在知识的积累中，而在当下的直接体验里。圣多纳释放法的实践让我们从"寻求者"转变为"发现者"，不再向外索求，而是回到自己的内在，发现那片早已存在的宁静之地。

邀请你开始这场自由之旅

本书不仅涵盖了圣多纳释放法的基本原理，还通过实践案例与具体方法，带领读者一步步体验。它不仅仅是一套技术的介绍，也是一场深刻的意识转化旅程。

如果你愿意尝试，它会让你体验到：你从未真正受困于头脑的活动，而只是误以为自己是它的一部分。圣多纳释放法会帮助你放下执着，松开内在的紧绷，最终发现——自由一直都在，它只是等待着你放开手，让它显现。

愿这本书成为你通向真正自由的钥匙，让你不仅能释放情绪，更能释放自己，活出超越自我、无限广阔的喜悦生命体验。

卢熠翎

全国服务标准化技术委员会心理咨询服务分技术委员会委员

中国心理卫生协会妇女健康与发展专业委员会委员

张德芬空间合伙人　SRI 自我整合体系创始人

推荐序 4

早在数年前，就陆续听闻圣多纳释放法，改变了很多人的生活。而当我自己，有机缘细细深入了解时，真的很赞叹佩服。这无疑是大道至简的技术，从根本上消除各种负面情绪和压力，核心在于"放下"。

当代的都市大忙人，备受焦虑抑郁、失眠痛苦等心理压力的束缚和困扰，心身疲惫，内耗抓取。每个人都渴望活出天赋创造、随心所欲、无限自由的生命状态。然而随着我们追逐一个又一个新目标，欲望渴求越强烈，贪取执着越难以摆脱。

当我们无法活出心中所愿，失败匮乏挥之不去，恐惧抗拒如影随形。年岁增长，时光流逝，我们大部分人，选择遗忘最初的梦想，又心有不甘，抱怨评判。

你越恐惧什么，就越吸引什么。

你越抗拒什么，就越强化什么。

不管你现阶段想要的目标是实现某个愿望、解决某个难题、找到内在缺漏，还是想要在灵性层次获得提升，要达到目标，方向都是一样的：你得先释放内在的无用能量，释放掉内耗、杂念、恐惧和抗拒。

而圣多纳释放法，无疑是有益于我们每一个人的智慧福音。这套心理舒压与自我检视技术，人人可以上手掌握，再加以练习，我们就能有效掌握和应用。每个人都有天生的释放能力，通过有意识的觉察和练习，就能被唤醒。

唤醒我们心中最赤诚的渴望，唤醒活出真我，那最自由无碍、无限可能的本来面目。

当你看到所有的情绪和感受，都是对控制、被认可与寻求安全感三大基本欲望的表现，请释放它们。

当你渴望"不受限制的自由",超过了其他一切。当你想要解脱自在的程度,高于你想要被认可、想要控制或想要安全的程度。

当你"决定"让自己通过这个方法,获得轻松自在。注意,非常大的重点:决定!"这只是一个决定",一个新的决定而已。

当你开始对每个问题,更敞开更弹性,更愿意选择说"放下"。

当你开始随时随地、持续不断地释放,甚至连同"想改变的欲望"也一并释放。当释放得越来越多,你会变得更轻松愉快、更有活力,直到超越幸福状态,进入宁静和自由。

所以我非常推荐大家,学习这套强大的情绪管理技术,疗愈深层的潜意识和信念系统,帮助你找回内心的平静与平衡。它让我们欢迎并深入真实感受的核心,有意识地选择归零,主动选择放下和超越。

放下对问题的执着,放下你的故事,把生命视为探索一切可能性的游戏。过去我们总是要求身边的人,改变他们的问题和错误。现在,去邀请而非要求;去信任和臣服,过去没有错误,我们没有错误。生命不会犯错,无限的宇宙也不会犯错。越放下,越自由。

一切的发生,都是完美且必要的安排,为我而来,而非冲我而来。让自己从"受害者"转变为每一个事件的"受益者";去享受乐趣,而非忍受苦难。

现在就开始练习释放法吧,这是我们对成长做出最好的承诺和实践。祝愿你我卡点通关,尽情释放,绽放天赋,活出天命。

詹唐宁

墨尔智慧创始人

推荐序 5

想要收获幸福、喜悦、富足的伙伴，这本书会成为你的福音。

时常感慨：我们真的是非常幸福又幸运的一代。因为无论遇到什么困境和问题，这个世界早就给出了答案。这个答案在因缘具足后，会自然显现。就像今天你与这本书的遇见，也绝非偶然。

这本书会成为通往你幸福人生路上的一份助缘，如果你可以运用书里说的，请相信曙光就在眼前。我之所以如此笃定，是因为当初在人生低谷焦虑迷茫时，正是通过智者们给的方法才使得自己走出了黑暗，迎来了曙光！

圣多纳释放法就是其中一个能帮助你走出困境的方便法门。它是一种非常有效的自我调节与情绪释放技术。它起源于美国，由莱斯特·利文森创立，方法的名字来自于用他觉醒后定居的城市——亚利桑那州圣多纳市。

人们都知道要"学会放下"，但大部分人尝试过很多方法还是很难放下，为什么？因为方法不对。如果没有经历自我觉察、自我和解，直接去放下、利他、行善，就会越学越痛苦，越学越被束缚。想要放下的第一步一定是回来先感受自己的情绪，充分链接自己。

圣多纳释放法是一条真正让我们回到感受、学会放下的方法。这个方法的关键在于：释放！释放不是要做的更多，而是停止做一切，完全放手去感受这一切，你便会领悟生命的真相。

这本书不要用大脑去读，也不要着急一口气读完，一定要将方法运用到你的实际生活中。这本书的方法我和我的学生们亲测有效，相信也一定会帮助到你。祝福你，世界上独一无二的你。

烁烁

12 年国际文化传播者；觉启教育创始人

推荐序 6

　　圣多纳释放法最高明的一点在于以极其简单的深度对话，开启内在觉知，一旦开启这个释放过程，我们瞬间觉知到其实我们对于痛苦多么沉溺上瘾，痛苦可以提供强烈的存在感和熟悉感，越深刻的痛苦执着也越牢固，像锯了般反复拉扯内心，痛不欲生却无法解脱，这也是我们能量模式固着的原因。

　　而圣多纳释放法说"不放下也是可以的"，这个"不放下"的空间提供了一个机会，让我们释放压抑，允许自己与痛苦共处，从而达到更深层次的自我认知和自我接纳，深度整合自我碎片，从而内在趋向无穷强大。

　　在阅读这本书的过程中，圣多纳释放法的神奇威力，缓慢精微地发生。全过程不需用脑，精神上的逐层释放，会直接伴随着在躯体层面引发平静松动的感受，立竿见影。

　　这本身心修行之书适合推荐给所有人，实操简单但极其深刻，非常难得。我之前分享的圣多纳释放法短视频在网络上引发千万流量，无数人在评论区留言。

　　这是当下焦虑时代急需的一剂解药。

球小姐好

心理咨询师，在读心理学博士，千万流量知识博主

推荐序 7

　　《圣多纳释放法》是一本极具价值的心灵成长经典，我作为出版人，早有耳闻，如今终于得以出版，内心满是期待。圣多纳释放法由莱斯特·利文森创立，已有 40 余年的历史，经过全球数以万计读者的实践验证，被证明是简单易学且效果显著的情绪管理工具。

　　本书详细阐述了圣多纳释放法的理论基础，还提供了丰富的实践案例和操作步骤。无论是被焦虑、不安等负面情绪困扰的人，还是渴望自我成长、追求幸福生活的人，都能从这本书中获得帮助。

　　希望《圣多纳释放法》能成为更多人的心灵灯塔，帮助大家破除内在限制，唤醒内在力量，走向健康、平静、富足和幸福的人生。

张专

心灵坊图书出品人

推荐序 8

　　几乎人人都会被情绪困扰，我们都希望拥有健康的关系和情绪，很欣喜看到圣多纳释放法可以帮助你我实现情绪自由，从而拥有宁静和谐、自由快乐、充满热情和希望的人生。这本书不仅带来了观念的革新——每个人皆天生具备情绪释放的自然能力，更构建了具体且完备的体系和方法，涵盖视觉感知、动觉感知、听觉感知，易懂易操作。该方法已经过 40 多年的时间检验，在情绪疗愈领域具有专业性和权威性。同时我也感受到作者对人类情绪自由、身心健康来自心灵深处的呼唤。

海蓝博士

情绪转化与关系梳理专家；著有畅销书《接纳孩子的不完美》

推荐序 9

　　我经常使用这套方法，也见证过无数生命蜕变，深信这本书将为你带来三重馈赠：它教你倾听身体的智慧语言；它赋予你超越二元对立的平静；它将唤醒你本自具足的丰盛意识。

　　当你开始实践这些看似简单却深邃的法则时，终将明白：自由不在遥远的彼岸，而在你放手的那一刻。

　　这本书，帮助我们照见那些曾被忽略的内在真相。

苏仪

满世界冥想の Su；小愈悦创始人

何为圣多纳释放法

你感觉内心温暖而开放,身体放松而舒展。当你环顾四周时,色彩似乎变得更明亮,声音也变得更清晰,就像这是你第一次真正地体验周围的环境一样。你的头脑变得非常安静,有许多崭新而美好的可能性出现在你的意识中,告诉你如何让自己的生活变得更好。你感觉轻松自在,知道一切都很好,一切都按照它应该是的样子在展开。

你的眼睛有些湿润,因为你不敢相信这样简单的练习会让你产生如此深刻的转变。你对未来充满信心,因为你知道无论发生什么,你都能平静地去面对。

最好的是,你知道这还只是刚刚开始。

你可以轻松地让自己拥有这样的体验,就像成千上万的圣多纳释放法学员一样,他们运用了我们多年来在现场研讨会、语音课程中教授的这个简单而强大的方法。现在，这个方法就在你眼前的这本书中。

你是否愿意获得真正的幸福？你是否愿意去实现你一直想要的一切？你是否准备好去发现你一直在寻找的答案？如果你对这三个问题的回答都是"不"，那么就不用浪费时间读这本书了。如果你对其中任何一个问题的回答是"是"，那么这本书将向你展示一种实用的方法，帮助你去连接无限幸福的内在源泉，实现你那看似不着边际的梦想，让你成为心灵上的"发现者"而不是"寻求者"。

我们生活在一个快速变化的世界，然而并不是所有的变化都是积极的。我们大多数人都渴望一种确定性、安全感和稳定性，但无论我们多么努力，都无法在外在世界找到它们。这些特质其实已经存在于我们每个人的内在，等待着被发现。这就好像我们的内在有一口许愿之井或快乐之泉，只是它现在与水源是断开连接的。不过，我们每个人都有一个重新连接水源的工具。

你对此感兴趣吗？希望如此。因为我想和你分享一个简单的、可以重新连接水源的方法——圣多纳释放法（以下称圣多纳法）。这个方法已经帮助成千上万的人唤醒了他们当下释放情绪的自然能力。正是我们的限制性情绪阻碍了我们创造和维持自己想要的生活。我们放弃了对情绪的主导能力。我们甚至认为情绪能够定义我们是谁，这在我们语言的表达上很明显就能看出来。想想自己有没有和别人说过"我很生气"或"我很伤心"？当我们这么说的时候，其实是在向周围的人和自己表示：我就是那个愤怒，我就是那个悲伤。我们与他人或自己沟通的时候，就好像我们是自己的情绪一样。事实上，为了证明或解释这种对我们身份的错误认知，我们甚至编造了很多故事来解释自己为什么会有这些情绪。

这并不是说情绪是不合理的。情绪只是情绪，它们不是我们的真实本性——我们可以很容易地放下它们。选择放下情绪能让我们看到当下在这里的是什么，并相应地采取行动或是不采取行动。这会转化为一种掌控生活的能力——做出更清晰、更有力的决定。这种能力能够让我们采取正确

的行动，更好地实现我们的目标和愿望。圣多纳法可以让我们拥有更多的
财富、更好的关系、更健康的身体，以及无论周遭发生什么，我们都能保
持快乐、平静和专注的能力。

听起来不错，是吧？1976年，我遇到莱斯特·利文森的时候也是这
样想的。莱斯特·利文森是圣多纳法的创始人，他后来成了我的导师。那
时，我是一个热诚又困惑的寻求者，参加了很多由东西方的老师主持的研
讨会。我学习过一些以身体为基础的方法，其中包括瑜伽、太极、指压疗
法；我还参加了许多个人成长课程，其中包括现实主义疗法、西塔疗法、
呼吸重生法。在这些研讨会上，我有许多美好的体验，也明白了很多有用
的概念。不过，我还是觉得不够完整。我渴望一个简单而有力的答案来回
答一些重要却又令人烦恼的问题，比如说："生命的意义是什么？""真相
是什么？""我是谁？""我怎样才能在生活中感到轻松和平静？"但很多
我所听到的和体验的都只是增加了我的疑问。关于我们的真实本性，似乎
没有人拥有一个真正令人满意的答案。当时还有一种普遍存在的认知，那
就是成长是艰难的，它需要你暴露自己的灵魂，再次体验那些痛苦的、未
解决的问题。但是，在我有幸遇到这个伟大的人之后，一切都改变了。

遇见莱斯特

我是在一个著名演说家举办的研讨会上见到莱斯特的，他当时以嘉宾
的身份出席。那天，我们一群人一起出去吃午饭。莱斯特的出现立刻给我
一种很特别的感觉。他处于完全平静的状态，平和地对待每一个人，并且
悠然自得。他谦逊随和，把每个人都当作他的朋友，即使是对我这个完全
陌生的人也是如此。很显然，他已经找到了我一直在寻找的答案。我想我
需要进一步了解他。

我问莱斯特他是怎样达到这样一个状态的，他邀请我参加在下周末举
办的研讨会。他告诉我，到时候会有一群人坐在一起释放。我不知道"释
放"是什么意思，但我知道，如果这个研讨会能让我明白如何获得莱斯特

身上的那些特质，那我就一定要参加。于是我当场就报了名。

那个周末，我和现在的你一样。我即将踏上一段未知的旅程，心中有一些不安。我不太清楚接下来会发生什么，而且，由于我参加了很多研讨会，我也多少有些怀疑。我发现自己在想："这会不会又像以前那样令人失望啊？"然而，随着课程的展开，我看到自己和其他人轻松、快速地放下了许多长久以来的信念和限制，却不必讲述自己的人生故事。

几乎是一夜之间，我找到了我一直在寻找的答案。实际上，在内心深处，我知道这个方法是我命中注定要实践并分享给全世界的——直到今天我也从未怀疑过这一点。在过去的30多年里，我看到成千上万的人通过学习这个简单而有效的方法，从根本上改变了他们的生活。

圣多纳法的起源

随着我和莱斯特友谊的加深，我对他有了更多的了解，也渐渐印证了我对他最初的印象。他是一个经历过生命中极大挑战的人。1952年，莱斯特42岁，那时的他作为一名物理学家和企业家，正处于世俗所谓的成功的巅峰，但他并不快乐，身体也很不健康。他有很多健康问题，包括抑郁、肝脏肿大、肾结石、脾脏问题、胃酸过多，以及由于胃酸过多造成的胃穿孔和病变。事实上，他的身体状况是如此糟糕，以至于在他的冠心病第二次发作后，医生把他送回他的位于纽约中央公园南部的顶层公寓里等死。

莱斯特是一个热爱挑战的人，所以，他没有放弃，而是决定回到自己内在的"实验室"去寻找答案。他的决心和专注让他可以穿越自己的意识层面发现问题的关键。他发现的是个人成长的终极工具——一个放下所有内在限制的方法。他为自己的发现兴奋不已，持续集中地运用了3个月的时间，3个月过后，他的身体彻底恢复了健康。不仅如此，他还进入了一种深度的平静状态，这种状态一直伴随着他，直到1994年1月18日——他去世的那一天。

莱斯特的发现是：我们都是无限的存在，只是被我们心智中的限制性信念所限制。这些限制性信念并不是真的，而且，正因为它们不是真的，我们可以很容易地放下它们。莱斯特的经历让他明白，他不仅可以自己练习这个方法，还可以教别人这么做。于是，他开始面向团体和个人教授这个方法。

莱斯特坚信，个人成长并不需要依赖任何外部因素，甚至不需要老师，而他也不想成为任何人的导师。但是，因为人们在他身边感觉备受鼓舞，所以，尽管他极力避免，他的很多学生还是坚持将他视为导师。因此，在1973年，莱斯特意识到他的教学需要形成一个系统，这样其他人也可以教授他的方法，而他也能够从中解放出来。于是，他强大的个人成长技术发展为一个可以自主学习的系统化方法，这个方法被称为"圣多纳法"。

圣多纳法是如何影响我的人生的

从一开始，我和莱斯特的关系就像是好朋友一样。我很快就被他和他的教学内容所吸引，以至于我很快就把他提供的3个课程都学了：11月份的基础课程、1月份的高级课程、2月份的讲师培训课程。我如饥似渴地学习我能学到的一切。同时，我也开始与莱斯特一起工作，把他的教导分享给全世界。

与莱斯特一起工作给了我更多和他相处的机会，让我可以在生活中观察他，看他如何应对生活中不可避免的挑战。我印象很深，我们常常坐在咖啡厅里交谈。他一直很喜欢坐在咖啡厅里，边喝咖啡边聊天，直到他去世前不久都是如此。他常说："我的办公室就是最近的可以喝上一杯好咖啡的地方。"我们的见面总是很有趣，不过，有时会让我有一些沮丧，因为我总觉得我们应该谈论真理，而莱斯特总是把我们的谈话引到那些寻常的话题上去。然而每次见面，我对真理的理解和体验都会加深——尽管我们从来没有谈论过真理。他是一个活生生的榜样，而不是一个只会纸上谈兵的人。这段经历让我明白了如何在当下每一刻发现释放的机会，从而体验更大的自由。

我非常地投入，甚至开始在我上西区公寓的客厅里带领圣多纳法学习小组。但没过多久我就意识到，我还需要更多的个人成长，让自己成熟起来，这样才能更好地帮助莱斯特和他成立不久的组织。我决定作为一名志愿者，而不是一名员工来支持他。同时，我继续探索释放对我生活的各个方面的影响。

不久之后，我开始了自己的珠宝生意。生意的成功让我能够只花部分时间工作，然后将其他的时间用来探索生活和释放。直到1981年，我都是这样一边做我的生意，一边与莱斯特进行一些私下的交流。当我在工作和生活中运用圣多纳法时，我就更加确信自己找到了一个可以帮助任何人的方法。20世纪70年代末，莱斯特搬去了亚利桑那州。那段时间，除了上他的课，我只与他偶尔有些接触，但这仍然深深地影响着我。

然后，到了1981年，我被邀请到凤凰城再次参加讲师培训。这次研讨会让我们的关系进入了一个新的阶段，也重新点燃了我与莱斯特一起将圣多纳法分享给全世界的渴望。我开始定期在纽约为圣多纳法的毕业生举办研讨会，并且每年飞到亚利桑那州几次，参加更多的培训以及为期1周或更长时间的静修。这些极大地促进了我个人对圣多纳法的运用。在我自己和那些参与其中的朋友身上，我看到了深刻的改变。

在此期间，我决定更加积极地投身于商界之中。我曾为我父亲工作过一段时间，在纽约及其周边地区销售工业地产，但我觉得那份工作并不适合我。后来我进入了一家在曼哈顿的公司，销售公寓住房。我运用圣多纳法来提升自己的销售能力，很快就成为公司最优秀的销售人员之一。有一段时间，我很享受这份工作，但后来我有一个机会可以和我的哥哥一起，在我父亲的房地产公司里面建立一个投资部门，于是，我很开心地将工作内容过渡到销售写字楼、购物中心和其他房地产投资。

我和我哥哥在我们的人生中第一次成了朋友。我终于放下了我们早期关系中的那些我背负了很久的旧包袱，和他一起组成了一个很棒的商业团队。不过，我们遇到了一个反复出现的问题：我们开启谈判的业务的数量远比实际成交的要多。然后，有一天，莱斯特打电话给我，问我过得怎么样。我跟他说了我们遇到的问题。他说了一句话，这句话彻底改变了我们的成交率，以及我的整个商业生涯。他只是简单地说道：“要在现实中行动，而不是在头脑中幻想。”我并没有说太多，他就指出了我和大多数销售人员的一个倾向，那就是“在头脑中做业务”。我每次都忙着想象成交一笔业务时会有多棒，却忽略了在现实中谈下这笔业务。当我开始放下幻想，我们谈成了更多的业务。

此外，关于放下，我还学到了很重要的一课。当时，我从一位业内非常有名的“复印经纪人”那里拿到一份清单，上面列有 9 个购物中心。所谓的“复印经纪人”就是一个人，他从别的经纪人那里获得一些不动产的清单，然后将其复制并转发给其他经纪人和委托人，却不必费心去核对事实或与实际所有者联系。

我将这份清单的复印件发给了我的一个客户，对方立刻给了我一个几乎是全价的报价。我当然很兴奋，就打电话给那个我以为是卖方委托人的人，却发现这份清单的复印经纪人无法联系上购物中心的真正所有者。

我感到心烦意乱，不过，我很快意识到，除了放下，我什么都做不了。于是，我就开始释放。我让自己冷静下来，释放了我对这种情况的所有感受，直到我的心态达到了这样一个程度：不管我是否达成了这笔交易，我都可以接受。结果我们办公室的下一个电话就是那些购物中心的实际负责人打来的，他看到了我们在《华尔街日报》上刊登的一则广告。当他提出希望我们代理那些购物中心的销售时，我差点摔倒在地上。

这只是许许多多事情中的一件，而这件事让我明白了我从莱斯特那里反复听到的一句话是千真万确的：“即使是不可能的事情，当你完全释放的时候，也会变得完全可能。”

我还会在交易即将达成时运用圣多纳法。有时候，人们在重新谈判数百万美元的合同时，对于之前达成一致的事情，会试图编一个故事来欺骗对方，而不是简单地签署文件、交换支票。这些时刻很重要，因为稍有不慎，就会损失大量的金钱。但是，因为我一直都在释放，我知道什么时候该保持冷静，同样，我也知道什么时候该坚持自己的立场。这样做所带来的经济上的回报总是超出我的预期。

1987 年初，我已经挣到了足够的钱，可以搬到亚利桑那州与莱斯特会合，去支持他与世界分享他的圣多纳法。让我的父亲和哥哥感到震惊的是，我搬到了凤凰城，成了莱斯特的非营利组织圣多纳协会的全职志愿者，做一些推广圣多纳法的事情。莱斯特余生中的大部分时间，我都在他身边工作，而且几乎是无偿的。我不介意无偿工作，因为我知道我正在做的事有多美好，以及我个人获得了怎样的提升。

1989 年，莱斯特让我去圣多纳帮他销售一些不动产。就是在那里，我遇见了我的妻子艾米。那是在一堂空手道课上。见到她的第一眼，我就知道她对我意味着什么，所以第二天我就约她出来。她当时正在和另一个男人约会，不过她还是问我要了名片。几个月后，我接到她打来的电话，然后我们就出去约会了，那天是星期三。那一周的星期六，她参加了圣多纳法课程。

如今，我和艾米有着美好的、充满爱意的关系，但过去并不总是如此。刚结婚时，我们经常有分歧，但是因为我们都会运用圣多纳法，我们可以很快地放下各种不愉快。在我看来，我们的关系已经和过去很不一样了，它变得越来越好，越来越有爱。

到了 20 世纪 90 年代初，我和莱斯特的友谊进一步加深，我们相互信任、彼此尊重。于是，他决定将圣多纳法的版权交给我，让我继续他的工作。在他去世后，我一直维持着他建立的组织的运作。然后，在 1996 年，我觉得如果我和艾米成立一家新的公司会更加高效。于是，为了更好地传播圣多纳法，圣多纳训练协会诞生了。

让我体会最深的一点是，无论周遭发生了什么，圣多纳法都带给我一种不可动摇的安宁、幸福、喜悦和平静。并不是说没有起伏了，但正如莱斯特所说，这是一个"自下而上的方法"。就我的亲身体验来说，过去我所认为的高峰体验，现在都很平常，因为我的"高峰"越来越高。我不知道它到底有多高，我期待着有一天能够发现。

好消息是，我使用圣多纳法获得的那些益处并不独属于我自己。世界上很多使用圣多纳法的人都在他们的生活中得到了同样非凡的结果。几年前，纽约互助保险公司对圣多纳法的有效性做了一项研究。一组保险业务员接受了圣多纳法的培训，他们6个月内的销售业绩被用来与一个尽可能接近的对照组进行比较。结果，学习圣多纳法的小组的业绩比对照组高了33%。这项研究分为2个阶段来进行，每个阶段为期3个月，结果表明，学习圣多纳法的小组后3个月的表现比前3个月还要好一些，圣多纳法的功效会随着时间的推移而提高。

如何使用这本书

在这本书中，你将学习圣多纳法，这是一个可以让你终身受益的方法。当你开始放下那些情绪包袱，不再让它们阻碍你去做你明知自己应该做或想要做的事情时，你会发现自己在每件事上都越来越成功。这本书不会给你一个清单，上面列着：你"应该"做的、你"不应该"做的、你"必须"做的。我们已经"应该"够了。相反，你将会学习如何由内而外地改变自己，而这样的改变才是持久的。

此外，当你在生活中尝试这个简单的方法时，你会发现更多可以运用它的地方。不管你在阅读这本书或运用这个方法的过程中领悟到了什么，那些都只是冰山一角。这个方法可以影响你生活的方方面面，因为它是建立在"我们已经是无限的存在"这一事实的基础上。回顾一下你的生活，你可能已经体验过那种无限的状态，其实那才是我们的自然状态。又或者，曾有那样一些时刻，你感觉自己处于一种流动的状态，在这种状态下，每件事情都进行得很顺利，一切都那样轻松、毫不费力。而通过运用圣多纳法，你将会在日常生活中体验到这种行云流水的状态。

我不知道你是哪种类型的读者，是全情投入的那种，还是只收集有用的信息作为日后选择的那种。我建议你真正地参与其中，完成书中提供的练习。根据我的经验，亲自实践是学会放下的唯一方法。直接体验至关重要。反复阅读这本书，你将会获得更多的益处，它可以让你更好地学习并整合实用的技能——运用你与生俱来的能力放下你的种种限制。

这本书分为两个部分。在第一部分，我们将探讨圣多纳法的基础知识以及内在限制的深层动机。你将会学习到各种能够在你通往自由的道路上助你一臂之力的方法，比如如何处理抗拒、如何活在当下、如何化解你对过去冲突的感受、如何实现目标、如何平衡积极和消极的情绪。在第二部分，我们将探讨你生活中的一些领域，圣多纳法会对它们产生显著而积极的影响，比如将自己从内疚、羞愧、恐惧和焦虑中解脱出来，改变习惯，创造财富，经营企业，改善关系，促进健康，以及为创造一个和谐安宁的世界做出贡献。

请按照顺序从前往后学习，因为你对每一章的学习都是在为后续章节的学习打下坚实的基础。按照章节顺序进行阅读并尽你所能在日常生活中运用这些方法，这样你才能完全掌握这本书的内容。书中的每一章都包含了一些能够让你的生活更加美好的宝藏。让自己尽可能地对书中的内容保持开放的心态，将其视为一个改变你的意识状态和人生境遇的机会。

如果你在读完这本书之后想进一步了解圣多纳法，圣多纳训练协会将会提供圣多纳法课程的语音版本，同时我们也在美国和世界其他国家的主要城市举办现场研讨会。

不要相信我说的任何话

请不要相信这本书里的任何话，除非你能够证明它。印在书里的话并不一定就是对的。特别是对于某些权威，人们总喜欢听到什么就信什么。莱斯特认为，我们应该避免对老师产生这种盲目的信任。相反，我们应该对老师所教的内容保持开放的态度，将之视为成长中的实验。只有通过自己的亲身体验证实了老师所教的内容，我们才能接受它们。莱斯特称之为"验证它们"。

我建议你将这本书中所讲的一切都检验一下。让自己尽可能地对书中的信息保持开放的态度，但不要盲目地相信它们。当你在实际生活中探索、应用、验证书中的内容时，它们对你而言会有更大的价值。

这本书中的一些观点可能与你从其他方法中学到的东西相冲突，但是没有必要扔掉你学过的那些材料，只是在你读这本书的时候，将它们放在一边就可以了。我强烈建议你暂时停止比较和评价。当你有了足够的时间去得出自己的结论，再开始将这些内容与其他方法进行比较。人们往往会发现，圣多纳法是他们学习的其他方法的一个很好的补充。

当你比较不同的个人成长方法时，矛盾是不可避免的，但这并不意味着哪个观点就是错误的。当涉及自我发现时，如果你能够接受多种可能性，你将会在一个更深入、更真诚、更有效的层面上理解和运用你获得的那些洞见。殊途同归。

关于共振这件事

在我看来，世间万物都有自己的振动频率，包括你和你遇到的每一个人。你有没有注意到，当你和别人在一起时，有些人会对你产生正面的影响，而有些人则会对你产生负面的影响，而且他们通常不需要说什么或做什么就可以影响到你？如果我们在生活中越来越多地运用圣多纳法，我们的振动频率将会提高。不过，这并不只是一个"更高"或"更低"的问题。我们可能和一些人的共鸣比较多，而和另一些人的共鸣比较少，即使他们和我们处在同一频率。

当你读这本书的时候，你可能会发现，有些章节让你产生了强烈的共鸣，而有些章节却让你感到有些困惑或是没有什么感觉。这本书的不同章节会在不同的情况下帮到你。随着时间的推移，一些章节会比一开始的时候显现出更多的价值。这是因为你已经改变了，并且准备好从一个新的视角来看待事物。当这种情况出现时，请接受这种转变，并随之改变自己的关注点。

采用一种轻松和游戏的态度

在你学习圣多纳法的过程中，最重要的是学会滋养自己。做自己最好的朋友和支持者，而不是像一个教官或监工一样对自己很严苛。要在快乐的体验中改变自己。对于一直以来限制自己的一些模式，你很快就会有一些有趣的发现。然后，随着这些限制接二连三地消失，你会变得更轻松、更快乐、更自在。

圣多纳法让我们想起我们的心灵在直觉上本就知道的东西。我们现在就可以拥有自由和幸福。我们不需要经历漫长的等待，直到自己努力争取到，或是让自己以某种方式做好准备。我们现在就可以变得开心和快乐！

PART 1

圣多纳释放法课程

PART 1
圣多纳释放法课程

　　第一部分涵盖了圣多纳释放法基础课程的大部分内容，同时也收录了高级课程的一些内容，以及一些全新的材料。你可以运用这些方法改变你的人生境遇，开始新的生活。虽然这些方法都极为简单——你很快就会发现这一点，但是却比你现在想象的要强大得多。当你在生活中持续运用这些方法和原则时，它们的力量将以指数级增长。

　　从我第一次学习这些方法到现在，已经过去了30多年，如今，我依然对它们感到惊叹不已。当我看到人们轻松地做出积极的改变时，我总是对有机会与世界分享这个简单有效的方法充满了感激。

第一章

超越压抑与宣泄

当乔开始运用圣多纳法，他的生活很快就发生了许多积极的变化：长年的困扰一扫而空，激动人心的机遇不断出现，新的发现让事情变得很顺利。乔一开始接触圣多纳法时，他正处于生活和工作上的低谷。一年半之前，乔遭遇飞机失事，在轮椅上度过了7个月，他的公司逼迫他离职，形同陌路的妻子已经和他因为离婚协议打了3年的官司。但是，在几周之内，一切都发生了很大的转变。首先，乔的妻子同意调解，他们最终达成了和解。然后，他在一个慈善晚宴上碰巧遇到了他之前公司的董事长，由于这家公司对他的非法解雇，他正在对这家公司提起诉讼，董事长这才知道他的离职补偿金的问题。几天之后，乔的律师打来电话，告诉他最终确定的补偿金比之前提高了不少。

好事还不止于此。乔决定去一个温暖的岛屿旅行来庆祝他的好运。他坐在拿骚的海滩上看书时，一次闲聊让他遇到了自己一生的挚爱——琴。他并没有想要约会，因为几个小时后他就要坐飞机离开了。但是琴看上去很面熟。当琴告诉他自己也住在多伦多时，乔问："那个，你不会就住在某某地方吧？"

"是啊，我就住在那儿。"琴回答道。

"啊，真有意思。"乔说，"我经常去那里做理疗。我一定是在地铁里见过你。你也经常去市中心的那家剧院吗？"

"是啊，一周一两次吧。"琴回答道。

"我在多伦多市中心上班。"乔说，"在斯科舍广场第53层。"

"啊……我在第30层上班！"

1个小时过去了，当乔起身离开时，他们交换了电话号码。接下来的几个星期乔都没有想起琴，直到写有她电话的那张纸条从笔记本里掉了出来。他打过去后，他们交流得非常好。很快他们就坠入了爱河。

随着乔越来越多地运用圣多纳法，他在投资银行业的高管职业生涯也渐渐风生水起，他的职务步步高升，收入大幅度增长。就财富和金钱而言，圣多纳法让他受益匪浅。此外，乔还运用圣多纳法放下了对自己身体状况的担忧。在那次飞机失事中，他的左腿、右膝等受到了重创。当时医生说他可能很难再正常行走了，但他现在走路已经完全没有问题。乔不分早晚、夜以继日运用的就是这本书中讲述的圣多纳法。最终，他变得幸福而成功，生活变得充满乐趣，一次次事件也都平稳度过。用乔自己的话说就是："我觉得很幸福。圣多纳法帮我将大事化小。"

我们所知的生活

我们每一个人都理应享受和谐与无条件的幸福，但是对大多数人来说，一个典型的工作日却是这样度过的：早晨醒来，把自己拽下床，在走到卫生间之前就已经开始担心或计划眼前的一天会发生什么，我们在睡眠中恢复的那一点能量——如果我们有幸睡着了——已经开始了消耗。然后，我们中的许多人会去上班，而不管是交通拥挤，还是"浪费"时间的挫折感，都给我们带来了额外的压力。当我们到达工作的地方时，我们并不开心，反而开始忧心于那些必须完成的工作。我们一边硬着头皮工作，一边期盼午餐时间或是下班的那一刻。我们与同事有一些互动，但大多并不令人满意。因为我们相信，我们对发生的事情或我们的感受都无能为力，所以通常都只是压抑着自己的情绪匆匆前行。

当一天的工作结束时，我们已经因为压抑自己的情绪而疲惫不堪。或许我们会拖着疲惫的身体和朋友一起出去吃饭、喝酒、看电影，希望我们的情绪会消失。即使之后我们感觉好了一些，但实际上，那些情绪只是隐藏到了我们的内心深处。我们现在就像是气孔被堵住的高压锅，需要消耗大量的能量才能让盖子保持闭合。当我们终于回到家看到自己的丈夫/妻子和孩子时，我们已经没有什么精力去听他们讲这一天过得如何了。我们可能会努力装出微笑，却又因为一些很小的事情而动气。最终，一家人坐在电视机前看电视，直到上床睡觉。然后，第二天早上醒来，又开始重复同样的剧情。

是不是有些凄凉？不过，是不是又很熟悉？

你的情况可能有所不同，但愿比上面描述的好一些。你可能是一位在家中照看孩子的家庭主妇，可能是一位通过电话和网络处理日常事务的独立承包商，也可能是一位艺术家，不过，问题可能大同小异。随着时间的推移，我们在一成不变的枯燥生活中越陷越深，直到我们觉得没有任何出路。

好吧，其实不必如此，出路还是有的。

放下

我们为自己创造失望、痛苦、错误判断的一个主要方式，就是抓住限制性的想法和感受不放。抓住不放本身并没有问题，而且在很多情况下是非常必要的，例如，我不会建议你在开车时不要抓住方向盘，或是在爬梯子时不要抓住梯子。显然，那样选择的后果可能会很严重。但是，你是否曾经抓住某个观念不放，即使它已不再适用？你是否曾经抓住某种情绪不放，即使做什么都无法消除它、修正它？你是否曾经抓住紧张或焦虑不放，即使引发它的事件已经过去了很长时间？这就是本书将要探讨的"抓住不放"。

抓住不放的反面是什么？是的，当然是放下。放下与抓住不放都是生命的自然过程的一部分，这个基本理论是圣多纳法的基础。不论你是谁，如果你正在读这些话，我敢肯定，你一定经常有放下的体验——只是没有意识到它的发生，即使你没有学习过圣多纳法。放下（letting go），或释放（releasing），是我们与生俱来的能力，但是随着我们长大成人，我们却越来越少地运用它。很多人经常被困住就是因为不知道何时该抓住不放，何时该放下。我们大多数人错误地抓住不放——这往往会对我们造成伤害。

关于抓住不放与放下，有几组同义词可以帮助我们更好地理解它们之间的关系。例如"握住"与"松手"。如果我们要扔一个球，就需要挥臂，手也要紧紧握住球。但是，如果我们没有在适当的时间松手把球扔出去，球就不可能飞到目的地，我们甚至可能会受伤。另一组同义词是"收缩"与"扩张"。呼吸的时候，我们收缩肺部将废气呼出，然后再扩张肺部使之充满空气。我们不能只吸气，完整的呼吸还需要我们呼气。绷紧与放松肌肉是另外一个例子。如果我们不能两者兼顾，肌肉就不能正常工作，因为大多数肌肉工作的时候都是一张一弛、交替进行的。

观察抓住不放与放下的情绪成分，以及情绪对我们身体的影响，是很有趣的。你有没有注意到，当人们感到不安的时候，他们往往会屏住呼吸？抓住未解决的情绪不放会同时抑制吸气与呼气。大多数人的肌肉中残留着紧张的情绪，这让他们无法完全放松。同样，正是未解决或被压抑的情绪导致了这些形式的制约。

但是我们为什么会被困住呢？当我们压抑自己的情绪，而不是让自己在情绪出现的那一刻完全地体验自己的感受，它们就会滞留，让我们很不舒服。因为逃避，我们阻止了那些情绪流经我们，获得转化或化解，而这（阻止情绪流经我们）并不是一种轻松的体验。

压抑与宣泄

你有没有看到过这样一种情况？小孩子摔倒了，他们不会马上哭闹，而是先看一下四周，如果发现没有人在看他们，他们就会立刻从地上站起来，拍拍身上的土，就好像什么都没有发生过一样。同一个孩子在类似的情况下，如果他们发现有机会获得关注，可能会突然哭起来，跑进父母的怀抱。或者，你有没有看到过小孩子对玩伴或是父母生气，他们甚至会说："我恨你，我再也不和你说话了。"然后，几分钟后，他们的情绪和表现就好像什么都没有发生过一样？

我们大多数人都失去了这种释放情绪的自然能力，当我们还是孩子的时候，我们可以自然地运用这种能力，但是随着年龄的增长，来自父母、老师、朋友，以及整个社会的影响，让我们慢慢地失去了这种能力。事实上，正是因为我们没有意识到自己拥有释放情绪的能力，我们才会被影响，以至于变得执着。经常会有人对我们说"不要"，比如，告诉我们要好好表现，让我们安静地坐好，不要动来动去的，说"男孩子不要哭"或"女孩子不要生气"，让我们成熟一些，于是我们慢慢地学会了压抑自己的情绪。此外，当我们能够很好地压抑生命中自然的活力，以及那些别人告诉我们是不可接受的情绪时，我们才会被认为是成年人。我们变得对他人的期待比对自己的情绪健康更负责任。

有一个笑话很好地说明了这一点：在一个孩子人生的头两年，他们周围的每个人都试图让他走路和说话，而在接下来的 18 年里，每个人都试图让他坐下来并且闭嘴。

顺便说一下，管教孩子并没有什么错。孩子需要懂得一些界限才能正常生活，并且有时候他们需要受到保护以避免显而易见的危险。只是成年人有时候会无意识地做得有些过火。

我们这里所说的"压抑"是指压制我们的情绪，否认它们，假装它们不存在。任何浮现上来的情绪，如果没有被释放，就会自动储存在我们的潜意识中。我们压抑情绪的一个主要方式就是逃避情绪。我们把注意力从情绪上移开足够长的时间，这样我们就可以把它们压下去。你可能听说过"时间可以治愈一切创伤"这句话，这值得商榷。对我们大多数人来说，这句话真正的意思是："给我足够的时间，我可以压下任何情绪。"

诚然，有时候压抑是比表达更好的选择，例如，在工作的时候，你的老板或同事说了一些你不认可的话，但当时并不是给他们反馈的适当时机。但是，这是一种低效和不健康的习惯性压抑。

我们通过看电视、看电影、看书、喝酒、吃药、运动或其他一系列活动来逃避我们的情绪，通过这些活动，我们把注意力从我们的情绪痛苦上移开足够长的时间，这样我们就可以把它们压下去。我相信你会同意，上述大多数活动本身并没有什么不妥之处，只是我们倾向于过度追求这些活动或是使用这些物质，以至于失去了控制，我们用它们作为我们无法处理内心情感冲突的一种补偿。过度逃避在我们的文化中是如此普遍，以至于催生了许多欣欣向荣的产业。

当我们被定义为成年人时，压抑情绪很多时候已经成了我们的第二天性。我们就像当初擅长释放情绪一样擅长压抑情绪，甚至做得"更好"。事实上，我们压抑了太多的情绪能量，以至于我们都变得有点像是行走的定时炸弹。很多时候，我们甚至不知道自己压抑了真正的情绪反应，直到为时已晚：身体出现与压力有关的疾病（如肩膀酸痛），深陷不安，或是情绪爆发后说了或做了一些我们事后感到后悔的事情。

我们对情绪的处理就像钟摆摆幅的两端，一端是压抑，另一端是宣泄。我们生气时会大喊大叫，难过时会哭泣。我们把自己的情绪用行为表达出来，从内心的情绪压力锅里释放出一点蒸汽，但我们并没有将火熄灭。宣泄情绪往往比压抑情绪好受些，但是，宣泄情绪也有它的缺点。

好的疗法通常是建立在帮助我们联结和表达自己的情绪之上的。而一段健康、持久的关系也需要双方清晰地表达自己的感受。但是，如果我们在治疗环境之外不恰当地宣泄情绪会怎样呢？我们宣泄情绪的对象会有怎样的感受呢？不恰当地宣泄情绪往往会导致更大的分歧和冲突，以及对双方而言容易失控的情绪升级。

压抑和宣泄本身都不是问题，它们只是我们处理情绪的两种极端的方式。当我们无法控制用何种方式来处理情绪时，问题就产生了，我们往往会陷入一种极端或另一种极端，这时，我们就需要通过释放来重获自由。

第三个选择：释放

不恰当的压抑与宣泄之间的那个平衡点是释放或放下。它相当于把火调小，然后安全地清空你的内在压力锅里面的东西。每一个被压抑的感受都想要离开，释放只是暂时停止压抑它们，这样你就可以让它们离开——你会发现它们会自己离开。当你运用圣多纳法时，你会发现自己可以在各种情形下灵活地选择压抑或宣泄，并且你会更倾向于选择那个平衡点——释放。

尽管你已经习惯于压抑或宣泄，但你并没有停止释放。例如，开怀大笑就是一种自然的释放，笑在健康和消除压力方面的好处是有据可查的。想想你上一次开怀大笑时是什么情形。你可能在看一个有趣的电视节目，或者和一个朋友聊天，突然有什么场景让你觉得很好笑，你内心一阵雀跃，禁不住大笑起来，然后整个身体都笑得前俯后仰。当你笑的时候，你可能感觉自己越来越轻松、越来越快乐。你在使用本书教授的方法时也会有这样的体验。虽然大多数时候你不会大声笑出来，但你会经常微笑，也会感受到和开怀大笑时一样的那种放松。

你有没有为了找钥匙把家翻了个底朝天，最后发现钥匙就在自己口袋里的经历？回想上一次这种情况发生时的情景。当你在家里翻来翻去，你可能会感到越来越紧张，绝望之际你甚至去翻看垃圾桶。你在脑海里一遍又一遍地回想自己可能把钥匙放在哪儿了。然后，你似乎想起了什么，把手伸进口袋里，随后长长地松了一口气——当你发现钥匙没有丢，你内心的紧张和焦虑顿时消失了。你的大脑逐渐安静下来，身体也开始放松下来。这是释放的一个例子。

当你熟练地运用圣多纳法时，你会发现自己能够轻松地进入领悟和放松的状态，即使是在你试图解决的长期问题上也是如此。你会发现答案一直都在你的内在。

有时，释放会在争论时自然地发生。想象一下，你和一个你在乎的人发生了激烈的争论，你真的很投入，非常肯定自己是正确的，但有那么一瞬间，你看到了对方的眼睛，虽然你并没有深入到对方的内在，但在某个层面上，你和他有了一种联结，你感受到了他对于你的特别之处。在那一刻，你的内心放松下来，你发现自己的观点也不一定就是完全正确的，你甚至可以从对方的角度来看待这场冲突。也许你停顿了一下，重新考虑了一下当下的情况，然后找到了一个简单、互惠的解决方案。

当你掌握了这本书中的内容，你将学会从不同的角度去看待事物，这会让你免于各种各样的冲突。

> 因为运用圣多纳法，我生活的每个方面几乎都得到了改善：和家人的关系变好，拥有了面对生活挑战仍能保持内心平静的能力，并且我有一种整体的感觉，一切都很好。圣多纳法是我会使用一生的方法。
>
> ——雅斯曼 英国伦敦

释放的变化过程

回顾过往的人生，你可能会想起很多你已经放下的例子。我们通常是在不经意间，或是在无奈之下选择放下。当你专注于通过练习圣多纳法来唤醒和增强这种自然的能力，你将能够有意识地释放，让它成为日常生活中的一个可行的选择——即使你现在每天过的是我前面描述的那种生活。

下图会让你对释放的过程有一个更清晰的认识，无论是你已经体验过的自然的释放，还是你在学习这本书时将要做的有意识的释放。它还可以帮助你更好地区分释放、压抑和宣泄。

当你练习释放时，你会发现图左边列出的你的感受变成了右边列出的感受。有时可能只有一项发生了变化，有时可能有好几项同时发生了变化。

冷漠悲伤恐惧贪求愤怒骄傲	释放 ➡	无畏接纳平静

紧张	释放 ➡	放松
悲伤	释放 ➡	快乐
困惑	释放 ➡	清晰
麻木	释放 ➡	活力
沉重	释放 ➡	轻松
封闭	释放 ➡	开放
收缩	释放 ➡	舒张
徒劳	释放 ➡	收获
低效	释放 ➡	高效

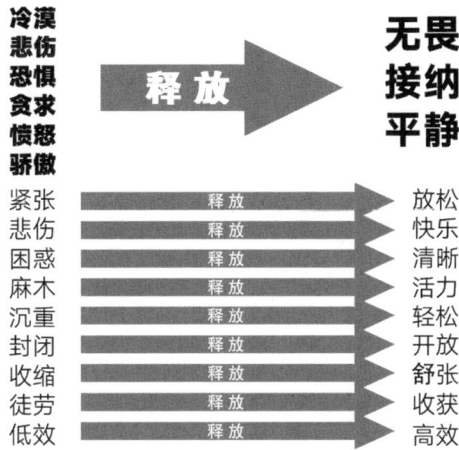

释放的变化过程图

你可以强迫自己的感受从左边移到右边（例如，你可以强迫自己做出一个决定，不再思考某个特定的问题），但这不是真正的释放。如果你强迫自己做出决定，你的内心可能会因此而变得不安。当你强迫自己改变一个行为而不改变你的感受时，你会发现一些项移到了右边，而另一些则移到了左边。当你有意识地释放时，图中左边的每一项都会移到右边。

但是，何为有意识地释放或放下？我们如何将它付诸实践呢？

释放的五种方法

圣多纳法中有五种释放的方法，它们的效果是一致的：唤醒你实时释放情绪的自然能力，让你潜意识中的那些被压抑的能量消散。

第一种方法是决定放下情绪；第二种方法是欢迎情绪或允许情绪存在；第三种方法是深入感受的核心；第四种方法是整体释放，即从整体上接受任何问题或观念的两面；第五种方法是发现存在的本质。这本书的附录中有两个完整的章节讲述了释放的第四种和第五种方法。

圣多纳释放法

决定放下情绪

现在，让我们来做一个简单的释放练习。拿出一支笔或任何一个你不介意掉到地上的小物体，将它置于身前并紧紧握住。假设它是你的一种限制性感受，而你的手则代表你的本质或意识。如果你握住物体的时间足够长，你会开始感到不舒服，但这种感觉又很熟悉。

现在，张开你的手，让那个物体在手中滚动。你是那个紧紧抓住它的人，它并没有附着在你的手上。你的感受也是如此，你的感受之于你，就如同那个物体之于你的手。

我们紧紧抓住自己的感受，却又忘了是我们自己抓住它们不放。这一点甚至体现在我们的语言中。当我们感到愤怒或伤心的时候，我们通常不会说"我感到愤怒"或"我感到伤心"，而是说"我很愤怒"或"我很伤心"。我们误以为自己就是那个感受，而我们并没有意识到这一点。通常，我们认为是感受抓住我们不放，但这不是真的，我们总是抓住感受不放，只是自己不知道而已。

现在，放下那个物体。

发生了什么？你松开了你的手，它掉到了地板上。这很难吗？一点也不难。这就是我们所说的"放下"或"释放"的意思。

你可以对任何情绪做同样的事情：决定放下。

欢迎情绪或允许情绪存在

我们继续运用上面的比喻：如果你张开手四处走动，让物体保持在手中是不是就会比较困难？同样地，当你欢迎一种感受时，你就打开了自己的觉知，然后，你的感受就会自己离开，就像云朵从天空中飘过、炊烟从烟囱里穿过。

因为我们花了太多的时间抗拒和压抑自己的情绪，而不是让它们自由地流经我们，所以，欢迎或允许某种情绪存在往往就可以让它获得释放。

我的学生娜塔莉就是通过承认自己当下的感受轻松地学会了释放。作为一名上班族，过去在高速公路上开车时，她常常因为焦虑而不敢超越前面的卡车。她的脑海里各种念头吵个不停，还会出现各种车祸的画面，然后她就会陷入恐慌。后来，她开始在上下班的路上听我们的一个音频节目。当她感到焦虑的时候，她就和自己对话。

"所以，你现在很焦虑？"

"是的，我很焦虑！"

"你能够允许自己像现在这样焦虑吗？"

"能。"

娜塔莉发现，在很短的时间内她就可以从焦虑中解脱出来。只是允许她的恐慌存在，而不是抗拒它，她的呼吸急促、身体颤抖的状况就会消失，她的脑海中也会变得安静下来。

深入感受的核心

如果你把同样的物体——铅笔、钢笔或鹅卵石——放大到足够大，它就会变得像一个空无一物的空间，你会看到分子与原子之间的空隙。当你深入感受的核心时，你会看到类似的现象：那里什么都没有。

当你掌握了圣多纳法，你会发现，即使是最深层的感受也只是在表面上。在感受的核心，你会感觉到空无、静默和平静，而不是我们大多数人认为的痛苦和黑暗。事实上，即使是最强烈的感受，也不会比一个肥皂泡更实在。如果你用手指去触碰肥皂泡，它就会消散，这也是你深入感受的核心时会发生的事情。

请注意：在深入感受的核心时，不要再同时做其他事情。如果你抽出时间独处，让自己专注于内在，练习的效果会更好。当你探索的感受比较强烈时，效果也会很好。

以下是你可能会经历的事情：你听到一些让你不安的消息。你开始感到恐惧或悲伤，不过你有几分钟的时间来释放。你坐下来，闭上眼睛，尽可能放松地进入那个感受。然后，你问了自己几个问题：

这个感受的核心是什么？

我能够允许自己有意识地进入这个感受的核心吗？

我能够允许自己深入这个感受的核心吗？

随着时间的推移，你可能会想出你自己的这些问题的版本。你可以想象自己深入到了感受的核心，或者你发现自己只是感觉到了感受的核心。

当你开始深入探索，你可能会体验到各种画面和感受，也许还会注意到情绪暂时变得强烈了一些。接着，不断地问自己："我还能再深入一些吗？"在此过程中，忽略那些画面、感觉或故事，让自己继续深入探索。

当你持续深入探索，你就会到达感受的核心，或者，你可能会发现自己无法再继续深入。当你感受到内心的平静时，你就到达了感受的核心。

记住，如果你的感受仍然比较强烈，那么你就还没有到达感受的核心。除了平静之外，所有其他的感受都只是在表面上。这可能与你之前听说的关于深入感受的一些说法不太一样。很多人避免深入感受，是因为他们害怕自己会迷失其中，或者感受会变得更糟。然而，如果你真的让自己穿过表面，到达那个核心，你就会像我的学生玛姬那样发现这与事实相去甚远。

玛姬来上课的时候，身上带着一股深深的悲伤。自从她觉得自己被一个自助组织的员工背叛了以后，她已经在悲伤之中度过了十多年的光阴。我没有追问她的故事，对她来说，深入悲伤的核心才是放下它的最好方法。我问她上面的那几个问题，一开始她的悲伤变得更强烈了，她哭了起来。我鼓励她穿越那些感觉和故事，继续深入探索那股悲伤，让玛姬惊讶的是，在短短几分钟之后，她进入了一种深沉的平静状态。她后来说，她过去一直逃避那股悲伤是因为她觉得自己会淹没在无尽的悲伤之中。在释放之后，她意识到自己的悲伤只是存在于表面，而她之前一直避免深入的内在深处，其实是一片爱的海洋。

整体释放

最后，当你专注于手中的物体时，你会发现它的存在是由对立物来定义的。换句话说，你之所以能感知到它的存在，是因为它周围的空间。没有空间，就没有物质。当涉及基于情绪的问题时，情况也是如此，它们也是由对立的事物来定义的，例如好与坏、对与错、喜与悲、爱与恨。当你能够接纳这些事物的两面，而不是执着于一面、抗拒另一面，你会发现它们一起消融了，留给你一个空无一物的空间，这个空间允许所有的体验。

在这本书的最后有一个关于整体释放的完整章节，以及另一章关于转化的新方法，叫作"发现存在的本质"。

如果你能够用心体验释放的过程，而不是去思考它是如何运作的、为什么它会起作用，你会受益更多。请尽可能地跟随你的心，而不是脑。如果你发现自己陷入纠结之中，试图理解什么，可以对你"想要想清楚"的欲望进行释放。

基础释放

你现在有什么感受？

你能够欢迎这个感受吗？（或你能够允许这个感受存在吗？）

你能够放下它吗？

你愿意放下它吗？

什么时候？

以上是 5 个基本的释放问题，它们是圣多纳法的基础。下面我将介绍如何运用它们。尝试用第一人称和第二人称来问这些问题，看看哪一种对你来说效果更好。

第一步，想一个你想要改变或改善的问题，然后，让自己去感觉当下的感受。

问自己：对于这个问题，我现在有什么感受？

这个感受不一定要很强烈。事实上，你甚至可以问问自己对这本书的感受。

第二步，欢迎这个感受，以及任何与它一起出现的声音、想法和画面。无论你此刻体验到什么，都尽你所能允许它们存在。

问自己：我能够欢迎这个感受吗？

这个步骤可能看起来很简单，但却是必要的。大多数人都活在关于过去或未来的想法、画面和故事中，忽略了自己当下的感受。而你只有在当下才能处理自己的感受，不需要等到某个感受变得很强烈了才去放下它。事实上，如果你感到麻木、无聊、茫然、孤独或空虚，你可以像放下那些明显的感受那样放下它们。只要尽力就好。

第三步，问自己：我能够放下这个感受吗？

这个问题只是在问你是否有可能放下这个感受。肯定回答或否定回答都是可以接受的答案。即使你的回答是否定的，你也一样可以释放。用自己的直觉回答就好，避免思考或分析。

整个过程中使用的问题都被有意设计得非常简单。问题本身并不重要，它们只是用来引导你放下自己的感受，不再紧抓不放。不管你是如何回答这个问题的，都进入下一步。

第四步，不管你是从哪个问题开始的，都要问自己这个简单的问题：我愿意放下这个感受吗？

同样，尽量不要思前想后。还要记住，你是为了自己的自由和头脑清晰而练习这个方法的。这个感受是否合理、存在多久、正确与否都不重要。

如果你的回答是否定的，或者你不确定答案是什么，问自己：我是宁愿抓住这个感受不放，还是更愿意获得自由？即使答案仍然是否定的，那也没关系，继续下一步。

第五步，问自己一个更简单的问题：什么时候？

这个问题是在邀请你"现在"就放下这个感受。你可能会发现自己就这么轻松地放下了。请记住，"放下"是你随时都可以做出的一个决定。

第六步，根据需要重复前面的五个步骤，直到你感觉自己已经从那个感受中解脱了出来。

注意，如果决定放下对你来说有些困难，你也可以允许自己暂时抓住不放。如果你允许自己做你正在做的事情，你会发现做出一个新的决定变得容易多了。这会让回答"是"以及相应的释放变得更容易。

你可能会发现自己在这个过程的每一步都释放了一些。一开始效果可能不太明显，但只要你坚持练习，效果就会越来越显著。你可能会发现你对某个主题有不同层次的感受，但不管怎样，你所释放的将会永远消失，一去不复返。

情绪只会说谎

当你发现自己在合理化某个特定的情绪，告诉自己它是多么有用，自己是多么有必要抓住它，这意味着，你听到了一堆谎言。当你深入探索释放，你会注意到一件事，那些你想要释放的情绪会为了自己的存在而争辩。情绪会说谎，会开一些空头支票，例如："恐惧能够让我保持安全。""如果我感到内疚，就不会再这样做了。""如果我生气，就可以报复对方（而不只是让自己受伤）。"但事实却是，情绪会让问题继续存在下去。

我在课堂上会用两句话来总结这一点，你可能会觉得它们有点像禅宗的公案，除非你释放，否则可能理解不了。这两句话是："情绪只会说谎。情绪告诉我们放下它的严重后果，而实际上紧抓不放才会如此。"

大脑就像电脑

为了正确地看待圣多纳法，让我们来看一看人类的大脑在功能上与电脑有哪些相似的地方。电脑在一定程度上是以人类的大脑为原型设计的，所以这种比较并不牵强。你可能知道，电脑需要同时具备硬件和软件才能运行。于是，我们可以将大脑和神经系统比作硬件，将我们的想法、感受、记忆、信念，以及基本的、天生的智力比作软件。

人类的操作系统是由什么组成的呢？驱动身体和大脑的软件程序是使我们的系统正常运转以及积累知识的内在智慧。让我们的系统在生活中正常运转所需要的一切几乎都是与生俱来的，唯一的例外是我们后天习得的技能。这些技能可能千差万别，从演奏乐器到进行脑部手术都有。

电脑的内存空间越大，它就会运行得越快，效率也就越高。我们人类也是如此，在生活中，我们会有越来越多的经历，积累越来越多的数据，直到内存装满，处理速度变得缓慢。对于电脑，我们可以通过删掉或是压缩文件来释放空间。同样，那些有着中性情感内容、感觉完整的经历被高度压缩了；相反，那些充满情绪的、不完整的经历就像是在电脑后台运行着的程序或文件一样，占用了我们太多的可用内存和处理能力。

在我们年轻的时候，这些打开的程序对我们大多数人来说并不是一个很大的问题，但是随着年龄的增长，就连分给呼吸和消化这样的身体机能的内存空间也开始变得有限，于是，整个系统变得超载并开始发生故障。那些打开的程序和文件极大地影响了我们在生活中正常运转、学习新技能的基本能力，造成了我们心理上的混乱和冲突，因为它们经常给我们发送一些相互矛盾、干扰我们有意识意图的信息。

当我们运用圣多纳法时，我们放下了那些让旧的程序和文件在我们生活的后台运行的情绪负荷，从而增加了可用内存、加快了处理能力。释放让我们能够在不被"不完整"情绪耗尽能量和内存空间的情况下保留从经历中获得的智慧。换句话说，我们越运用圣多纳法，我们的系统就会运行得越好。

书写式释放练习：你渴望拥有什么

在这本书中，我有时会邀请你在自己制作的工作表中探索自己的感受。在圣多纳训练协会，我们将这种方法称为"书写式释放"。我建议你购买一个笔记本在你阅读期间使用。当你读完这本书的时候，可以把笔记本上用过的部分撕掉，这样可以保护你的隐私。这些释放练习的笔记同样可以放下。

所以，在继续往下阅读之前，请准备好你的释放笔记本，列出所有你想要改变或改善的事情。这份清单将作为你学习圣多纳法的目标宣言。在以后的学习过程中我们还会回过头来看这份清单，所以不要急，慢慢来，尽可能都写下来。

写下你的目标时，记住不要把自己限制在你认为通过阅读一本书"可能"实现的事情上。你在学习的是一个可以终身使用的方法。这本书的目的就是帮助你掌握这个方法，它可以让你拥有自己想拥有的、成为自己想成为的、做自己想做的。事实上，这个方法是如此强大，以至于清单上的一些目标，即使你没有直接对它们进行释放，它们也会实现。

记录你的收获

在释放的过程中，我强烈建议你随时写下自己的收获，这样可以激励你去实现更大的自我突破。你可以把这些成果写在你的释放笔记本上，可以随身携带这个笔记本，在上面记录自己的收获。

以下是你学习圣多纳法可以期待的一些收获。

• 行为和态度发生了积极的变化。

• 日常活动变得更轻松、更高效、更愉快。

• 能够更开放、更有效地交流。

• 解决问题的能力得到提升。

• 变得更加灵活。

• 行动时更放松、更自信。

• 获得成就感。

• 有更强的执行力。

• 开始新的生活。

• 轻松掌握新的技能。

• 正面情绪增加，负面情绪减少。

• 对他人有更多的爱。

除了上述收获，你还可以通过本书发现自己的限制性模式，以及改善自己生活的具体方法。我强烈建议你在这些领悟发生的时候将它们记录下来。

重获新生

在这本书中，我的目标是帮助你学习如何拥有你想拥有的、成为你想成为的、做你想做的。我向你保证，如果你真诚地学习圣多纳法，它会让你生活的每个方面都变得更好，你会感觉好像获得了新生。当你内心的压力和紧张消失的时候，你会面带微笑，甚至开怀大笑。

在进入下一章之前，尝试一下前面讲述的那些方法，看看你能发现什么。每天都要练习释放。你越是专注于释放，就越能从中受益。要让自己持续释放。你练习得越多，释放就越会成为压抑和宣泄之外的一种自然而然的选择——它会让你获得自由。

第二章

成功的秘诀

在这本书中，我的目的是指导你，以一种体验的方式学习如何放下那些阻碍你前进的内在反应或感受，让你可以保持最佳状态，发挥自己的潜能，过上幸福和快乐的生活。你在上一章中已经对这个方法有了一定的了解，这一章将会提供一些有效运用圣多纳法的更详细的建议。30 多年来，我举办了很多场圣多纳法研讨会，培训了很多圣多纳法指导老师，一直在探索如何帮助大家从圣多纳法中获得最大收益。以下建议就是基于我多年的经验提出的。

在你前进的过程中，请注意，释放是一个完全内在的过程。也就是说，释放与任何外在的人和事都无关，它只与你对他人和生活境遇的内在反应或感受有关。当你释放它们的时候，这个过程是如此简单和愉快，以至于你可能会笑出声来。在我的工作坊里，人们往往会开怀大笑。因为释放是在一个非常基本的、内在的层面上进行，所以你会发现，即使你和你的搭档一起练习，你也可以保护自己的隐私，从释放中获得最大收益。

在参与这本书中的探索时，请尽你所能放下自己的感受。"尽你所能"的意思是"在当下尽你最大的能力"。你永远不需要勉强或是强迫自己释放。此外，你要放下的只是当下这一刻的感受。举个例子，如果你正在释放愤怒，那么释放问句邀请你放下的只是你现在感受到的愤怒，而不是你从过去到现在体验到的所有愤怒。需要注意的是，因为这个方法和人的天性都倾向于放松，所以你可能不会总是强烈地感受到自己的感受，但这并不意味着你做得不够好。一般来说，释放对轻微的感受和强烈的感受同样有效。事实上，如果你养成了在日常生活中释放的习惯，即使是一些小事情，你也一样释放，那么，最终所有的事情对你来说都不是问题。当你开始放下你内在的紧张和其他充满压力的感受时，你会体验到一种轻松的感觉和高度的觉知。这只是你通过圣多纳法可以获得的众多益处之一。

我保证，当你运用你所学到的东西时，你将会取得巨大而快速的进步，体验到许多强大而积极的效果。正如我之前提到的，在圣多纳训练协会，我们把这些变化称为"收益"。不过，有时也会有意想不到的收获，例如，你想要改变的某个领域可能并没有像你希望的那样迅速发生改变，而另一个领域却开始发生改变。你最初想要改变的领域可能是最后一个发生改变的领域。但更有可能的是，变化会比你想象的快很多。

换一种方式解释一下。想象一下，有个人想通过学习圣多纳法来获得财务上的成功。她专心地读这本书，认真地做书中的练习，但是其财务方面并没有立刻发生转变。不过，她可能发现自己变得越来越健康了，然后她发现自己的人际关系也有了很大的改善。在那之后，她的工作能力有了很大的提高。最终，她实现了自己最初追求的财务上的成功。

请不要误解我的意思。圣多纳法肯定会给你的生活带来重要的改变，只是有时候，这些变化可能不是按照你所期望的顺序发生。变化也有可能是渐进发生的。你的朋友、同事或员工可能会先于你注意到你的变化。

当你将释放融入自己的生活，你很快就会注意到，你对自己的感受变得越来越敏锐。这是你进步的一个标志，这意味着你已经准备好去看到和释放你一直在压抑或逃避的许多情绪。根据我的经验，人们通常不会体验到他们还没有准备好去面对的感受——虽然我有几个学生，当他们对某些感受的抗拒开始消散时，他们经历了一两个不眠之夜，但他们不断地释放，很快就放下了那些困扰他们的东西。对大多数人来说，释放是不会影响他们的睡眠的，就算有，也是积极的影响。好消息是，你释放得越多，释放就会越容易，而这也会让你更放松地去深入体验自己的感受。当你完全地去感觉自己的感受，你会从你所做的每件事中获得更多的乐趣和活力。

你有没有在自助餐厅使用过自动取盘器？如果有的话，你可能会注意到，当你取走一个盘子时，新的盘子会自动补上这个的位置。当我们释放情绪的时候，我们的情绪也是如此。除了一开始我们释放的那些感受，如果与之相关的主题还有其他的感受存在，那么它们就会不断地浮现出来，直到与那个主题有关的所有感受都离开了——直到"取盘器"空了。不过和自动取盘器不同的是，你所释放的感受将会永远消失。刚开始练习的时候，你可能一次只能释放一个感受；然后，一次可以释放一组感受；最终，当你熟练掌握释放的时候，你就可以在最深的层次上释放任何主题的所有感受。

通常，当我们不去寻找或试图达成什么的时候，我们的头脑才会放松下来，让释放和领悟发生。当你有意识地运用圣多纳法时，你一定会体验到释放、领悟和收获。你可能会发现，它们是在你最不经意的时候出现的，所以，对不期而至的领悟和收获保持开放，尽可能地放松和接受这一点：你什么时候获得重大的突破和领悟，包括对自己真实本质的领悟，可能都不在你的掌控之中。

> 作为一个主持人，我比较擅长事先做好准备的演讲，不擅长即兴演讲。如果别人在我毫无准备的情况下让我发言，我会十分紧张。自从开始运用圣多纳法，我在即兴演讲时变得越来越放松。我成了一个更专业的演讲者。我成功地放下了对于即兴演讲的恐惧。
>
> ——查尔斯·斯塔克 纽约州纽约市

常见问题解答

人们参加圣多纳法课程时经常会问以下这些问题。在学习的过程中，你可以根据自己的需要参考这里的解答。

我应该多久释放一次？

对于释放这样的事情，做多少次都不为过。越是经常运用圣多纳法，从中得到的好处就会越多。你可以随时随地运用这个方法，从而让自己头脑更清晰、感觉更好、更自信、更有活力。当感受浮现上来、流过你的时候，让自己保持内在的开放。将你生活中的每一个烦恼视为获得更大自由的机会。记得保持轻松的心态，不要把释放变成另一个"应该"。当你养成了在感受出现时释放的习惯，你就会发展出一种动能，然后，当深层的感受浮现上来时，这种动能就会支持你。你会发现放下它们也很容易。

学会释放需要多长时间？

这取决于你。在第一章中，你学习了圣多纳法的一些基础知识。多长时间可以看到效果，这取决于你在日常生活中运用了多少你学到的。你运用得越多，释放就会变得越容易。此外，你可能会立刻感觉到很大的转变，也可能不会。一开始效果可能不太明显，但也有可能非常显著。

这么简单的方法，怎么会如此有效？

最有效的方法往往是最简单的。方法简单，就会比较容易掌握。例如，你不需要别人告诉你呼吸有多么重要。不过，如果让我告诉你呼吸的步骤，那就是："吸气，呼气，然后重复。"还有什么比这更简单呢？但是，对生命来说，没有什么比这更重要了。

当你练习释放一段时间之后，你会发现它真的很简单，并且它会成为你的第二天性，就像你现在的呼吸一样，它并不需要思考或分析。你还记得在第一章中我们把压抑的情绪比作情绪压力锅吗？如果经常释放，你也会发现，打开盖子让情绪离开要比试图让它们挤在里面自然得多。

释放是一种什么样的感觉？

释放是一种非常个人化的体验。大多数人在使用这个方法时会感觉到轻松或放松。有些人会感觉到能量在他们的身体中流动，好像获得了新生。随着时间的推移，变化会越来越明显。除了身体上的感觉，你还会注意到你的头脑越来越安静，思维也越来越清晰。你会开始发现问题的解决方法，而不是纠结于问题。随着你不断地释放，你甚至会体验到无尽的喜悦。

我怎么知道自己做对了？

如果你注意到任何感受、态度或行为的积极变化，那么你就做对了。不过，处理的问题不同，需要释放的量也会不一样。如果一开始它并没有完全改变，就让自己继续释放，直到你获得了自己想要的结果。

如果我发现自己又陷入了过去的行为模式，或者忘了去释放，我该怎么办？

这是初始阶段的常见状况，所以，没关系，持续释放就好。你释放的功力会随着时间的推移而不断增长，很快你就能实时释放了。此外，当你意识到任何问题时，你都可以随时放下它。不久，当你发现自己处于过去的行为模式中时，你就可以释放并中断它。通过这样做，你会发现自己可以改变这个模式。一段时间之后，在陷入过去的模式之前，你就能察觉到那种倾向并对它进行释放，让自己不再陷进去。最终，你不需要再对那种倾向进行释放，因为你已经将它完全放下了。如果你坚持释放，释放的效果就会变得更好，即使是长期存在的问题，你也一样可以将它放下。之后，如果不是别人提醒你，你可能都不记得有过这么一个问题。

你可以在一天当中安排几段固定的时间让自己练习释放，这会很有帮助。

学习圣多纳法，我需要改变信仰或相信一些新的东西吗？

完全不用！正如我在前言中提到的，请不要相信这本书中的任何话，除非你能够证实它。因为印在书里的话不一定就是对的。知识是没有用的，除非你能够亲自验证它。尽可能地去了解这本书中所传达的信息，将它视为改变你的意识状态和生活的一个机会，对书中的内容保持开放的态度，亲自去证明或推翻它。无论你的信仰是什么，圣多纳法都只会对它起到支持性的作用。

如果我正在使用其他的个人成长方法，我该怎么做？

因为放下是任何有效的个人成长方法的核心，所以你会发现圣多纳法可以很好地支持其他的方法。当你将放下与其他形式的自我探索结合起来时，成效会来得更快、更容易。圣多纳法会让你更容易坚持学习其他的方法，因为你将能够在两种方法一致的基础上理解和运用你学习的概念。很多学习圣多纳法的人经常说，圣多纳法是他们一直在寻找的最后一块拼图。

注意，如果你目前正在进行任何形式的心理治疗或医学治疗，在咨询专业的医疗保健人员之前，请不要改变你的治疗方案。

利用不同感知模式的力量

大多数人都有一种主要的身体感知模式：视觉（图像）、动觉（身体感觉）、听觉（声音）。如果你不确定哪一种是你的主要感知模式，那么，除了问自己释放的问题之外，试着将这三种感知模式加入释放的过程中，然后，使用最适合自己的那一种。

视觉感知

如果你的主要感知模式是视觉型的，或者只是喜欢运用视觉感知，在释放的时候，让自己运用一些视觉想象。试试以下几种方式。

• 当你身体的某个部位感到紧张或有其他不适，想象那里有一个结，当你释放的时候，看到那个结解开了。

• 想象一下，你的内在有一个压力锅，锅上有一个盖子，你只需要打开盖子，感受就会自己离开。看到自己打开盖子。如果你经常运用这种想象，一段时间之后，锅上的盖子就会一直保持在打开的状态，而你的感受也会很容易浮现上来并且离开。

• 想象自己手中紧紧抓着一个感受，然后看到自己的手打开，那个感受离开了。

• 将被困在你身体里的感受想象成装在口袋里的能量。你看到自己在口袋上戳了一个洞，然后，那些能量从这个洞离开了。

• 你也可以把自己的限制性感受想象为黑暗。在释放的时候，想象光明照亮了黑暗。

动觉感知

如果你是动觉型的，那么你的主要感知模式就是身体感觉。因此，让自己尽可能充分地体验某种感受，然后放松、敞开，感觉那种感受离开了。你可能会特别喜欢通过触碰和动作来增强释放的体验。试试以下几种方式。

• 将双手掌心贴在你的腹部，释放的时候，两只手往外翻，这样就可以创造一个让感受离开的空间。

• 一手握拳，贴近你的腹部，释放的时候，打开你的手。

• 把你张开双臂的动作与你将要拥抱自己深爱之人时的内在感觉结合在一起。首先，双手相抵，置于胸前，让自己注意到此刻的感受。然后，慢慢地张开双臂，与此同时，让自己感受到一种欢迎的感觉。张开双臂的时候，尽可能地保持内在的开放。然后，注意你现在的感受。你如果在做这些的时候心无旁骛，可能已经感到轻松一些了。

• 还有一个简单的方法可以增强你释放的体验，帮助你跟随自己的心，而不是头脑。把你的手放在身体上能感觉到各种感受的地方——一般是在胸部或腹部。用这个动作来提醒自己，把注意力集中在感受上而不是你对感受的想法上。

听觉感知

如果你的主要感知模式是听觉型的，那么这本书中的基础释放问句可能就足以让你释放了。回答那些问句时，最好只是回答"是"或"否"，而不是思考释放的好处或是期待释放的效果。随着你释放的经验越来越丰富，你可能会惊讶于自己所听到的。我有一个学生，有一次她在欢迎批判的感受时，听到自己的头脑在说"真坏、真坏、真坏"，就好像她是一只淘气的小狗一样，这让她笑了出来，并且放下了那个感受。

不管你的主要感知模式是哪一种，你都可以从上面的建议中受益。回想一下上一章中的放下手中物体的练习。当你问自己释放问句时，可以用手抓住一个小的物体。当你准备好释放时，放下手中的物体，这样做可以增强你的内在体验。

为了提高你释放的能力，你可以每天做这个小练习。它的目的是体验对感受抓住不放和放下它们的感觉。不过，为了避免给自己增加压力，请用生活中的一些小的烦恼、小的感受来做这个练习。注意自己什么时候在抓住不放、什么时候在释放。当你抓住不放时，允许自己抓住不放，然后看看自己是否愿意尝试一下释放。如果愿意的话，就问自己这些问题："我现在有什么感受？我能够允许自己有这个感受吗？我能够放下它吗？我愿意放下它吗？什么时候？我现在有什么感受？我能够放下它吗？我愿意放下它吗？什么时候？"这个练习可以增强情绪的流动性。

当两个人或更多的人专注于一个目标

下面这个故事你可能听过很多版本了。这个版本是我最喜欢的。

一个人死后来到了天堂，在天堂的门口遇见了上帝。上帝对他的到来表示欢迎，然后，上帝问他："我的孩子，在进入天堂之前，你还有什么愿望吗？""有一个。"那个人说，"我想看看地狱是什么样子，这样我就会更加感激我的好运。"上帝说："好吧。"然后上帝就带着他来到了地狱。在地狱里，他们看到一张很长的桌子，上面摆满了各种美味佳肴，但桌子两边的人都很不快乐，而且看上去都快要饿死了。

那个人问上帝："这些人为什么会饿成这样？"上帝回答说："他们都必须用 3 米长的筷子吃饭。""那真的太难了。"那个人同情地说。于是，上帝又带着他到了天堂。

进入天堂之后，那个人很惊讶，因为面前的场景与地狱几乎一模一样，也是一张很长的桌子，上面摆满了各种美食，不同的是每个人都很开心，而且看上去吃得很饱。他转身问上帝："这里的人用什么吃饭啊？他们用的肯定是不同的器具。""不是的，我的孩子。"上帝说，"这里的人也是用 3 米长的筷子吃饭。"那个人感到很困惑："我不明白。这怎么可能呢？"上帝回答说："在天堂，人们用筷子互相喂食。"

这本书中讲述的方法来自圣多纳法语音课程以及我们在圣多纳训练协会教授的基础课程和高级课程。这些方法是经过精心设计的，这样的话，你就可以自己练习，也可以与朋友、亲人或你所爱的人分享它们。当人们聚在一起致力获得自由时，就会释放出强大的能量。这就是为什么圣多纳训练协会一直举办现场研讨会来探讨这个主题，以及为什么你与他人分享这个方法时能够从中受益。在世界上，就像在天堂一样，当我们照顾彼此的需求，没有人会"得不到支持"。

如果你选择和他人一起做书中的练习，你们可以互相提问或互相引导。你要做的就是尽可能地和你的搭档一起看这本书，允许对方拥有自己的体验，认可他对自己的认识。

当你协助你的搭档释放时，自己也要尽可能地释放。如果你保持开放，这将会自然而然地发生。允许你的搭档按照他选择的方式去探索。记住，不要试图去左右或评判对方的反应，或是告诉对方应该怎么做。"修正"你的搭档并不是你的工作。

在这个过程中，除非你们两个人都完成了释放并且愿意讨论，否则不要急于进行讨论。即使你搭档的观点与你的不一致，也一定要支持他。例如，你的搭档可能会说："我感到很伤心。"而你认为他感到的应该是愤怒，那么，帮助他释放悲伤就好了。尊重你的搭档，接受他告诉你的。搭档之间经常会因为是否已经完全释放而意见不一。即使他告诉你："我感觉很好，我已经释放好了。"你也可能认为他还需要对某个主题继续释放。虽然这样看似不错，但把自己的感觉和理解强加给他人是不合适的。

请不要在你的搭档面前扮演顾问或治疗师的角色，除非你是一名训练有素的顾问或治疗师，而且对方明确要求你这样做。此外，如果你的搭档出现了需要专业医疗人员来治疗的身体状况，建议他获取这方面的帮助。如果你不确定你的搭档是否真的需要医疗支持，为了保险起见，建议他去寻求专业的支持。

肯尼思的故事：放下对故事的执着

肯尼思是 2001 年 9 月 11 日纽约世贸中心恐怖袭击事件的现场目击者。从那时起，他连续 1 个月都处于一种高度焦虑的状态，然后他在 10 月份的时候来到圣多纳参加一个为期 7 天的静修课程。他告诉我们他看到的那场悲剧："我当时去见一位客户，我们约好上午 9 点在世贸大厦的街对面见面。走出地铁，自动扶梯上挤满了人。到了街上之后，我往右边走去，看见很多人站在那里望着北边的塔，当时它已经着火了。在那一刻，没有人知道发生了什么事。看上去像是有两层楼着火了。我当时急着去见客户，心想：'天哪！消防车怎么还没有来！'

"我进了客户所在的大楼，坐电梯到了 14 层。不过那里一个人都没有，办公室的门是锁着的。大楼里的人已经被疏散了。于是我下楼离开了，在人行道上站了一会儿，看着着火的地方。过了 5 分钟，也许是 10

分钟，我记不清过了多长时间，另一个塔发生了巨大的爆炸——声音像是煤气炉点火器的咔嗒声，一开始，只是嗖的一声，到后来声音放大了100万倍。奇怪的是，直到我回到家打电话给我女朋友，我才意识到那是飞机撞上大楼的声音，她在美国有线电视新闻网上看了现场报道。当时，它看起来像是炸弹爆炸。就在那时，街上的人才意识到，这件事不是一场火灾那么简单。

"爆炸发生时，大量的纸张雨点般地落在我们身上。人们惊慌失措，冲上了天街（Day Street）。他们都急于逃离，我差点就跑过去了。当时我并没有有意识地去释放。我感到好奇，而不是惊慌失措。我想打电话给我女朋友，告诉她发生在我眼前的事，但手机没有信号，因为手机的信号发射器在塔的顶部，而塔已经倒塌了。几分钟后，消防车和警车呼啸而来。纸还在往下落，爆炸的烟尘还没有散开。这一切看上去如此不真实。我记得有一张纸正好落在我的脚上，我注意到上面有一家德国银行的名字。我心里一颤，因为我是德国人。

"另一件一直困扰我的事情是很多人从北塔的上面几层往下跳。这发生在一个天气晴朗的早晨，所以看起来很不真实。这是一个宽银幕电影的画面，我感觉像是在看一部电影。我的脑海中有一幅挥之不去的画面：一个商人跳了下来，抓着他的公文包，他的腿在空中，手向下，领带在空中飞舞着。因为塔很高，他过了好一会儿才落地。还好因为有其他建筑物的遮挡，我看不到他落地后的样子。

"这个时候，我意识到发生了非常严重的事情。人们在街上哭泣。每当有人往下跳，就会引起阵阵尖叫。尽管那场景非常可怕，但我感觉自己很想去看。我告诉自己：'你现在必须离开这里！接下来有可能会发生别的事情。我们不知道是什么造成了眼前的一切。可能还会有更多的爆炸发生。离开这里！回家！'于是我从人群中走出去，到几个街区之外的布鲁克林大桥地铁站乘坐地铁。在途中我经过了市长办公室附近的一个公园。在公园外面有一大群人，他们看着眼前发生的悲剧。有那么几次我几乎都要转身往回走了，不过我还是下定决心离开了。幸运的是，当时地铁还在运行，但车厢里似乎只有我一个人。后来地铁很快就停运了。

"我一回到家就用座机给我女朋友打了个电话。她解释了我所看到的，我告诉了她我的感受以及它对我的影响。然后，我陷入了震惊之中。因为电视机放在壁橱里面，我没能立刻打开电视。我把它搬了出来，打开了它。因为天线坏了，电视机的信号很差。尽管我亲眼看到了这一切的发生，但是我还是很难相信恐怖袭击是真的。我迫切需要知道事情的详细情况。"

肯尼思讲述这个故事的时候，我带着他从这段经历的一些片段来进行释放：声音、画面、感受、想法、情绪。他释放了一些恐惧和焦虑，但是，他还是有很多抗拒。当我问他："你能够放下它吗？"他总是回答："不。"我知道小组中的每个人都会从肯尼思的释放过程中受益，因为我们都深受这起悲剧的影响。当他意识到自己对身处那么特殊的境地有一种微妙的骄傲，并发展出这样一个故事后，他终于可以完全放下了。他看到了这种骄傲，并将它释放，一直以来的焦虑也消失了，而且再也没有出现。

正如肯尼思所说："骄傲是一种强大的情绪，不过我还是成功地将它释放了。我的坚持得到了回报。到了最后，我甚至忘了我是和大家一起在做这个练习。我感觉是我在处理这件事。我放下这件事，不是为了取悦海尔，也不是为了寻求他人的认可，甚至不是为了我自己的认可。释放之后，我感觉很平静。'9·11'事件在很多人心里留下了很深的印记，人们难免会提起它，但我后来再也没有提起它。"

> 在多年的失眠之后，我终于能睡个好觉了。这感觉真好！
>
> ——罗塞拉·施罗德

避免一些常见的误区

很多人在走上个人成长的道路时都会遇到一些误区，以下是一些常见的误区以及避免它们的建议。

"我受苦，故我在。"

这句话可能看起来有些奇怪，但它反映了我们大多数人的生活方式。我们认同自己的问题，认为自己是有问题的，这就像是我们觉得自己需要通过克服障碍、解决问题和承受痛苦来证明自己的存在一样。我们也认同自己创造的痛苦。我们变得如此"精通"于成为一个有问题的人，以至于我们害怕如果没有问题，我们就不知道自己是谁。当我们花一些时间去反思"我们的"问题时，甚至会发现，我们对这些思维模式和行为模式已经非常依恋，以至于很难想象自己没有了它们会是什么样子。我们并不是对放下所带来的不确定性保持开放，而是执着于一种虚假的安全感，这种安全感来自我们知道该期待什么，即使这种期待并不是有益的。

其实不一定非要这样。想一个你认为属于你的问题，然后问自己："我是宁愿通过了解这个问题来获得虚假的安全感，还是更愿意获得自由？"如果你更愿意获得自由，你会自然而然地放下对那个问题的执着，并且你会开始发现问题的解决方法，而不是去证明问题的存在或是被问题困住。

"那我要说些什么呢？"

我们人际交流的很大一部分内容是为我们的问题寻求同情或是对他人的问题表示同情。我们成了向他人描述自己问题的专家，以至于我们不愿意放弃自己的这一"特长"。这并不是说分享自己的问题是有害的，事实上，与他人分享自己的烦恼对于放下和继续前进是很重要的。此外，当我们的朋友在情感上需要帮助的时候，陪伴他们也是一个好朋友应该做的。我们陷入困境的情况是，我们不断地重复同样的问题，却没有从中解脱出来。

如果你发现自己不止一次地讲述同一个故事，检查一下你是否在为那个问题寻求认同。如果是的话，问自己：

我能够放下"想要他人认同我有这个问题"的欲望吗？

我能够放下"想要为这个问题寻求认同"的欲望吗？

"它是我的问题，这就是为什么我会执着于它。"

骄傲是一种多变的情绪，因为我们不仅会为自己的成就感到骄傲，还会为自己的问题感到骄傲，我们觉得有问题很特别。在通往自由的道路上，这一陷阱可能会以一种骄傲的形式出现，它们可能是为战胜了问题而感到骄傲、为自己忍受了这么长时间而感到骄傲、为自己独有的问题而感到骄傲。

留意骄傲。当你释放的时候，审视你的问题，看看你是否觉得它让你很特别。如果你发现了任何骄傲的情绪，诚实地承认它、放下它，然后你会发现自己可以轻松地放下那个问题。

问"为什么"

想要理解或是想清楚为什么会出现问题也是放下它们的一个主要障碍——为了想清楚我们的问题，我们必须抓住它们不放。有趣的是，如果有什么重要的事情需要你去理解，放下想要理解的欲望往往会让你更容易理解它。问自己一个问题："我是宁愿理解我的问题，还是更愿意从中解脱出来？"如果你更愿意解脱出来，那么我强烈建议你放下想要理解它们的欲望。

这一点之所以如此重要，是因为为了想清楚一个问题，我们必须离开当下，而当下是我们唯一能够真正解决问题的地方。此外，除非我们想要让某个问题再次发生或是想要以某种方式维持它，否则我们不需要理解它。

在一次圣多纳法课程中，我建议我的学员放下想要想清楚问题的欲望，让答案自然浮现。有一位学员很难接受这个观点。他是一位电气工程师，他毫无疑问地"知道"，他需要在自己的工作中想清楚很多事情，否则他将无法做好自己的工作。对于他的观点，我没有和他争论，我只是建议他对这个方法保持开放的态度。

在那次课程之后，那位工程师的一次经历完全改变了他的看法。他当时正在制作一个采样电路，还需要一个特定的零件就可以完成，但是，当他去零件储藏室（储藏室里有一排一排的柜子，电子零件按照规格分类放在柜子上面的抽屉里）找那个零件的时候，却发现放那个零件的抽屉是空的。他想，这个"放下想要想清楚问题的欲望"的方法不可能适用于这类问题，但是不管怎样我还是试一试。所以，他站在那里，花了几分钟时间放下了想要想清楚那个零件可能在哪里的欲望。然后，他走到角落附近的一个新的抽屉前面，在那个标记为别的零件的抽屉里面发现了他要找的那个零件！他目瞪口呆，因为他只是随便试试，以为这个方法不会起作用，但是，很显然，这个方法奏效了。

你可以通过放下想要想清楚问题的欲望得到自己渴望的答案，我强烈建议你对这样一种可能性保持开放的态度。就像那位工程师一样，你也许会感到很惊讶！

总是行色匆匆

开始走进你自己的生活，就好像你拥有世界上所有的时间。我们生活在一个节奏如此之快的世界里，以至于为了追上别人，我们不断地强迫自己走得更快一些。我们急于实现自己的目标，甚至在个人成长的领域也是如此。然而，我们常常匆匆走过的这一刻——当下——实际上为自我发现和自我认识提供了最大的机会。

> 我出身贫寒，非常自律，多年来一直努力奋斗。尽管我做了很多努力，但是一些问题依然存在。在学习圣多纳法之后，我从长久以来的愤怒中解脱了出来，并且能够很好地处理自己的恐惧。我不知道我是否发现了真正的自己，不过我已经准备好接受生活的惊喜了。当面对日常挑战时，我都会运用圣多纳法。我不仅学会了一些非常有效的方法，也拥有了一种更平静、更快乐的生活方式。
>
> ——伊冯·魏格曼 澳大利亚金斯顿

探索：在此时此地发现自由

当你纠结于某个问题，除了对那个问题进行释放，还要养成寻找它的对立面的习惯。我们大多数人都非常善于发现问题和限制。我们都是寻求限制的专家，因为我们习惯于寻找实际上并不存在的问题。

我们距离与生俱来的自由其实很近。我们之所以与自由擦肩而过，是因为我们在各种想法或感受之间跳来跳去，错过了此时此地真正发生的。

即使你正在处理某个问题，也可以让自己去找到那个没有问题的地方，让自己注意到即使是最糟糕的问题也并没有一直存在。当你开始意识到自己无限自由的本质时，你会发现，这种意识让你从一个新的视角去看待你所认为的问题，并让自己生活在当下无限自由的自然状态中。

下面这个方法将帮助你开始朝这个方向前进。它会让你体验到在那些表面问题之下的是什么，并进一步体验释放的第二种方法——欢迎。

请轻松地对自己的感官知觉保持觉知，从你的听觉开始。你能够允许自己聆听或欢迎此刻听到的任何声音吗？

然后，继续将注意力放在听觉上。你能够允许自己聆听或欢迎声音底下的静默吗？

花一些时间，在听到的声音与无声的静默之间来回切换几次。这里的声音也包括你的想法。

当你觉得准备好了，让自己把注意力放在看到的东西上。你能够允许自己欢迎看到的任何东西吗？

然后，你能够允许自己欢迎或留意每个物体周围的空间或空无吗？包括这个页面上的文字之间的空白。

再一次花一些时间，在这两种感知方式之间来回切换几次。

接下来，将注意力放在你当下的感受上。你能够允许自己欢迎在这一刻感知到的任何感受吗？

然后，你能够允许自己欢迎它周围的空间吗？

轻松地在这两种感知方式之间来回切换几次。

然后，你能够允许自己将注意力放在某个问题上，并欢迎与之相关的记忆吗？

那么，你能够允许自己看到（除了这个问题之外）你的大部分经历是如何展开的吗？

而且，你能够允许自己欢迎这个问题并不像它看上去那么严重的可能性吗？

在欢迎这个问题和所有与之相关的看法之间来回切换几次，然后，让自己看到并欢迎当下在这里的实际上是什么。

当你这样做的时候，你会发现自己对那些所谓的问题有了新的认识，同时也会开始看到当下的美好。

成长可以很有趣

请积极参与释放练习，你投入得越多，收获就会越多。请抛开你对工作的那些不愉快的想法。很多人相信这句谚语："没有痛苦，就没有收获。"当你练习释放的时候，我相信你会发现这并不一定是真的。与其把这个过程当作工作，不如把它当作一个探索一切可能性的游戏。是的，个人成长和疗愈可以很有趣。

为了让生活变得更好，请你勇敢地做出改变。你值得拥有幸福和成功。我希望你拥有它们，圣多纳法就是为了帮助你获得它们而发展出来的。当你允许圣多纳法向你展示它的轻松、简单及其神奇的力量，你将会获得一个伴随你一生的方法。30多年来，很多人运用这个不可思议的方法从根本上改善了他们生活的方方面面。

第三章

情绪自由路线图

请保持开放的心态来阅读这一章。这一章的目的是通过每个人在日常生活中会经历的 9 种基本情绪状态来帮助你探索和释放，它们包括：冷漠、悲伤、恐惧、贪求、愤怒、骄傲、无畏、接纳，以及平静。这些信息不仅能帮助你更清晰地了解自己和他人的情绪，还能帮助你将释放融入自己的生活中。

自由

自由是圣多纳法的终极目标——对一切事物，有选择拥有与否的自由、成为与否的自由、做与不做的自由。不再被生活中发生的事情所打扰，就是我们存在的自然状态。你的自由就在此时此地，在那些情绪之下。当你掌握了圣多纳法，你最后会在你的内在发现它，然后就再也没有任何人、任何事能够让你烦恼。虽然你会意识到正在发生的一切，并且体验它，但是你不会执着于任何特定的结果。你会安住在当下，保持平静。

现在你可能会想："我不知道我是否要放下所有的情绪，它们赋予生命以色彩，它们让我觉得自己充满活力。"我向你保证，释放绝不会让你变得毫无生气。相反，很多时候你压抑自己的情绪，很少让自己真正地去感受它们，这种麻木虽然让你远离了所谓的负面情绪，但是它也让你远离了生命的美好与丰富。一旦你明白了自己可以放下情绪，并开始放下它们，你就能够以一种非常积极的方式去感受一切。当你知道，除非你选择让情绪控制你，否则情绪是无法左右你的，你就会放松下来。

发现你的直觉

很多人在开始释放感受时犹豫的另一个原因是他们相信感受给了他们重要的信息和直觉。根据我的经验，事实正好相反。虽然直觉看上去和限制性的感受一样都产生于意识层面之下，但直觉实际上是我们对自己真实本性的认识，只是被我们的情绪所遮蔽。当我们开始释放时，我们其实是在找回自己的直觉。

莱斯特曾经说过："直觉总是对的。"在你能够区分你的直觉和情绪反应之前，你可能会发现这很难接受。运用圣多纳法可以很容易地区分它们，它可以让你简单地在当下释放，并保持觉知。当你对限制性的感受进行释放，它会减少或消失，然后你的直觉会变得更清晰。你无法释放直觉。事实上，你释放得越多，你的直觉就会越敏锐。

9 种情绪状态

我们的内在有 9 种情绪状态：冷漠、悲伤、恐惧、贪求、愤怒、骄傲、无畏、接纳，以及平静。本章最后两页的表中列出了这些情绪状态。它们形成了能量和行动的不同层级。在冷漠的情绪状态下，我们几乎没有什么能量可以使用，很少或根本没有外在的行动。当我们上升到悲伤的情绪状态时，我们有了更多的能量和外在行动。在我们往平静的情绪状态前进的过程中，每提升一个情绪状态，就会有更多的能量和外在行动。

下面这个比喻可能会对你有所帮助。想象一下，你的情绪就像是整个海洋的能量通过水管释放出来。当你处于冷漠的状态，水管几乎是完全弯曲的，只能让很少的能量通过。在悲伤的状态下，水管稍微展开了一点。

当你到达无畏的状态，水管大部分都展开了，于是你就可以集中自己的能量去创造自己想要的。而在平静的状态下，水管不再有任何限制——你就是整个海洋。此外，如果你这样看待情绪，它可以帮助你停止评判它，毕竟，情绪只是能量。

请运用本章剩余部分的知识来帮助你识别你在某一时刻所处的情绪状态。如果你很难确定自己处在哪一种情绪状态，请参考描述这些情绪状态的词汇和短语的列表。例如，如果你发现自己经常放弃，对自己或他人感到消极，或是很难开始去做一件事情，你就可能处于冷漠的情绪状态。也许你发现自己在想："我和他们不一样。我是对的。我比他们聪明。"或者自鸣得意、觉得自己比别人强……这样的想法和感受表明你可能处于骄傲的情绪状态。

当你学习这一章的时候，你可能会发现自己对其中的几种情绪状态特别有感触，而且相对于其他情绪状态，你会花更多的时间去体验它们。然而，很重要的是，为了达到真正的平静与自由，对于这9种情绪状态，我们都要加以释放。

将情绪状态进行分类是了解我们潜意识状况的一种方法。我们头脑的这一部分就像一个杂物抽屉，对于一些不知道如何处理或是还未解决的问题，我们都会把它们放进去。正如我之前提到的，任何没有放下的感受都会储存在潜意识中——那里充满了过往的情感包袱与限制性的想法和感受。我们的潜意识中累积了许多未解决的问题，以至于我们常常很难记住那些我们认为重要的事情，而那些想要忘记的事情却又在脑海中挥之不去。

我不知道你的情况如何，我以前从杂物抽屉那里寻找答案，很多时候都很沮丧。最终，我对它进行了清理。运用圣多纳法，你也一样可以对你的内在进行清理。当你花时间去处理和释放9种情绪状态时，你会发现所有的情绪都是相互关联的，这会帮助你筛选你累积的那些情绪，清除你不再需要的东西，并发现对你来说重要的东西。随着释放的进行，你会发现你的头脑越来越敏锐，记忆也越来越清晰。你不仅能更清晰地了解自己的感受，还能更好地理解他人的感受。

当你观想能量和行动的层级时，也许会发现无畏、接纳和平静被其他情绪覆盖住了，放下你的冷漠、悲伤、恐惧、贪求、愤怒和骄傲，你就会发现这些能量更高的情绪。你的整个人生都会因此而改变。对你来说，一切都会变得更简单。

请注意，改变也许不会立刻发生，这可能是一个渐进的过程。然而，每次释放的时候，无论你从哪里开始——不管是冷漠、悲伤、恐惧、贪求、愤怒，还是骄傲，你都会自然地朝着无畏、接纳与平静的方向前进。以这种方式认识你的深层力量，可以让你的感受、行为，以及对生命的看法发生很大的改变。

当你阅读下面的 9 个部分，无论这个过程中出现了什么样的感受、想法或画面，允许自己尽可能地保持开放。任何时候当你想要释放，就让自己暂停当时的事情去释放。在读完每个部分之后，花一些时间释放意识中出现的一切。

> 了解自己的感受让我的生活更加平静，也让我对生活有了清晰的关注点。我更能安住在当下。圣多纳法课程给了我一个放下内在障碍的方法，让我可以决定自己前进的方向和步伐的快慢。
>
> ——B.V.　比利时根特

冷漠

处在冷漠这个情绪状态时，我们没有任何渴望，觉得就算有也没什么用。我们认为自己什么都做不到，也没有人能帮助我们。我们感到沉重，看不到出路。我们畏缩不前，表现得软弱无能，以免让自己受到伤害。我们的头脑中非常嘈杂，以至于我们可能会感到麻木。我们的想法都是限制性的。我们只看到失败和自己的无能为力。我们几乎没有什么能量去采取行动，因为我们的内在有很多冲突。

　　谢丽尔在一间房子里住了30多年，在此期间她一直在收集各种小物件和小碎石头。事实上，她的房子看起来就像我在前几页提到的杂物抽屉一样。她决定参加圣多纳法基础课程。在课堂上，她说生活环境让她感到很沉重。有趣的是，她并没有直接对收集杂物的问题或是冷漠的情绪做释放，而是将解决拖延问题列为她的一个目标。第二个周末来上课的时候，她看上去充满了活力。她兴奋地解释了自己是怎么做到的：整整一周她都在释放，然后她发现自己开始清理房间，扔掉不需要的东西。当她所处的环境不再杂乱不堪，她变得更加自信，精力也更加充沛。谢丽尔说，她多年来一直试图逼迫自己打扫一下房间，但都无济于事。当她通过释放让自己放松下来时，她自然而然地去做了那些事情。

描述"冷漠"的词汇和短语

- 无聊
- 不可能赢
- 不关心
- 冷淡
- 切断
- 麻木
- 感觉被打败
- 沮丧
- 泄气
- 孤独
- 绝望
- 气馁
- 大失所望
- 命中注定

- 放弃
- 冷酷无情
- 没有希望
- 枯燥无味
- 我不行
- 无所谓
- 我并不重要
- 心不在焉
- 犹豫不决
- 冷漠
- 无视
- 太迟了
- 懒惰
- 再等等

- 无精打采
- 没有活力
- 失败
- 失败者
- 健忘
- 迷失
- 一切都是徒劳的
- 消极
- 迟钝
- 漠不关心
- 不堪重负
- 漫无目的
- 无能为力
- 无用
- 听天由命
- 茫然
- 震惊
- 疲惫不堪
- 魂不守舍
- 有什么用呢
- 神志恍惚
- 为什么要尝试
- 不知所措
- 一无是处
- 太累了

允许自己花一些时间，回忆一下上一次你或你认识的人经历冷漠这一情绪状态时的体验。然后，给自己一些时间，与这段记忆此刻带给你的感受在一起。

你能够允许自己尽可能地欢迎这个感受吗？

你能够允许自己放下它吗？

你愿意放下它吗？

什么时候？

重复以上过程几次，直到你放下了部分或全部感受，然后进入下一个情绪状态。

悲伤

处在悲伤这个情绪状态时，我们希望别人来帮助我们，因为我们觉得自己什么都做不到。我们认为也许某个人能帮助我们。我们的身体比处于冷漠状态时稍微多了一些能量，但能量是如此紧缩，以至于我们的感觉是痛苦的。我们的头脑比处于冷漠状态时少了一些混乱，但仍然非常嘈杂。我们向别人讲述自己的痛苦和失落，并且常常深陷其中。我们的思想围绕着我们受到了多少伤害、我们失去了什么，以及我们是否可以让别人来帮助我们。

当莎拉年迈的母亲中风时，她意识到她们的生活出现了一个很大的转折。过去她和母亲的关系十分融洽，失去这种关系让她感到非常难过。因为母亲现在需要帮助，所以有时候莎拉与母亲仿佛互换了角色，莎拉扮演着母亲的角色，而母亲成了孩子。有一天，莎拉做了一个决定，让自己深入悲伤之中，这帮助她找回了平静。她明白，她可以允许自己适度地悲伤，而不是让自己长期处于一种悲伤的状态。尽管有时候还是会悲伤，但她有一种如释重负的感觉。释放让她能够接受母亲的变化。

描述"悲伤"的词汇和短语

- 被抛弃
- 被辱骂
- 被指责
- 痛苦
- 感到惭愧
- 被背叛
- 沮丧
- 被欺骗
- 绝望
- 失望
- 伤心
- 极为伤心
- 这不公平
- 尴尬
- 被遗忘
- 内疚
- 心碎
- 心痛
- 苦恼
- 无助
- 伤害
- 要是……就好了
- 被忽略
- 不够好
- 后悔
- 被拒绝

- 被冷落
- 渴望
- 失落
- 忧愁
- 被误解
- 悲痛
- 被忽视
- 没人关心
- 没人爱我
- 留恋过去
- 错过
- 遗憾
- 可怜的我

- 悔恨
- 难过
- 悲伤
- 哭泣
- 烦恼
- 破碎
- 痛苦
- 不快乐
- 不被爱
- 不受欢迎
- 脆弱
- 为什么是我
- 受伤

允许自己花一些时间，回忆一下上一次你或你认识的人经历悲伤这一情绪状态时的体验。然后，给自己一些时间，与这段记忆此刻带给你的感受在一起。

你能够允许自己尽可能地欢迎这个感受吗？

你能够允许自己放下它吗？

你愿意放下它吗？

什么时候？

在进入下一个情绪状态之前，重复以上过程几次，直到你放下了部分或全部感受。

恐惧

处在恐惧这个情绪状态时，我们想要采取行动，但却没有，因为我们认为风险太大了，自己可能会受到更大的打击。我们想要与人沟通，但却

45

不会，因为我们认为自己会受到伤害。我们的身体比处于悲伤状态时多了一些能量，但是能量仍然是如此紧缩，以至于我们的感觉大多是痛苦的。感受会很快地出现和消失，就像冷水滴在热锅上一样。我们的头脑比处于悲伤状态时少了一些混乱，但是依旧非常嘈杂。我们的想法都是破坏性的。我们想到的都是自己会如何受到伤害、可能会失去什么，以及我们应该如何保护自己和身边的人。

释放是应对恐惧的一个很好的方法，朱迪在长达 6 周的穿越摩洛哥和肯尼亚的野营中发现了这一点。在阿特拉斯山上一条偏僻而危险的道路上，她和其他 11 个人乘坐的吉普车突然翻了车。有那么一会儿，每个人都以为自己要死了，直到吉普车停在悬崖边。他们小心翼翼地从车里爬了出来，在旁边的斜坡上艰难地待了一夜。寒风刺骨，他们只有很少的物资。有几个人腹泻，还有一个受伤的人休克了。但是，在整个过程中，朱迪一直在释放她的恐惧，因此，她很平静。幸运的是，她活了下来，而且她的心里没有留下任何创伤。

描述"恐惧"的词汇和短语

- 焦虑
- 担忧
- 谨慎
- 冷漠
- 怯懦
- 防卫
- 不信任
- 怀疑
- 畏惧
- 局促不安
- 逃避

- 迟钝
- 偏执
- 害怕
- 秘密的
- 颤抖
- 害羞
- 多疑
- 怯场
- 迷信
- 猜疑
- 紧张

- 不祥的预感
- 匆忙混乱
- 犹豫不决
- 恐惧
- 歇斯底里
- 拘谨
- 缺乏安全感
- 失去理性
- 极端厌恶
- 心神不宁
- 惊慌

- 易受惊吓
- 感到威胁
- 胆怯
- 陷入困境
- 迟疑
- 不安
- 脆弱
- 想要逃避
- 小心
- 担心

允许自己花一些时间，回忆一下上一次你或你认识的人经历恐惧这一情绪状态时的体验。然后，给自己一些时间，与这段记忆此刻带给你的感受在一起。

你能够允许自己尽可能地欢迎这个感受吗？

你能够允许自己放下它吗？

你愿意放下它吗？

什么时候？

在进入下一个情绪状态之前，重复以上过程几次，直到你放下了部分或全部感受。

贪求

处在贪求这个情绪状态时，我们想要拥有。我们感到缺乏和不足，渴望得到金钱、权力、性或其他事物，却又带着犹豫。我们可能会，也可能不会采取行动。我们内心有一种感觉："我无法拥有，或者我不应该拥有。"我们的身体比处于恐惧状态时多了一些能量。能量仍然是相当紧缩的，但

47

现在的感觉有时是很愉快的，特别是与前三个能量较低的情绪状态相比。感觉有时会非常强烈。我们的头脑比处于恐惧状态时少了一些混乱，但是仍然非常嘈杂和偏执。我们会试着用美好的想象去平息自己的不安，但是在这些不安的下面是我们内心的匮乏。我们的想法都是关于我们需要得到什么和我们没有什么。无论得到了多少，我们从不感到满足，也很少享受我们所拥有的。

　　罗恩是一个篮球迷，他住在西雅图，是超音速队的忠实粉丝。球队在季后赛对阵芝加哥公牛队的那一年，他发现自己处于一种强烈的贪求状态。小时候，当他非常在意一场比赛，他会因为想要他喜欢的球队获胜而紧张得发抖。所以，当他在现场观看超音速队与公牛队的季后赛比赛时，他一直在看台上释放自己想要控制比赛结果的欲望，这让他感觉好多了，他可以更加享受看比赛的过程。有意思的是，他觉得自己是在为现场的上万人做释放。他不再像以前那样紧张不安了。他的妻子开玩笑说，他应该去现场看每一场比赛，因为他每次去的时候超音速队都赢了。

描述"贪求"的词汇和短语

- 放纵
- 预支
- 无情
- 迫不及待
- 上瘾
- 贪爱
- 苛求
- 狡猾
- 受到驱策
- 嫉妒
- 剥削

- 淫荡
- 好色
- 操纵
- 吝啬
- 非有不可
- 永远不够
- 永不满足
- 没意识到
- 着迷
- 过于沉溺
- 占有欲强

- 迷恋
- 狂热
- 没有得到满足
- 贪吃
- 贪得无厌
- 囤积
- 渴求
- 我想要
- 没有耐心

- 掠夺成性
- 固执己见
- 不计后果
- 冷酷
- 诡计多端
- 自私
- 贪婪
- 无节制
- 过度

允许自己花一些时间，回忆一下上一次你或你认识的人经历贪求这一情绪状态时的体验。然后，给自己一些时间，与这段记忆此刻带给你的感受在一起。

你能够允许自己尽可能地欢迎这个感受吗？

你能够允许自己放下它吗？

你愿意放下它吗？

什么时候？

在进入下一个情绪状态之前，重复以上过程几次，直到你放下了部分或全部感受。

愤怒

处在愤怒这个情绪状态时，我们想要采取行动伤害他人或是阻止他人，却又带着犹豫。我们可能会，也可能不会采取行动。我们的身体比处于贪求状态时多了一些能量，能量不再那么紧缩，我们的感觉往往非常强烈。我们的头脑比处于贪求状态时少了一些混乱，不过仍然嘈杂、顽固和偏执。我们的脑海中会浮现伤害他人的破坏性想法。我们想要报复，想要让他人付出代价。我们可能会被这种能量吓住，以至于让自己回到更低的能量状态，甚至伤害我们自己。不管是对自己还是对他人，我们采取的行动往往都是破坏性的。

　　佩姬对前男友怀有怨恨，因为她觉得前男友背叛了她。尽管他们在两年前就已经分手了，但佩姬每次想起他时都极为愤怒。很多时候，她会沉溺在对他的报复的想象之中。她不断地回想那些往事，这让她一再经历那些过往的伤痛。更重要的是，她的愤怒阻碍了她发展一段新的、令人满意的关系。

　　佩姬来参加圣多纳法课程时，她的一个目标就是放下长期以来的愤怒，原谅她的前男友。在课堂上，她惊讶地发现，放下那些残留的伤害和失望是如此简单，在短短几轮提问之后，它们就消失了。她对开始一段新的关系有了信心。之后，每当负面情绪出现时，她就将它们释放，这让她感觉更轻松、更快乐。

描述"愤怒"的词汇和短语

- 粗暴
- 咄咄逼人
- 恼怒
- 爱争论
- 好斗
- 极其愤怒
- 不安
- 尖酸刻薄
- 挑衅
- 苛求
- 破坏性
- 厌恶
- 暴躁

- 泄气
- 发怒
- 大为恼火
- 严厉
- 憎恨
- 敌意
- 不耐烦
- 愤愤不平
- 生气
- 嫉妒
- 暴怒
- 激动
- 不友好

- 激烈
- 凶恶
- 义愤填膺
- 易怒
- 一意孤行
- 叛逆
- 怨恨
- 抗拒
- 反感
- 粗鲁
- 野蛮
- 即将爆发
- 恶言相向
- 压抑

- 冷酷无情
- 怀恨在心
- 强硬
- 苛刻
- 焦虑
- 倔强
- 不高兴
- 报复
- 恶毒
- 暴力
- 猛烈
- 恶意
- 固执

允许自己花一些时间，回忆一下上一次你或你认识的人经历愤怒这一情绪状态时的体验。然后，给自己一些时间，与这段记忆此刻带给你的感受在一起。

你能够允许自己尽可能地欢迎这个感受吗？

你能够允许自己放下它吗？

你愿意放下它吗？

什么时候？

同样地，重复以上过程几次，直到你放下了部分或全部感受，然后继续。

骄傲

处在骄傲这个情绪状态时，我们想要维持现状。我们不愿意改变或前进。我们会为了不让别人超过自己而阻止别人进步。我们的身体比处于愤怒状态时多了一些能量，但经常不能使用这些能量。尽管能量不再那么紧缩，但往往都很沉寂。我们的头脑比处于愤怒状态时少了一些混乱，但依旧嘈杂、固执、以自我为中心。我们的想法都是关于我们所做的和我们所知道的。我们希望别人注意到我们有多好，以此来掩盖我们挥之不去的疑惑。

在很多人眼里，马丁是一个很强势的行政主管。在马丁职业生涯的早期，在短时间内他就多次升职。在这个过程中，他很少考虑别人的感受。他购买圣多纳法录音带时，正处于事业的瓶颈期。虽然他认为自己仍然在做正确的事情，但是公司的几次晋升名单中都没有他。他不明白为什么他的经理没有看到他比那些获得晋升的人更优秀。

听录音带的时候，马丁发现自己一直以来都陷入了骄傲之中，这让他看不到自己的缺点，错失了很多轻易可以获得的支持。随着释放的进行，他变得更加欣赏自己的同事和下属，并且更加愿意和整个团队一起工作，而不是像过去那样和他们保持距离。在做出了这样的转变之后，他获得了晋升。现在马丁明白了，在前进的道路上，他不需要踩着别人往上升。

描述"骄傲"的词汇和短语

• 无可非议	• 思想狭隘
• 疏远	• 从不犯错
• 傲慢	• 固执己见
• 偏执	• 盛气凌人
• 自夸	• 居高临下
• 厌倦	• 假装虔诚
• 聪明过头	• 有偏见
• 封闭	• 自以为是
• 得意	• 冠冕堂皇
• 心高气傲	• 僵化

- 鄙视
- 冷淡
- 批评
- 轻蔑
- 武断
- 道貌岸然
- 假谦虚
- 伪善
- 自鸣得意
- 骄傲
- 自命清高
- 虚伪
- 冷冰冰
- 孤立
- 评判
- 自认为无所不知

- 自恋
- 自满
- 自私
- 自命不凡
- 恃才傲物
- 特别的
- 被宠坏
- 冷静
- 顽固
- 自大
- 高傲
- 孤傲
- 绝情
- 无情
- 固执
- 自负

允许自己花一些时间，回忆一下上一次你或你认识的人经历骄傲这一情绪状态时的体验。然后，给自己一些时间，与这段记忆此刻带给你的感受在一起。

你能够允许自己尽可能地欢迎这个感受吗？

你能够允许自己放下它吗？

你愿意放下它吗？

什么时候？

在进入下一个情绪状态之前，重复以上过程几次，直到你放下了部分或全部感受。

记住，前 6 种情绪状态实际上覆盖在后 3 种情绪状态的上面。前 6 种情绪状态大部分是"我不能"的感觉，而当我们允许自己去发现接下来的3种情绪状态，我们就会越来越多地感受到"我可以"。

无畏

处在无畏这个情绪状态时，我们愿意毫不犹豫地采取行动。我们能够积极地行动，改正自己的错误，随时随地做出改变。我们愿意放下，继续前进。比起处于骄傲的情绪状态时，我们的身体有了更多的能量，并且它们可以用于建设性的活动。比起处于骄傲的情绪状态时，我们的头脑清晰了很多，而且不再嘈杂了。我们灵活、开放、有弹性。我们的想法都是关于我们可以做什么、学习什么，以及我们可以如何支持他人。我们独立、上进，同时也乐意看到别人成功。即使自己犯了错误，我们也能开怀大笑。生活充满了乐趣。

每次对释放问句回答"是"的时候，我们就汲取了无畏的能量。不管其他情绪如何覆盖，我们都可以运用这些能量，因为无畏是我们的自然状态。

戴维是一位专业哑剧演员。他经常为纽约市内公立学校的学生做一些关于毒品危害的表演。每年，从幼儿园到中学，至少有2万名青少年观看他的表演。他在与学生交流的时候经常处于无畏与接纳的情绪状态，但也并非总是如此。他有时会害怕场面失去控制，以致无法完成表演。有好几次，在他表演的地方，有500多个叛逆的孩子。他担心表演时会出错，学生们会争吵或大声喧哗，导致表演进行不下去。

现在，通过表演之前和表演期间的释放，戴维再也没有害怕过。他经历过很多次他曾经担心的情况，比如学校的校长把一群吵吵闹闹的学生交给他，或者观众里有一个自作聪明的调皮鬼。他只是简单地放下紧张，然后平静地说："我一直很期待站在这里为大家表演。一会儿，我会继续我的表演，就像我没有被打断过一样。但是如果在我表演的时候你也在下面演，我就没有办法表演下去。"然后，孩子们就会完全站在他这边。他对自由的承诺让他能够对那些孩子产生更大的影响。戴维说："当我在无畏与接纳的情绪状态下做出贡献时，我给这个世界带来了和谐。这是在我释放之后发生的，然后我的行为就会自然而然地变得更有爱心和同情心。"

描述"无畏"的词汇和短语

- 无所畏惧
- 警觉
- 神采奕奕
- 有把握
- 明智
- 自信
- 确定
- 令人愉快
- 思路清晰
- 慈悲
- 有能力
- 沉着
- 有创造力
- 勇敢
- 果断
- 精力充沛
- 渴望
- 热情
- 高兴
- 探索
- 灵活
- 注意力集中
- 给予
- 积极行动
- 诚实正直
- 所向披靡
- 充满爱
- 清晰
- 有积极性
- 不抗拒
- 开放
- 乐观
- 有洞察力
- 建设性
- 有决心
- 愿意接受
- 适应力强
- 足智多谋
- 反应敏捷
- 安全
- 自立
- 敏锐
- 自然
- 强大
- 支持
- 孜孜不倦

- 快乐
- 可敬
- 幽默
- 我能行
- 独立

- 充满活力
- 有远见
- 积极主动
- 热情

允许自己花一些时间，回忆一下上一次你或你认识的人经历无畏这一情绪状态时的体验。然后，给自己一些时间，与这段记忆此刻带给你的感受在一起。

你能够允许自己尽可能地欢迎这个感受吗？

你能够允许自己放下它吗？

你愿意放下它吗？

什么时候？

如果你很难放下一种好的感受，请记住，当你放下它的时候，你的感受会变得更好。你的内在拥有无限的积极情绪，只是被你的限制性情绪覆盖了。这就是为什么当你释放的时候，积极的情绪往往会增强，而消极的情绪会减弱。而且，你也在减弱你压抑情绪和抓住情绪不放的倾向。

重复以上过程几次，直到你放下了部分或全部感受，然后进入下一个情绪状态。

接纳

处在接纳这个情绪状态时，我们享受当下拥有的一切。我们不需要改变什么，事物就只是它们本来的样子，没有什么不对。比起处于无畏的情绪状态时，我们的身体有了更多的能量。这种能量往往是平静的，但在需要的时候，我们可以使用它们。我们的能量是轻松的、温暖的、开放的。比起处于无畏的情绪状态时，我们的头脑变得更清晰、更安静。我们接受事物本来的样子。生活是快乐的。

拉尔夫和他的妻子参加过我在圣多纳主持的一个为期 7 天的静修课程。在每天早上课程开始之前，他们都会出去走走。有一天，他们去了一个叫钟岩的地方，拉尔夫在那里花了一些时间对他的目标进行释放。当熟悉的"它永远不会发生"的感觉出现时，他立刻意识到，这个信息只是一种感觉，自己不必抓住它。但这次经历的特别之处在于它是以一种形象化的方式出现的。他站在那里，看到自己的内心升起了一阵旋风般的感受，然后，他看到自己接受了它们的存在，没有抓住它们不放。这种旋风般的感受出现了几次，力量变得越来越弱，最后完全消失了。

虽然整个过程只持续了 1 分钟左右，但是对拉尔夫的影响非常深远。他说："感受，就像是一只流浪狗来到门口，如果我喂了它，它就会再回来。但如果我没有，它最终会自己离开。"在课堂上，拉尔夫分享了他感受到的美好与自由。

描述"接纳"的词汇和短语

- 丰盛
- 欣赏
- 平衡
- 美丽
- 归属感
- 接受
- 同理心
- 丰富
- 一切都很好
- 友好
- 充实
- 温和
- 热情

- 简单
- 慈悲
- 体谅
- 高兴
- 兴高采烈
- 大度
- 成熟
- 自然
- 没有什么需要改变
- 敞开
- 有趣
- 喜悦
- 愿意倾听

- 亲切
- 安全
- 和谐
- 柔软
- 融洽
- 和善
- 直觉
- 理解
- 我拥有
- 温暖
- 协调
- 幸福
- 愉快
- 非凡
- 充满爱

允许自己花一些时间，回忆一下上一次你或你认识的人经历接纳这一情绪状态时的体验。然后，给自己一些时间，与这段记忆此刻带给你的感受在一起。

你能够允许自己尽可能地欢迎这个感受吗？

你能够允许自己放下它吗？

你愿意放下它吗？

什么时候？

记住，请尽可能地去释放积极的情绪。

同样地，重复以上过程几次，直到你放下了部分或全部感受，然后进入最后一个情绪状态——平静。

平静

处在平静这个情绪状态时，我们会感觉到："我在。我是完整的、完美的、圆满的。每个人、每件事物都是自己的一部分。一切都是完美的。"比起处于接纳的情绪状态时，我们的身体有了更多的能量，但它们仍然处于一种平静的状态。我们的头脑清晰而安静，并且处于一种完全的觉知状态。我们不需要思考什么。生活就是它本来的样子，一切都很好。

我的编辑斯蒂芬妮告诉我，当她抱着朋友 6 周大的孩子时，她体验到了内心的平静，他天真无邪地依偎在她的胸前，而她则放松地体验着他的信任。她完全放下了自己的期待和担忧。她既没有担心未来，也没有纠结过去，只是和那个小婴儿一起安住在当下。只要用心，在爱与被爱之间就没有障碍，只是简单地存在于当下，然后，她体验到了平静。

描述"平静"的词汇和短语

永恒	轻松
觉知	合一
存在	完美
无边无际	清晰
平静	安静
中心	宁静
圆满	空间
不变	寂静
自由	永远
满足	安宁
喜悦	无限
我在	完整

允许自己花一些时间，回忆一下上一次你或你认识的人经历平静这一情绪状态时的体验。然后，给自己一些时间，与这段记忆此刻带给你的感受在一起。

你能够允许自己尽可能地欢迎这个感受吗？

你能够允许自己放下它吗？

你愿意放下它吗？

什么时候？

探索：你不是你的感受

注意你在体验了 9 种情绪状态之后的感受。如果你允许自己去体验你正在阅读的内容，你可能已经感觉更轻松了。不过，如果你不确定是否要体验这些内容，或体验后感觉没有什么变化，也不要担心。你正在学习一项新技能，可能需要一些时间才能熟练掌握。在此之前，你对情绪的压抑和宣泄要远远多于释放。很快，你就会更多地感知到自己的情绪，更容易识别和放下它们。

让我们花一些时间来探讨一下下面这个陈述："情绪只是情绪。它们不是你。它们不是事实。你可以放下它们。"这个简单的陈述是整个圣多纳法的一个概括。这到底是什么意思呢？

陈述的第一部分："情绪只是情绪。"这似乎是显而易见的，但我们大多数人并不是这样生活的。我们生活在一个以两种极端的方式处理情绪的情境之中。一方面，我们否认自己的情绪，以及它们对我们的理性思考、健康和生活体验的影响；另一方面，我们对情绪所传递的信息，以及它们对我们是谁的意义又过于重视。

无论是理性行事还是承认自己的情绪，都有一定的道理。然而，我们大多数人在这两个方面都迷失了自己，失去了选择的能力。根据我们的心智对感官输入的解读，我们经常在两者之间摇摆不定。

我们大多数人都倾向于认同自己的情绪，就好像它们能够定义我们是谁一样。正如我在前言和第一章中所说的那样，这种认同甚至体现在我们的语言中，比如我们会说"我很生气"而不是"我感到很生气"，对情绪的认同让我们很难放下它们。我们常常执着于对情绪的认同，因为我们认为："我就是情绪。"我们相信："我感觉，故我在。"

但是，从释放的角度来看，这不是真的。陈述的第二部分："它们不是你。"它是在提醒我们那是一个错误的认同。我建议你亲自验证一下这个概念，看看你是否注意到，情绪来来去去，而真正的你一直都在。

如果你不知道在你的情绪背后你是谁，允许自己现在处于这样的状态。随着你对圣多纳法的探索和运用，你会超越你的情绪所带来的限制，发现真正的你。

当你发现自己迷失在对某种情绪的认同中时，你可以问自己："我是这个感受吗，还是说我只是有这个感受？"这个简单的问题可以帮助你将自己与错误的认同区分开来。你也可以运用基础释放的第一个问题——"我现在有什么感受？"——来帮助你认识到你不是你的感受，你只是有一个感受而已。这让你有机会放下它。

随着我们对这个陈述的进一步探讨，我们来看它的第三部分："它们不是事实。"你是否曾经觉得自己所认为的是事实，比如你认识的某个人喜欢你，后来却发现事实并非如此？或者你是否曾经觉得某件事会出错，结果却进行得很顺利？这只是两个我们如何与我们从感受中得到的信息建立联系的例子。我们生活在一个假设的世界里，却认为我们与事实紧密相连。在某种程度上，我们的感受只是我们编造的关于一系列特定感受的故事。这些故事往往是在感受产生之后出现的，我们用它们来解释我们为什么会有那些感受。

把情绪当作事实对待往往会带来问题，因为我们常常没有意识到自己做出了一个假设，直到为时已晚。在那之前，我们做出了一个我们认为是理性的决定，后来才发现它只是建立在无意识的情绪反应之上。

陈述的最后一部分聚焦在这整本书的内容上："你可以放下它们。"你越多地运用你释放的自然能力，就越能改变你的生活体验。

对你的成长做出承诺

在你进入下一章之前，我建议你多练习几次9种情绪状态的释放。每次重读这一章，你都会从中得到更多，并加强你对圣多纳法的运用。抓住这个机会，从高能量和低能量的新视角来审视你的生活，让自己注意到不同的情绪状态是如何影响你的生活的。同时，尽你最大的努力将圣多纳法融入你的生活，你将会看到一些意义深远的成果出现在你的生活中。

情绪状态表

万念俱灰	悲苦	恐惧	贪求	愤怒
无聊	被抛弃	焦虑	放纵	粗暴
不可能赢	被辱骂	担忧	预支	咄咄逼人
不关心	被指责	谨慎	无情	恼怒
冷淡	痛苦	冷漠	迫不及待	爱争论
切断	感到惭愧	怯懦	上瘾	好斗
麻木	被背叛	防卫	贪爱	极其愤怒
感觉被打败	沮丧	不信任	苛求	不安
沮丧	被欺骗	怀疑	狡猾	尖酸刻薄
泄气	绝望	畏惧	受到驱策	挑衅
孤独	失望	局促不安	嫉妒	苛求
绝望	伤心	逃避	剥削	破坏性
气馁	极为伤心	不祥的预感	迷恋	厌恶
大失所望	这不公平	匆忙混乱	狂热	暴躁
命中注定	被冷落	犹豫不决	没有得到满足	激烈
无精打采	渴望	恐惧	贪吃	凶恶
失败	失落	歇斯底里	贪得无厌	义愤填膺
健忘	忧愁	拘谨	囤积	易怒
一切都是徒劳的	被误解	缺乏安全感	渴求	一意孤行
迟钝	悲痛	失去理性	我想要	叛逆
不堪重负	被忽视	极端厌恶	没有耐心	怨恨
无能为力	没人关心	心神不宁	淫荡	抗拒
听天由命	没人爱我	惊慌	好色	反感
震惊	留恋过去	迟钝	操纵	粗鲁
魂不守舍	错过	偏执	吝啬	野蛮
神志恍惚	遗憾	害怕	非有不可	即将爆发
不知所措	可怜的我	秘密的	永远不够	恶言相向
太累了	尴尬	颤抖	永不满足	压抑
放弃	被遗忘	害羞	没意识到	泄气
冷酷无情	内疚	多疑	着迷	发怒
没有希望	心碎	怯场	过于沉溺	大为恼火
枯燥无味	心痛	迷信	占有欲强	严厉
我不行	苦恼	猜疑	掠夺成性	憎恨
无所谓	无助	紧张	固执己见	敌意
我并不重要	伤害	易受惊吓	不计后果	不耐烦
心不在焉	要是……就好了	感到威胁	冷酷	愤愤不平
犹豫不决	被忽略	胆怯	诡计多端	生气
冷漠	不够好	陷入困境	自私	嫉妒
无视	后悔	迟疑	贪婪	暴怒
太迟了	被拒绝	不安	无节制	激动
懒惰	悔恨	脆弱	过度	不友好
再等等	难过	想要逃避		冷酷无情
没有活力	悲伤	小心		怀恨在心
失败者	哭泣	担心		强硬
迷失	烦恼			苛刻
消极	破碎			焦虑
漠不关心	痛苦			倔强
漫无目的	不快乐			不高兴
无用	不被爱			报复
茫然	不受欢迎			恶毒
疲惫不堪	脆弱			暴力
有什么用呢	为什么是我			猛烈
为什么要尝试	受伤			恶意
一无是处				固执

情绪状态表（续）

骄傲	无畏	接纳	平静
无可非议	无所畏惧	丰盛	永恒
疏远	警觉	欣赏	觉知
傲慢	神采奕奕	平衡	存在
偏执	有把握	美丽	无边无际
自夸	明智	归属感	平静
厌倦	自信	接受	中心
聪明过头	确定	同理心	圆满
封闭	令人愉快	丰富	不变
得意	思路清晰	一切都很好	自由
心高气傲	慈悲	友好	满足
鄙视	有能力	充实	喜悦
冷淡	沉着	温和	我在
批评	有创造力	热情	轻松
轻蔑	勇敢	亲切	合一
武断	果断	和谐	完美
道貌岸然	精力充沛	融洽	清晰
假谦虚	渴望	直觉	安静
伪善	热情	我拥有	宁静
自鸣得意	高兴	协调	空间
骄傲	探索	愉快	寂静
自命清高	灵活	充满爱	永远
虚伪	注意力集中	简单	安宁
冷冰冰	给予	慈悲	无限
孤立	快乐	体谅	完整
评判	可敬	高兴	
自认为无所不知	幽默	兴高采烈	
思想狭隘	我能行	大度	
从不犯错	独立	成熟	
固执己见	积极行动	自然	
盛气凌人	诚实正直	没有什么需要改变	
居高临下	所向披靡	敞开	
假装虔诚	充满爱	有趣	
有偏见	清晰	喜悦	
自以为是	有积极性	愿意倾听	
冠冕堂皇	不抗拒	安全	
僵化	开放	柔软	
自恋	乐观	和善	
自满	有洞察力	理解	
自私	建设性	温暖	
自命不凡	有决心	幸福	
恃才傲物	愿意接受	非凡	
特别的	适应力强		
被宠坏	足智多谋		
冷静	反应敏捷		
顽固	安全		
自大	自立		
高傲	敏锐		
孤傲	自然		
绝情	强大		
无情	支持		
固执	孜孜不倦		
自负	充满活力		
	有远见		
	积极主动		
	热情		

第四章

释放你的抗拒

我们大多数人不是顺应生命之流，让它把我们带到我们想去的地方，而是花很多时间逆流而上。我们认为，我们必须努力争取自己想要的东西，并推动当前事情的发展。但如果这不是真的呢？如果我们可以利用生命的自然流动来支持我们拥有自己想要的东西呢？毫无疑问，你已经体验过顺流的状态。回想你过得很顺利的一天，你在正确的时间、正确的地点做了正确的事情，然后，想想平常的一天，你更喜欢哪一个？我们不能每天都处于顺流状态的最大障碍是我们对现实的抗拒。

好消息：你可以像释放其他感受一样释放抗拒。

抗拒阻碍我们在生活的各个领域前进，特别是在个人成长和幸福的领域。你已经读到这里了，应该已经有了释放许多不同类型感受的经验。你可能已经注意到，在某些时候你是多么愿意去释放，而在其他一些时候，你会放下书去做点别的事情。正是这种抗拒阻碍了你实现自己的良好愿望，即使它们与你在这本书中所做的练习一样有明显的益处。

需要注意的是，放下抗拒并不意味着允许别人控制你。你可以在没有抗拒的情况下坚持正确的事情。如果你学习过武术，比如合气道、空手道或跆拳道，你就会知道，如果你握紧拳头打人，你会伤到自己，但是如果你的拳头稍微放松，没有抗拒，你的击打就会更有力量。武术家也都了解，当对手攻击你的时候，只要你不抗拒，你就可以借力打力，反用对方的力量进行反击。同样地，当你放下抗拒的感受，你将会拥有更多的力量、更大的情绪恢复力和耐力。

什么是抗拒

你是否曾经在开始做一件事时热情高涨，然而做到一半却失去了热情？这是抗拒所致。抗拒总是在暗中作祟，阻止我们在生活中拥有自己想要的、做自己想做的、成为自己想成为的。事实上，我们经常抗拒自己真正喜欢或在意的事情。如果谁命令我们去做某件事，那肯定会引发我们的抗拒，即使那件事是我们喜欢做的。抗拒可能会害了我们自己，导致适得其反的结果，并且它持续影响着我们的生活，因为我们生活在一个充斥着"应该"和"必须"这样的命令词的世界，每当这样的命令词出现，抗拒总会随之而来。

当你被告知你应该做某事，或者必须做某事时，你内心的感受如何？"没门儿！不用你来告诉我该怎么做！"当你告诉自己该做什么时，同样的事情也会发生。如果你对自己说："你必须处理好你的账单！"会发生什么？你的反应可能是："哦，是吗？"或者，也许你想改掉某个习惯，你对自己说："你最好别再这样做了！"却发现自己陷得更深了。这就是头脑的天性，我们不喜欢别人告诉我们应该做什么。然而，我们不断地对自己"吼叫"，然后还困惑为什么自己不开心，为什么事情没有做好。

在我的记忆中，抗拒第一次影响我的生活是在我的童年。有一天，我想独处，不想出去玩。但是我的形单影只让母亲有些不安，她坚持让我出去和朋友一起玩。这种情况连续发生了几次，很快就变成了我和母亲之间争论的焦点。没过多久，我开始讨厌出去和朋友一起玩。我母亲在无意中让我对和朋友一起玩产生了抗拒。虽然我只是对她的"应该"感到抗拒，但很多年来，我一直以为自己不喜欢和别人一起玩，然而这并不是真的。

抗拒的表现方式有很多种，其中有一些不易察觉：也许你发现自己忘记了很重要的事情，也许你发现自己逐渐远离了对自己有帮助的事情。比方说，你现在释放练习做得很好，你真的很喜欢它，你认为这是有史以来最好的事情，但是几天、几周或几个月之后，你却很难再说服自己去做释放练习，即使你已经亲身体验过它对你的帮助。发生了什么事呢？你的内心产生了抗拒。你很可能把释放变成了一件"应该"做的事情。在这种情况下，"应该"会产生一个相反的力，这个力等于或大于你试图让某件事情发生时所施加的力。

以下是抗拒的一些定义，它们可以帮助你识别它。

• 抗拒就像是开车时试图前进却踩着刹车。

• 任何时候你觉得自己不得不、必须或应该做某事，你就已经产生了抗拒。

• 抗拒与逼迫相对，不论是真实的还是想象的。

• 抗拒就是试图推开这个世界，而世界也会反推回来。

• "我不能"的感受或想法就是抗拒。你需要有意识地去克服对感受的无意识压制（习惯），这种无意识的压制就是抗拒。

• 抗拒是我们用来保护其他程序的一个程序（我将在第十二章解释什么是程序以及它们是如何影响我们的）。

• 当你还没有决定是否要做某件事，但你还是要去做，这时就会出现抗拒，这会让事情变得很困难。为了让事情变得简单，你只要决定做或不做。

> 30年来，打扫房间对我来说一直是一件艰难的事。每次不得不打扫的时候，都会激起我厌烦的情绪。而现在，我能够很轻松地打扫房间和扔掉旧东西。这是我人生中第一次在房间里多走几步而不被绊倒。以前，我总是为自己找各种借口，比如说，我没有时间打扫。现在，我一共做4份工作，每周工作80个小时，但我仍然有时间和精力去打扫房间。我虽然不再像年轻时那样精力充沛，但是我拥有圣多纳法赋予我的做这件事的自由。
>
> ——特伦斯·奥布莱恩

释放抗拒

每当你注意到自己在抗拒着什么的时候，你可以运用在第一章学到的基础释放问句来放下抗拒。你可以自己一个人练习，也可以找一个搭档一起练习。

第一步，允许自己欢迎此刻的抗拒。

第二步，从下面三个问题中选择一个，问自己：

我能够放下这个抗拒的感受吗？

我能够允许自己感觉这份抗拒吗？

我能够欢迎这个抗拒的感受吗？

然后问自己：

我愿意吗？

什么时候？

第三步，根据需要重复以上两个步骤，直到你感觉到自由。

当你意识到你可以放下抗拒，你会发现无须多虑就可以放下它。请记住，肯定和否定的回答都是可以接受的。即使你的回答是否定的，你也往往能够释放。尽可能不假思索地回答问题，避免陷入内心的纠结与思考。不管答案如何，都进入下一步。

一开始，效果可能不太明显，但很快，特别是坚持练习一段时间后，效果就会变得更加明显。你可能会发现，你对某个主题有好几层抗拒，因此可能需要一段时间才能完全释放，不过，你所释放的每一层都会永远消失。

简在企业里教授时间管理课程已经很多年了。她的拖延问题就像她自己说的那样"生机勃勃"。但是，她没有因为拖延而否定自己，而是发现放下抗拒才是最简单的解决方法。她问自己："我能够欢迎对这个任务的讨厌吗？"然后，她就可以从一些小的部分开始做起，并且做着做着就有了动力。虽然并不是有如神助般的飞跃，但她确实更容易开始工作了。她走出了拖延的困境。

"和其他事情一样，你只有真正地去练习，才能够放下抗拒。"简说，

"一旦开始，你就可以熟练地掌握。然后，你会看到自己的进步，以及观念的改变。"

释放抗拒的其他方法

因为我们每个人都累积了很多抗拒，所以我们可以主动寻找环境中让我们感到抗拒的事物，然后对它们进行释放。尝试以下方法。

（1）环顾四周，在你现在所在的地方选取一件物品。

（2）将注意力放在抗拒的感受上，问自己：我能够允许自己感觉对这个物品的抗拒吗？

（3）然后运用基础释放的 3 个步骤来释放抗拒：我能够放下它吗？我愿意放下它吗？什么时候？

（4）重复几次这个练习，然后开始你一天的生活。你放下的抗拒越多，你生活中的每件事就会变得越容易。

如果你在工作上遇到困难，如果你希望事情更顺利或是自己更有热情，这是一个很好的练习。

释放抗拒的第二个很好的方法是承认当你抗拒拥有什么、成为什么或做什么的时候，你可能也在抗拒你没有拥有什么、没有成为什么或没有做什么。当这种情况发生时，运用下面的方法。

（1）想一件你抗拒做的事。

现在问自己：

我能够允许自己放下对做_____的抗拒吗？

我愿意放下它吗？

什么时候？

（2）然后问自己相反的问题：

我能够允许自己放下对没有做_____的抗拒吗？

我愿意放下它吗？

什么时候？

（3）在这两组问题之间来回切换，直到你感觉自己的抗拒消失了。然后你会注意到做那件事变得容易多了。

这一方法同样可以用于释放对"拥有什么"和"成为什么"的抗拒，只要把"做"替换为"拥有"或"成为"就可以了。

你想知道如何在生活中实践这一方法吗？这里有两种可能的情况。比方说，你抗拒自己没有钱——很常见的烦恼，但是，你可能也在抗拒有钱，如果你不抗拒有钱，你可能已经拥有了很多的钱。或者说，你抗拒单身——没有拥有一段关系，我保证你也抗拒拥有一段关系。所以请对问题的两个方面进行释放，然后看看你的生活中发生了什么，我相信会有惊喜等着你。

如果你尝试去释放却没有成功，这往往是抗拒在作祟。如果发生了这种情况，允许自己抓住抗拒不放是释放抗拒的第三个有效方法。当你允许抗拒存在，你就会在内在为释放创造足够的空间。简单地问自己："我能够允许自己暂时抓住抗拒不放吗？"通常情况下，你问这句话的时候就已经开始释放了。如果抗拒没有完全消失，就回到基础释放问句："我能够放下它吗？我愿意放下它吗？什么时候？"你可以在"允许自己抓住不放"与"允许自己放下"之间交替进行几次。

鲍勃说自己经常为抗拒所困扰。"一般来说，我是一个果断和方向明确的人，但是，几天前，我发现自己无法做出任何决定。就好像我的铅笔卡在风扇里一样。最后，我决定让铅笔卡在那里，然后情况就立刻好转了！"通过深入体验抗拒的感受或是问自己："我能够允许自己像现在这样抗拒吗？"他发现自己的抗拒消失了。

探索：体验抗拒

在圣多纳法课程中，我们经常会做一个简单的练习来帮助学员体验抗拒的感受。我们对抗拒的体验越深入，就越容易放下它。因此我建议你用你的心来做这个练习，而不是用头脑。换句话说，不要试图想出一个正确的答案，因为并没有所谓正确的答案。

这个练习可以用两种方式完成。第一种是一个人单独完成，第二种是和搭档一起完成。大多数人发现，这个练习对于放下抗拒及其背后隐藏的感受很有帮助。

独自探索抗拒

首先，双手于胸前合十，手掌相触。然后，任选一只手作为推的手，另一只手则作为挡的手。之后，轻轻推一下挡的那只手，而挡的那只手保持不动。当你这样做的时候，尽可能地让自己去体会抗拒的感受。

接下来，放下对推的那只手的抗拒，不要试图去控制什么或是特意去做什么，让你的手自然地移动。

重复几次这个练习，中间交换推和挡的手，注意自己放下抗拒时的感受。

做完练习之后，花一些时间回顾一下这次练习，然后运用基础释放的问句放下升起的想法或感受。

与搭档一起探索抗拒

当你做这个练习时，请记住，这只是一次探索，而不是在比谁的力气大，所以不要做任何身体上或情感上会伤害你搭档的事情。

首先，双方面对面站着，并进行眼神交流，决定好谁推谁挡。为了便于描述，让我们假设你的搭档是推的那个人。然后，你和你的搭档伸出双臂，手掌相抵。

现在，你的搭档会轻轻推你的手。当对方推的时候，简单地抵挡那个推力，保持双手的稳定。施加的压力要让你们双方都能感觉到抗拒，但是不要让某一方有摔倒的危险。

当你的搭档推你的手时，让自己去体会抗拒的感受。然后，放下你的抗拒，不要试图去控制什么或是特意去做什么，让你的手自然地移动。

接下来，双方交换角色，重复上面的练习。交换角色几次，直到双方对抗拒以及放下抗拒时的感受都有了一个清晰的认识。

在做这个练习的过程中，你可能会发现一些你自己和他人身上的与抗拒有关的模式。练习结束后，与你的搭档一起分享彼此的发现，但是要避免进入头脑层面的讨论。轮流支持对方释放任何被激起的感受。

> 有了圣多纳法，当负面情绪出现时我不再感到那么无助了！我掌握了一个方法来防止它们让我进入恶性循环。圣多纳法改变了我的人生！
>
> ——索尔·温纳博士　伊利诺伊州布法罗格罗夫

书写式释放练习："我必须做的事情"工作记录表

下面的方法是为了帮助你释放抗拒。它非常简单。作为准备工作，在你的释放笔记本的空白页上方分出两栏。第一栏的标题为"我觉得我必须做的事情"，第二栏的标题为"我现在对这件事情的感受"。

先列一个清单，在第一栏里列出你觉得你必须做的事情。

现在，一项一项地对它们进行处理，写下你当下对它们的感受。可能会有几种感受存在。当你做这个练习的时候，特别留意自己的抗拒，以及出现的其他感受。

再将那些感受彻底释放，特别是抗拒的感受。一旦你彻底释放了那个感受，就在它旁边做个标记或是把它划掉。

重复以上步骤，继续释放你当下的感受，直到你对第一栏里所有事项的感受进行了彻底的释放。请记住，就算是所谓的积极感受也要释放，这样你才能继续往更高的能量状态前进。

我必须做的事情		
我觉得我必须做的事情	我现在对这件事情的感受	
支付账单	愤怒	抗拒 √
打扫房间	沮丧 √	抗拒
去上班	疲惫	抗拒
友善待人	恐惧	抗拒 √

运用释放抗拒的方法

你可以运用这个方法来开始或继续释放你的抗拒。它可以用来对上面工作记录表中的主题或是你的内在抗拒进行释放。你可以自己问自己问题，也可以让你的搭档问你。当你一个人释放时，可以将问句中的第二人称代词"你"换成第一人称代词"我"，如果这样让你感觉更自然的话。

首先，想一件你认为自己应该做、必须做或不得不做的事情。注意当你想起它时内心升起的抗拒。

你能够欢迎这个抗拒的感受吗？

你能够允许它存在吗？

然后，你能够放下它吗？

你愿意放下它吗？

什么时候？

现在，继续关注同一件事情，或是其他看上去必须去做的事情，比如减肥、戒烟、赚更多的钱、支付账单或是还清债务，注意它是如何立刻激起了你内心的抗拒的。

你能够欢迎这个抗拒的感受吗？

然后，你能够放下它吗？

你愿意放下它吗？

什么时候？

接下来，再想一件让你感到抗拒的事情。我们往往会抗拒我们不得不反复做的事情，即使是简单的事情，比如刷牙、倒垃圾或是修剪草坪。我们经常做的清洁工作，比如洗碗，对很多人来说都是大问题。完全地去感觉抗拒的感受。欢迎它，允许它存在。

你能够放下它吗？

你愿意放下它吗？

什么时候？

有时候我们会抗拒一些我们感知到的事物，比如噪声、明亮的灯光。想一个你抗拒的事物。

你能够欢迎这个抗拒的感受进入你的意识吗？

你能够拥抱它吗？

然后，你能够放下它吗？

你愿意放下它吗？

什么时候？

我们也会抗拒某些人。所以，想一个生活中你抗拒的人。记住，抗拒并不意味着你不在乎他们。有时我们甚至会抗拒我们所爱的人。你心中有人选了吗？

你能够允许这个抗拒的感受进入你的意识吗？

你能够欢迎它吗？

然后，你能够放下它吗？

你愿意放下它吗？

什么时候？

另一个我们常常抗拒的是我们的感受。我们经常不想感觉自己的感受，特别是当我们给自己的感受贴上"不愉快"的标签时。大多数人会对一些特定的感受特别抗拒，比如恐惧或愤怒。现在，你能够感觉到自己对某些特定的感受有多抗拒吗？

你能够欢迎这个抗拒的感受进入你的意识吗？

你能够允许它存在吗？

然后，你能够放下它吗？

你愿意放下它吗？

什么时候？

接下来，想一件你虽然喜欢但还是会抗拒去做的事情。讽刺的是，我们很多人都会抗拒那些对我们有益的事情，以及我们喜欢做的事情。我们不愿意去做那些事情。这就是为什么我们似乎永远找不到时间去做那些令人快乐的事情。

你能够允许自己感觉这个抗拒的感受吗？欢迎它进入你的意识。

然后，你能够放下它吗？

你愿意放下它吗？

什么时候？

我们也会抗拒身体的某些感觉，或是它看起来的样子。即使我们的体重已经比较理想，我们还是会纠结于自己的体重；即使我们一整天都神采奕奕，我们还是会抗拒自己的样子。所以，找一个让你抗拒的身体的某个方面。

欢迎这个抗拒的感受进入你的意识。

你能够放下它吗？

你愿意放下它吗？

什么时候？

以上任何一个主题都是深入探索的理想选择。任何时候你感到抗拒，或者只是想更多地顺应生命之流，都可以运用这个方法。

顺应生命之流

如果没有抗拒，我们很快就能获得自由。对我们来说，不断地释放抗拒是很重要的，这样才能让我们的感受浮现上来，然后离开。当你继续往下读这本书并运用其中的方法时，记得在你感觉被困住的时候释放抗拒。

以下是三个关于应对抗拒和顺应生命之流的重要建议。

请求，而不是命令

我们已经谈论过当有人告诉你必须或者应该做某事时会发生什么——它会立刻引起你的抗拒。反之，你用命令的语气让别人做事也会激起他们的抗拒。所以要聪明一些，用温和的语气让别人做事，而不是命令他们，从而避免引起不必要的抗拒。如果你养成了这个习惯，你会发现自己能够得到更多的配合。此外，我也建议你用这种方式与自己交流，从而减少内在的抗拒，获得更多内在的配合。

做好你正在做的事——不要去想你还没做的事

很多时候，我们觉得自己应该做一些不同于我们当下正在做的事情，或者，我们觉得自己应该开始做我们还没做的事情。走出这个困境的方法是，允许自己去做你正在做的事情，并且不要去想你还没做的事情——不要把额外的"应该"强加在自己身上。任何时候，当你发现你在逼迫自己，就花一些时间放下自己的抗拒。

请注意，放下并不意味着停滞不前。事实上，结果正好相反。当你放下了那些"应该"以及相应的抗拒，你会发现自己很轻松地做着你正在做的事情，而不是纠结于你还没做的事情（包括你一直想要做或是之前停止做的任何事情）。你将会从抗拒造成的困境中解脱。

放下压力

你是否觉得自己在做的事情很难？如果是，说明你的内心产生了抗拒，你可能正处在来自自己或他人的压力之下。如果你在给自己施加压力，那就下定决心放下那些压力，然后，你会发现，不管做什么事都更简单、更快速、更高效。有趣的是，你感觉不到别人逼迫你，你只能感觉到自己对这种逼迫的抗拒。因此，如果你觉得别人在给你施加压力，就放下对他们逼迫的抗拒，然后，你会发现，无论你做什么，都会更轻松、更从容。

在进入下一章之前，探索一下抗拒是如何阻碍你实现在第一章最后写下的那些目标的。当你在这些领域释放你的抗拒时，你会注意到一直在那里的轻松和流动，以及出现的越来越多的轻松和流动。越是练习放下抗拒，你的感觉就会越好，生活就会越轻松。

抗拒是拥有你想要的东西、体验你想要的感受的主要障碍之一，然而，你可以轻松地放下抗拒，享受你想要的一切。

第五章

获得平静的关键

神啊，请赐予我平静，去接受我无法改变的；请赐予我勇气，去改变我能改变的；请赐予我智慧，去分辨这两者的不同。

——《平静的祈祷》莱因霍尔德·尼布尔

你可能之前听说过上面这段话。如果你一直在等待一个答案，那么，恭喜你！答案就在这里！在这一章中，你会找到接受无法改变的事情的方法。你会发现自己开始轻松地、勇敢地改变生活中需要改变的事情。此外，区分这两者的智慧对你来说也变得触手可及。

答案是什么呢？很简单，以至于可能会让你感到惊讶——放下想要改变它的欲望。"它"是指你生活中的任何事物，或者是你的个人经历，你不喜欢它，想要它与实际情况不同。如果你对这个答案的优雅和简单保持开放的态度，你就能获得自由。

放下想要改变事物的欲望对我们有什么帮助？除了放下之后感觉更好之外，还有其他一些方面。让我们从接受开始谈起。接受我们无法改变的事情并不总是那么容易，头脑会反对这个想法。然而，当我们放下想要改变实际情况的欲望，我们就会很自然地进入接受的状态，不必强迫自己去

圣多纳释放法

接受。

关于改变需要改变的事情，请回顾一下你的人生，把你想要改变的事情列成一张清单。这张清单可能很长，而且上面的很多事情可能已经存在很久了，到目前为止，很多你想要改变的事情都没有改变，对吗？虽然头脑告诉我们，想要改变某件事情的欲望可以改变这件事，或者想要改变需要改变的事情会促使我们采取行动，但大多数情况下，恰恰相反！当我们专注于想要改变某个问题时，我们对这个问题的意识会导致它持续存在。为了改变问题，我们会抓住问题不放。

它是这样运作的。也许我们有一段不愉快的经历（比如被老板骂），或者某件事发生在我们关心的人身上（比如朋友生病），或者我们不喜欢那天听到的新闻（比如股市大跌），因此，我们想要改变它。我们的想法是这样的："我希望这不会发生在我身上。""我希望这样的事不会再发生。"这就是我们陷入困境的地方，因为头脑是通过图像来思考的，它并不能准确地转换表示否定的词（像"不""不会"这样的词），这样一来，它就会把我们的期望解读为相反的意思并进行创造。

如果你不相信的话，现在就试着不要想象一只鞋。发生了什么？你的脑海中立刻浮现了一只鞋。我们越是努力不去创造我们不想要的东西，就越是抓住这个想法不放，因此，就越有可能在现实中创造它。

那么，解决的方法是什么？很简单，放下想要改变事物的欲望，这样你脑海中的那些不需要的画面就会消失，然后，你会勇敢地采取行动，做出必要的改变。

最后，如何区分我们能改变的和不能改变的？有一个简单的方法——任何时候，如果你不确定生活中的某件事情是否需要改变或接受它本来的样子，就做一个决定，放下想要改变它的欲望。放下之后，如果是无法改变的事情，你会发现自己毫不费力地接受了它；如果是需要改变的事情，放下可以帮助你轻松地行动起来，把事情做好。

在你的生活中运用这个方法，看看会发生什么。就像这本书里的其他内容一样，请不要相信我说的任何话，去验证它们。

> 　　这是我发现的最好的自助方法！我最初运用圣多纳法来处理我的愤怒情绪。我小时候受到过精神上的虐待，长大后我成了一名咨询师，去帮助那些和我一样痛苦的人。尽管我受过教育和训练，但我给出的帮助总是不够。自从学习了圣多纳法之后，我认识到了自己破坏性行为背后的原因和感受。圣多纳法给了我一直在寻找的自由。谢谢你们。我终于找到了我自己。
>
> 　　　　　　　　　　　　——唐娜·吉塞克莱尔 洛杉矶摩根城

你被感受困住了吗

　　当你发现很难放下某些特定的感受或信念，或者当你对是否要放下犹豫不决时，放下想要改变当下感受的欲望是获得平静的关键。当我们犹豫要不要放下时，往往是因为我们想要保持控制，这一方法可以帮助我们放下想要控制的欲望。在第四章中，我们探讨了释放抗拒的一些方法。这是另外一个解决同样困境的方法。因为你可以把它作为一个步骤在释放过程中的任何时候运用它，所以放下想要改变实际情况的欲望是圣多纳法的"安全阀"。

　　如果你被困住了，就放下想要改变这个状况的欲望！简单地问自己：我想要改变它吗？答案总是"是的"。然后，放下想要改变它的欲望。以下是一个简单的方法，你可以尝试一下。每当你释放遇到困难的时候，用第二人称或第一人称问自己这些问题，也可以请你的搭档问你这些问题。

　　首先，看看你是否被生活中的某个问题困住了，或者在释放的过程中被困住了。如果是的话，你能够允许自己尽可能地欢迎这个被困住的感受吗？

　　然后，看看你是否想要改变这个停滞不前的状况。如果是的话，你能够允许这个想要改变困境的感受存在吗？

　　现在，你能够放下想要改变这个状况的欲望吗？

你愿意吗？

什么时候？

看看你现在的感受如何。你仍然觉得被困住了吗，还是好一些了？不管怎样，你还是想要改变这个状况吗？

你能够放下想要改变这个状况的欲望吗？

你愿意吗？

什么时候？

再次注意你内心的感受。如果你在这个过程中对自己的体验保持开放态度，你可能已经感觉轻松了一些。

现在，再一次将注意力放在自己的内在，看看是否还有想要改变你的感受的想法。如果有的话，你能够放下想要改变它的欲望吗？

你愿意吗？

什么时候？

是的，释放被困住的状况可以如此简单。所以，我建议你养成这样一个习惯：当你想要改变你的感受时，注意到自己的这个欲望。尽管这个方法对你来说似乎显而易见，但是我当年学习圣多纳法的时候，却常常忘记了这个放下的方法。不过，每当我想起来问自己是否有什么想要改变的，然后，我放下想要改变它的欲望，那种似乎难以应对的感受就会消失。

我参加的早期圣多纳法课程的指导老师知道这是一个让我释放的简单方法。这甚至成了他们之间的一个玩笑。当我抱怨某件事情是多么重要，自己花了多少时间在上面，但是事情却毫无进展，他们就会问我："你想要改变它吗？"这通常足以让我开始自然而然地释放，并且常常情不自禁地笑出声来。

莱斯特发现这个方法是放下内在限制的关键。在发现这个方法之后，莱斯特回顾了自己的一生，发现自己想要改变几乎所有的事情，包括像电影结局这样的小事，以及多年前发生的无关紧要之事。当他放下想要改变过去的欲望，他轻松地化解了大量的内在限制，变得比他想象的更快乐。

当然，他并没有就此止步。

弗兰克的故事：混乱之中的平静

弗兰克是一名在法院负责起诉轻罪的律师。他说，相对于重大案件来说，他负责的大多数案子都是一些鸡毛蒜皮的小事，像交通违规、小偷小摸。办公室里堆放了很多起诉事件表，所以经常出现混乱。过去，当现场忙碌的时候，他发现自己很容易疲惫，但自从几年前学习了圣多纳法，他发现应对他的工作量和法庭上不同个性的人变得容易多了，而且几乎毫不费力。一些公诉人需要很多时间才能完成的工作，弗兰克可以平静地在几个小时内完成。

弗兰克说："一位法官告诉我：'大多数公诉人被打断时都需要一些时间来调整自己。如果被打断了6次，他们就会变得不耐烦。如果被打断了10次，他们就会开始烦躁。但是我看到你被打断了40多次，却依然平静地帮助每一个人。'我的冷静给她留下了深刻的印象。当然，我仍然需要继续成长。当别人惹恼我的时候，我就释放自己的感受。所以，我很开心，对别人也更有爱心，我感觉更轻松、更自由。"

弗兰克经常问自己：我能够允许自己轻松地度过这一天吗？我能够允许自己尊重每一个人吗？我能够放下所有的自我破坏行为吗？不久前，他意识到自己可以放下任何事情。如果他不想改变法庭上发生的事情，他的情绪自然就会消散，而且，放下想要改变他人的欲望往往会帮助他赢得官司。

"法庭上有时候会发生一些奇怪的事情。"弗兰克说，"很多时候，我会帮助被告熟悉庭审的程序。当他们发现我很尊重他们时，大多数人都会很感激。我可以真诚地告诉他们：'你并不是一个坏人，只是在一个特定的时间做了一件错误的事情。'但也有一些被告对我充满敌意，认为我的出现就是为了坐实他们的罪名，所以拒绝我的帮助，这让他们的处境变得更加艰难。当他们这样做的时候，我会依然爱他们，并对他们的敌意给我带来的感受进行释放，然后我就不再担心结果了，因为那取决于法官和陪审团，而不是我。如果那些被告最终败诉，我会为他们感到遗憾，然后我也会对此进行释放。"

弗兰克找到了平静，因为他选择接受当下发生的一切。对他来说，没有什么比内心的平静更重要。通过运用圣多纳法，他发现，生命只存在于当下。

释放想要改变的欲望

现在，对于想要改变实际情况的欲望，我们再做一些释放。在前文中，我曾让你回顾一下生活中你不喜欢并想要改变的事情。我们来探索一下这个列表，并重新审视你在第一章最后写下的目标。

先让自己放松下来，关注自己的内在。你可以闭上眼睛，也可以睁着眼睛，毕竟圣多纳法是一个可以在日常生活中运用的方法。无论哪种方式，都将你的注意力转向自己的内在，觉知你的感受和内在状态。仅仅是这样的转变可能就已经开始让你平静下来了。

请注意，如果你是一个人，记得要按照自己的节奏去练习。此外，你可以用第二人称或第一人称问自己这些问题。

现在，想一个你想要改变的人、事、物。你能够欢迎它带来的任何感受吗？允许它存在。

你能够放下想要改变它的欲望吗？

你愿意放下想要改变它的欲望吗？

什么时候？

你现在感觉如何？还是想要改变事情的实际状况吗？

如果是的话，你能够放下想要改变它的欲望吗？

你愿意放下想要改变它的欲望吗？

什么时候？

再检查一下，看看你是否仍然想要改变它。如果你对这个方法持开放的态度，你可能已经可以从寻找解决方案的角度来看待当下的状况，而不是被问题困住。你可能还会发现，没有什么需要改变的，它本来的样子就很好。继续问自己以上这些问题，直到你不再想要改变它，可以完全接受它本来的样子。

请记住，允许自己在任何步骤上释放。例如，你在释放想要改变的欲望时遇到了困难，就问问自己是否想要改变所遇到的困难，然后放下，你将会再次回到正轨。

如果你还是不能放下，就问自己另一个问题：如果我就是希望它是这个样子呢？如果你掌握了这个问题的诀窍，就可以轻松地放下了。

你甚至可以这样问自己：如果我就是要花费一生的时间来创造这样的困难呢？你可能会发现自己自然而然地放下了。

此外，如果你很难放下，可以允许自己暂时抓住不放，这会为释放创造更多的空间。

再次关注自己的内在，想另一件其他你想要改变的事情。不管它是什么，只是专注于它，感觉想要改变它的欲望。

你能够放下想要改变它的欲望吗？

你愿意吗？

什么时候？

现在，专注于同一件事情，或是其他你想要改变的事情。

你能够放下想要改变它的欲望吗？

记住，改变你想要改变的事情并没有错。然而，我们经常被困在"想要"这一阶段而不是采取行动。所以，试着放下想要改变它的欲望是个不错的主意。

再一次，专注于同一件事情，或是你想要改变的其他事情。

你能够放下想要改变它的欲望吗？

你愿意吗？

什么时候？

注意一下你内心的感受。当你放下想要改变事物的欲望后，你可能感觉在内心深处有一个空间打开了。放下想要改变的欲望是否让你觉得有些不安？这是否让你觉得有些失去了控制？那么，你能够欢迎这个感受吗？

你能够放下想要改变它的欲望吗？

你愿意吗？

什么时候？

现在，看看你是否想要改变你当下的感受。

如果是的话，你能够放下想要改变它的欲望吗？

你愿意吗？

什么时候？

当我们想要改变事物的时候，实际上是在说它们本来的样子不够好。我们告诉自己，它们需要改变、修正或改善，但这往往不是真的。或者，如果某件事情需要改变，想要改变它的欲望会让我们陷入困境。抓住想要改变的欲望不放并不能真正帮助我们前进，反而会阻碍我们采取必要的行动。

现在，你能够允许自己完全地感觉当下的感受吗？你能够欢迎它吗？当你欢迎自己的感受、允许它存在时，你就自然而然地放下了想要改变它的欲望。

如果你愿意放下想要改变你的感受和生活状况的欲望，你现在应该感觉更平静、更放松、更专注了，也更有能力采取行动，真正地去改变事情。这才是获得平静的关键。

学习圣多纳法之后，我变得更有耐心了。起初，我认为那些练习是多余的。但随着时间的推移，我看到了它们的意义，开始坚持释放。我练习得越多，就越意识到那些困扰我的东西都是我自己创造出来的。当我在脑海中重复那些令人烦恼的场景，反复强调我的观点是多么重要，就会有更多的问题随之产生。我从来没有意识到它们其实并没有那么重要——至少没有让自己快乐重要。

——M.M. 纽约布朗克斯区

让自己探索得更深入

在阅读下一章之前，花些时间想想你要如何改变各种事情、记忆和感受，然后，放下想要改变它们的欲望。在这个过程中，看看你是否能够处理更深层次的问题。此外，让自己注意到生活中那些让你感到感激和满足的地方，以及那些你已经接受的地方。我向你保证，即使你每天只花一点点时间做这个练习，它也会对你的生活产生深远的影响，你会从中收获很多惊喜。

第六章

让你的释放更深入

如果你已经读到这里了，并且练习了前几章中讲述的方法，我相信你已经发现，感受会极大地影响你的表现和头脑的清晰度，而且你也有能力放下你的感受。放下它们之后，你不仅会感觉更好，你的表现也会更好。在这一章中，我们将从深层欲望这一更深入、更强大的层次来探讨圣多纳法。当你在这个层面上释放时，你会更轻松、更快速地实现你的目标。

你是否被你想要的东西驱使

是，也不是。花几分钟时间想一下你想要什么。你想要更多的钱或是更少的债务？你想要与家人和朋友更好地相处或是开始一段美好的爱情？你想要变得更健康或是减轻你现在的痛苦？你想要成功或是不再觉得自己活得很失败？你想要更多的自由时间和更少的压力？你想要一辆新车、一件新衣服、一部新手机、一个新发型、新的生活？……你的清单可以一直列下去。

你真的想要这些东西吗？还是你只是在寻找这些东西所代表的幸福？如果你不需要这些东西就能拥有幸福呢？

想要等于缺乏，不等于拥有。我们把注意力集中在为了拥有而付出的努力上，而不是拥有本身——我们的生活被这种倾向所限制。当我们放下想要的欲望，我们就会感觉自己可以拥有更多，而实际上我们也会发现自己拥有的变多了。任何有过销售经历的人都知道，当你极力想要做成一笔生意时，往往会很困难。相反，当你不那么在意销售的结果时，你通常会成功。这是因为实现目标的最有力的方式是，无论我们是否实现它，我们都可以接受。这一原则适用于我们生活的各个方面。

每个人都被存在于我们思想之下的 4 个基本欲望所驱使。这些深层的动机——对认可、控制、安全和分离的渴望——是我们所有限制的核心。当我们释放这些欲望时，我们可以拥有自己想要的，并保持热情和活力。在这个过程中，我们只是放下了我们的匮乏感。

我们生来就有各种倾向，它们来自遗传和环境。这些倾向可以是任何方面的，从基因倾向、环境倾向到简单的偏好。总的来说，这些主要的潜意识倾向在我们长大之前不会主导我们的生活。在整个童年时期，它们只是增加了我们生活经历的维度。然而，当我们长大成人，我们已经学会了将自己的基本需求或欲望升华为更成人化的欲求，例如，我们可能把车子等同于控制，或是把钱等同于安全感（我们每个人给不同的事物赋予了不同的意义）。这就是我们从"得到我们想要的东西"中获得的快乐往往转瞬即逝的一个原因，我们只是相信自己需要那些东西。

根据我的经验，"得到我们想要的东西"不能让我们完全满足的另一个原因是，我们无法从任何外在的东西中得到我们真正想要的。尽管如此，很多人否认自己想要的东西，因为他们觉得自己永远都不可能拥有那些东西，或是有人告诉他们追求那些东西是错误的。圣多纳法已经帮助成千上万的人放下了他们强加给自己的限制，你也一样可以！

> 通过释放，我体验到了一种高度的自信，特别是在释放了强烈的恐惧之后。当情绪出现时，我只是简单地释放，它们很快就会消散或降低到一定程度，这样我就能够继续思考、聆听并做出理性的反应。
>
> ——黛博拉·迪宁 佛罗里达州圣约翰港

这一切是如何开始的

接下来讲述的只是一个故事。尽管讲这个故事是为了让你了解你的深层欲望是如何发展的，但它既不是要建立一个儿童早期发展的新理论，也不是要证实或质疑其他的理论。当然，这个故事也不是要取代或挑战任何特定的精神信仰。你的人生经历可能与此相似或不同。但不管怎样，请尽可能地去体会故事中人物的人生发展过程，而不要太在意它如何适用于你。

我们从这样一个前提开始，即我们现在是，而且一直都是无限的存在。因此，你——故事的主角——一开始是未分化的意识，对个体一无所知，处于完整无缺的状态。这是展开故事的画布，它允许其他的可能性出现。此外，这张画布不会随着故事的展开而变化。

在某个时候，声音、感觉和画面开始在你自然的、无选择的意识中出现。一些声音是重复性的，比如你母亲的心跳和呼吸的轻柔节律，就像潮起潮落。在远处，有一些低沉的声音，包括你母亲和其他人的说话声以及她周围环境中发生的事情。随着你母亲身体的移动，你的世界也相应地移动着，你感受到温暖、漂浮，以及轻柔的摇摆。还有一种波浪般起伏的昏暗包围并填充着意识。在你休息的时候，所有这些感觉、声音和画面在你的意识中进进出出。

这种状况一直持续到你的世界开始收缩，更强烈的感觉随之出现。不管这个过程花了多长时间，你从一个感觉、声音和画面相对柔和的世界穿越到一个更清晰、更强烈的世界。出生的体验有时会很强烈。但是，无论这个转变有多痛苦，一旦你经历过之后，这些感觉还会在你的意识中进进出出。这段时间，你很多时候都在睡觉。

很快，当你的眼睛适应了这个新的世界时，各种画面开始有了更多的意义。你的耳朵和身体的其他部分也逐渐适应了这个充满空气而不是羊水的世界。随着时间的推移，成组的感觉、声音和画面会在不同的时刻出现，你开始意识到其中的一些模式。不久，你开始认为它们中的一些是你的身体。此时，作为背景，你与任何正在升起的感知之间仍然存在着一种深层的整体感。

爱一直都在，即使是在那些被视为创伤的经历之下，爱也一直存在着。那些感知，包括身体上的感受，都还没有名字或意义，它们只是升起然后退去。当你发现某些内在的转变能够引起身体部位的反应，它们就成了你探索的对象。它们可以被体验，却不被任何人拥有。

如果你拥有一个正常的婴儿期，你的意识中会出现两个慈爱的存在——你的妈妈和爸爸。他们出现时往往伴随着特定的感知模式。随着时间的推移，通过他们耐心地重复不同的声音和动作，你开始认识这个充满概念和符号的世界。妈妈和爸爸指着自己一遍又一遍地说"妈妈""爸爸"，然后指着你的身体重复你的名字。他们还会指着各种光、声音和感觉告诉你它们的名字。这个游戏很有趣，你每次尝试这个游戏时，都会得到奖励。最终，你发现自己某些内在感知的变化可以让你发出他们那样的声音。现在，当你开始进入这个充满概念和符号的世界，除了睡着的时候，你很难像以前那样保持自己的整体性。你开始逐渐与基本本性分离。

当然，生命中不是所有的事情都是有趣的游戏。一些人的故事到了这个阶段变得非常的痛苦。但是，这个你之后称之为"你的人生"的游戏还没有让你完全深陷其中。你的意识开始认同故事中的主角，就像你可能会认同一本好书或一部好电影里面的人物一样。当你开始使用语言，你可能会经历一个用第三人称来指代自己的阶段。你会说"这是小明的玩具"或"这是小红的玩具"，而不会说"这是我的玩具"。这个时期，你受伤了会哭，没有得到你想要的东西会大声喊叫，但是还没有产生那种个人的执着。

然后，大约两岁或两岁半的时候，你会再经历一次转变。在这个时期，你已经相信自己是一个分离的个体（例如，小明或小红），然后，一切事物都开始变得和"我"有关——"我的"玩具，"我的"需要，以及"我"。现在，那些出现在意识中的感觉、画面和声音被赋予了意义，成了一些基于"我"这个概念之上的经历。就是在这个时候，你开始想要改变事物本来的样子，你抗拒现实，希望事情按照你想要的方式发展。这个阶段叫作"可怕的两岁"，这对父母和孩子来说都是一个非常艰难的时期。世界看起来不再像以前那样安全了。你可能会和兄弟姐妹争着吸引父母的注意。既然一切事物与你是分离的，那么一切事物都是潜在的威胁。得到妈妈和爸爸的认可变得无比重要，如果没有得到认可，就可能会有生命危险。你想要控制这个曾经看似完美的世界。

你渴望在父母控制之下的轻松和简单，但与此同时，你又想要在你的世界中坚持自己的意志。你想要得到外界的认可甚至不认可，但你又希望回到对一切事物充满爱的阶段。你想要得到安全保障从而生存下来，但你又希望那种作为一个分离个体的感觉能够消失。你渴望再次回到与万物合一的状态，但你又被驱使着去维持你那分离的、独特的身份。

现在，对我们中的一些人来说，分离是一个渐进的过程，在我们两岁之前就已经开始了；而对另一些人来说，分离是一件很突然的事情。但是，这个过程对任何人而言都是不可逆转的，除非他们长大后能够学习圣多纳法这样的一些方法。无论我们多么渴望像小时候那样感受到安全和合一，这个发展过程都会进行下去。

以上这些是否听起来很熟悉？我们可以无限地扩展，分析一下每个孩子细微或不那么细微的差别，以及他们的人生是如何展开的。不过，这已经足以让你对这个过程有一个大致的了解——具体来说，随着我们逐渐认同"我们就是我们的身体或头脑"，我们开始更强烈地被一些基本需求（基本欲望）所驱使，而这增强了我们的分离感，给我们带来了无尽的痛苦。

> 我运用圣多纳法在 6 个月内所取得的成果（态度和行为上的改变）比之前 10 年的加起来都要多。我一直都理解与宇宙"合一"的概念，但直到最近释放的时候我才真正体验到它。那种体验很难描述。当时我感受到一切都是我的一部分，而我也是一切的一部分，这是一次令人难以置信的体验！
>
> ——迈克尔·麦克格拉斯 北爱尔兰贝尔法斯特

释放基本欲望的五个步骤

当你在基本欲望这个层面上释放你的感受和想法，你就会进步得更快。正如第一章中所说的，你可能会注意到你生活的一些领域发生了积极的变化，即使你从未直接对它们进行释放。因为所有的问题都与基本欲望直接相关，所以当你放下基本欲望的时候，很多领域就会发生变化。

你是"想要"认可还是"拥有"认可？你是"想要"控制还是"拥有"控制？你是"想要"安全还是"拥有"安全？答案显而易见。

这里有一个简单的方法，可以让你放下基本欲望。当你把它融入自己的日常生活中，你会发现它变得更简单了。只是将一个基本欲望带到有意识的觉知中，往往就可以让你自然而然地放下它，甚至在你问问题之前。这些问句可以取代你之前使用的基础释放问句，或是添加在基础释放问句之后。从现在开始，我们不再问这两个后续问题："你愿意放下它吗？""什么时候？"因为，当我们在这个更深的层次上释放时，"放下的决定"发生得更快、更自然。不过，任何有需要的时候，你都可以运用它们来支持自己的释放。

你可以自己一个人做这个练习，也可以在搭档的帮助下进行。

第一步，想一个你想要处理的问题，让自己去感觉当下的感受。

第二步，让自己探索得更深入一些，看看当下的感受来自哪一个基本欲望。问自己以下两个问题中的一个：

这个感受是来自想要被认可、想要控制、想要安全，还是想要分离的欲望？

这个感受的背后是哪一个基本欲望？

如果你不确定这个感受的背后是哪一个基本欲望，或者你觉得可能有几个基本欲望同时存在（通常如此），那么就选择一个你觉得占主导地位的、最有可能的，或是你想先放下的进行释放。然后进入第三步。

第三步，问自己以下三个问题中的一个：

我能够允许自己想要（被认可、控制、安全、分离）吗？

我能够欢迎这个想要（被认可、控制、安全、分离）的欲望吗？

我能够放下这个想要（被认可、控制、安全、分离）的欲望吗？

当你对基本欲望进行释放时，尽量简化你的问句。当你意识到你可以放下这些基本欲望的时候，你会发现自己可以不假思索地做到这一点。请记住，肯定回答和否定回答都是可以接受的答案，即使答案是否定的，你也一样可以释放。此外，如果你愿意的话，可以在放下之前允许自己抓住不放一会儿，这往往会为更深入的释放创造空间。如果你是和搭档一起练习，即使你的回答是否定的，对方也要继续提问。尽可能不假思索地回答问题，避免思考或分析。不管答案如何，都进入下一步。

请注意，上面这些问题并不是让你放弃被认可、控制、安全或分离，只是让你放下缺乏它们、想要它们的感受。

第四步，在释放过程中的任何时候，你都可以运用这个步骤来处理任何感受、欲望、犹豫不决或停滞不前的感觉。你在第五章学过这个方法，它是圣多纳法的"安全阀"。

简单地问自己：我想要改变它吗？

答案总是"是的"。但是，如果你不是很确定，就检查一下你是否接受它现在的样子。任何时候，如果你觉得事情的实际情况对你来说是不好的，就表明你想要改变它。

然后问自己：我能够放下想要改变它的欲望吗？

在大多数情况下，即使你感觉自己被困住了，也能对这个问题做出肯定的回答。放下想要改变实际情况的欲望能够让你走出困境，重新回到正确的轨道。你可能还记得，想要改变是想要控制的一个子集。

第五步，根据需要重复前面的四个步骤，直到你从特定的深层欲望中解脱出来为止。

莱斯特认为，比起想要分离的欲望，对于想要被认可、想要控制、想要安全这三个基本欲望的关注要更加重要一些。他觉得，如果前三个基本欲望释放得足够多，想要分离的欲望就会自行消失。除了这一章和下一章，这本书中的释放问句将只关注前三个基本欲望。当然，如果你意识到了想要分离的欲望，也请随时放下它。

我和我女儿的关系一直不太好，我们之间甚至失去了联系。在学习了圣多纳法之后，我开始寻找她，我们现在又重新联系上了。我们不仅解决了我们之间的分歧，而且我女儿现在也在学习圣多纳法。我们现在的交流比过去好多了！

——卡罗尔·邓纳姆　佛罗里达州迈阿密

探索：通过释放基本欲望看到完美

莱斯特曾经说过："释放并允许自己在看似不完美的地方看到完美。"在下面这个练习中，欢迎你的想法、你的感受，以及你告诉自己的故事。只是允许它们存在，并知道事物按照它们本来的样子存在是没有问题的。当我们放下它们的时候，我们开始看到隐藏在我们的想法和感受之下的完美。

先让自己放松下来，将注意力放在自己的内在。

现在，想一个你想要解决的问题。当你想到这个情况、问题、意图或目标时，让自己去感觉你现在对它的感受。

你能够欢迎这个感受吗？

现在，让自己探索得更深入一些，看看这个感受是来自想要被认可、想要控制、想要安全还是想要分离。当你放下这些基本欲望的时候，请记住，拥有被认可、控制、安全和分离并没有什么不对，你只是在放下缺乏它们的感受。

不管是哪一个基本欲望，问自己：你能够允许自己感觉它吗？完全地拥抱它。

你能够放下它吗？

回到刚才那个问题，看看你现在对它有什么感受。

这个感受是来自想要被认可、想要控制、想要安全，还是想要分离的欲望？

你能够放下它吗？

现在，再次关注那个问题，看看是否有什么激起了你的抗拒。你可能抗拒它的变化，也可能抗拒它现在的样子，或者它的某个方面让你感到抗拒。

你能够允许自己感觉这份抗拒吗？

你能够允许自己放下它吗？

看看在这个问题上你是否还在抗拒什么。

你能够放下对它的抗拒吗？

记住，抗拒就是试图推开这个世界，而世界也会反推回来。当你抗拒什么的时候，就是在说它本来的样子是有问题的，你执着地反对它。

重复放下抗拒的这几个步骤2~3次，然后继续前进。

现在，看看关于这个问题你有没有什么想要改变的地方。

你能够放下想要改变它的欲望吗？

在这个问题上，再想一个你想要改变的地方。

你能够放下想要改变它的欲望吗？

关于这个问题，有什么地方让你感觉被困住了吗？

你想要改变这个被困住的感受吗？

你能够放下想要改变它的欲望吗？

再检查一下你对这个问题的感受或态度，有什么让你感觉被困住了吗？

当我们感觉被困住时，我们想让事情有所不同，但这会让我们被困得更厉害。要让自己摆脱困境，我们要做的就是放下想要改变事物本来样子的欲望。

对于这个被困住的感受，你能够放下想要改变它的欲望吗？

现在，观察一下你对这个问题的感受。这片刻的练习可能已经让你的感受发生了很大的变化。

关于这个问题，有什么是你想要控制的吗，比如你对它的感受或是它看上去的样子？

你能够欢迎这个想要控制的感受吗？

你能够放下它吗？

重复以上问题几次，每次都要注意你对这个问题的能量是如何变化的，并清理所有与之相关的想要控制的感受。

现在，关于这个问题，有什么激起了你想要得到自己或他人认可的欲望吗，比如你对这个问题的感受，你与其他人在这个问题上的互动，或者在这个问题上你是如何看待自己的？

你能够欢迎这个想要被认可的感受吗？

你能够放下它吗？

重复以上问题几次，清理任何残留的想要被认可的感受。

现在，让我们探索得更深入一些。

关于这个问题，有什么激起了你想要安全或生存的欲望吗？

你能够允许自己感觉这个想要安全的感受吗？

你能够放下它吗？

再次关注那个问题，看看你是否能找到一些与之相关的、让你感到不安全或受到威胁的事情，并注意到这个感受来自想要安全或生存的欲望。

你能够放下这个想要安全或生存的感受吗？

重复以上问题几次，清理任何残留的想要安全或生存的感受。

现在，观察一下你内在的感受，你可能已经感觉更轻松、更自由了。但是，如果你发现自己想要保持这种美好的感受，就要注意到它来自想要控制的欲望。此外，要知道，产生这种美好感受的地方还有更多的美好感受。我们的限制性感受是有限的，而美好的感受是无限的。

所以，你能够放下这个想要控制美好感受的欲望吗？

现在，放松地进入你此刻的感受。完全地欢迎它。当你完全地欢迎某个感受时，你就放下了想要改变或控制它的欲望。你接受了它本来的样子，至少在当下这一刻是这样。如果你对那个问题仍然有一种消极的感觉，就把注意力转向你感受到的不断增加的轻松感上，让自己专注于它。

尽可能地让自己沉浸其中。

放松地进入它。

让自己安住在当下。

无论你的感受有多糟糕，你内心深处的美好一直都在。它存在于你的感受和想法之下，当你将注意力转向它时，你就会发现它。你的无限潜能都可以为你所用，只要你允许，它会自然地化解残留的限制性感受。

在这一刻，你能够允许自己放下更多吗？

允许自己在那些看似不完美的地方看到完美。

一切都很好，一切都按照它应该是的样子在展开。在这一刻，你能够接受这样的想法吗？

现在，逐渐将你的注意力转向外在，并知道你从这个练习中获得的一切将一直与你同在。每一次练习都是一个新的开始，它将帮助你开启美好的生活，发现真正的自己。

所以，请允许这一切的美好轻松地进入你的生活。

如果你想要从某个问题中解脱出来，或者只是想要变得更快乐、更有活力，你可以运用这个方法和它提供的视角。

第七章

释放四个基本欲望

在向内探索的过程中，莱斯特花了大量的时间回顾自己的过去、放下他的深层欲望。他发现，当人们清理与四个基本欲望有关的过去时，他们可以轻松地放下他们背负的沉重负担，并且再也不会拾起。

在这一章中，我们将更详细地探讨这四个基本欲望，并针对每个基本欲望做一些释放练习。有意思的是，每个基本欲望都包含一个与之相对的力量。所以，基本欲望不仅会让我们产生匮乏感，我们还会体验到不同程度的内在冲突：想要控制又想要被控制，想要被认可又想要被否定，想要安全又想要不安全，想要分离又想要合一。因为每个人的个性不同，所以每个人的这些基本欲望的比例也不相同。此外，我们身处的每一种情境都会或多或少地触发这些对立的力量。

所以，我们大多数人都被困在了中间的某个地方。由于相互冲突的欲望，我们大多数人往往是朝着我们的目标前进了三步，然后，在我们再次前进之前，又后退了两步。

如果这一章的一些内容让你感到有些困惑，请保持轻松的心态。我建议你先集中精力释放四个基本欲望，然后再释放它们的对立面。当然，如果你在释放的过程中意识到了它们的对立面，简单地放下它们就好。当它们出现的时候，允许它们呈现自己。不过，你可以放轻松，因为这个过程是整体性的，当我们放下某个特定的欲望时，我们总是同时放下它的对立面。就像抛硬币一样，除非把正反两面一起扔出去，否则无法把它扔到空中。

> 圣多纳法让我更自信了，这也让我能够更深入地进行自我探索。对于批评和不认可，我很少产生情绪反应了。当别人反对我时，我平静了许多。我变得更为宽容，不再像以前那样挑剔了。我更能允许别人做他们自己，而不再试图控制他们的行为。我解决问题的能力也提高了很多。在过去，我会在行动之前寻求建议，而现在，我可以很快找到解决方案并付诸行动。
>
> ——珍妮·安东尼 华盛顿州西雅图

想要控制的欲望

当我们想要控制时，我们觉得事情不在自己的掌控之中。虽然欲望不是感受，但它会伴随着感受。如果你明白这一点，它会帮助你识别出想要控制的欲望。它给人的感觉是强烈的、固执的，就像是"必须按照我的方式来"。如果我们想要控制，说明我们觉得事情失去了控制，所以需要采取行动让事情回到我们的掌控之中。想要控制的同义词包括抗拒和想要改变，以及想要理解、操控、推开、修正、强迫事情按照自己设定的方式进行、自己是对的、胜过别人，等等。当我们放下了想要控制的欲望，我们会感觉对生活有了更多的掌控感。

你还记得第五章最前面的《平静的祈祷》中的那段话吗？当你开始放下想要改变或是想要控制的欲望，你会发现自己接受了那些无法改变的事情，改变了那些可以改变的事情，并且对那些你无法控制的事情更加处之泰然了。采取适当的行动去改变那些在工作或生活中需要改变的事情并没有错，然而，有太多的人被想要改变、控制那些不能改变的或本来没有问题的事情（比如过去的事情或天气）的欲望困住。因为我们想要控制或改变它们，我们看不到它们实际上是没有问题的。

正如我在第四章中提到的，抗拒可能会导致你在项目进行到一半时失去动力，而你在项目开始时曾充满了热情。抗拒也是想要控制的同义词。它会阻碍你的个人成长，让你生活的每个方面都停滞不前。它甚至会阻止你做自己喜欢做的事情或可以给你带来很多好处的事情，例如学习圣多纳法。抗拒就像是踩着油门的同时却踩着刹车。就像我之前提到的那样，当你觉得不得不、必须或是应该做什么事情的时候，抗拒就会出现。当你放下抗拒，你的生活就会开始朝着对你最好的方向发展。

想要被控制的欲望

与想要控制的欲望相对的是想要被控制的欲望。当我们被这种欲望所驱动时，我们希望有人可以责怪我们或为我们的生活和感受负责，想要别人告诉我们该做什么，我们宁愿跟随而不愿领导。我们可以识别想要被控制的欲望，因为它给人一种软弱和缺乏力量的感觉，就像是"我想要放弃自己的力量"。当我们想要被控制时，我们觉得自己想要失去控制，除非我们先得到他人的许可，否则我们不应该做任何事情。

想要被控制的同义词包括抗拒和想要改变（它们在控制方程式的两边都会出现），以及想要变得困惑、被操纵、屈服、被修正、被强迫、跟随、成为弱者、被指责、成为受害者，等等。当我们放下了想要被控制的欲望后，我们会感觉对生活有了更多的掌控感，也更愿意去掌控自己的生活。

当你对想要控制的欲望进行释放时，偶尔检查一下你的内心是否存在想要被控制的欲望。即使是那些最积极上进和最有掌控力的人也会有想要被控制的欲望。

书写式释放练习：释放想要控制的欲望

这个练习分为两个部分，目的是帮助你释放想要控制的欲望。它很简单。先做第一部分的准备工作，在你的释放笔记本的空白页上方创建两列（当然，你也可以在一个电子文档上这么做），第一列名为"回忆一个我想要控制的例子"，第二列名为"我现在对此的基本欲望是什么"。

首先，在第一列写下你能够想起来的想要控制的例子。然后，在第二列写下你现在的基本欲望（想要被认可、想要控制、想要安全）。当你将那个基本欲望完全释放后，就在它旁边打钩或直接划掉它。重复以上步骤，继续释放其他的基本欲望，直到你觉得你已经对那件事情进行了彻底的释放。记住，即使是积极的感受也要释放，这样你就可以继续向更高的能量状态前进。

释放想要控制的欲望

回忆一个我想要 控制的例子	我现在对此的 基本欲望是什么
我上一次去看牙医	我吓坏了——想要控制
整个星期都在下雨	无聊——想要控制 , √
	想要被认可
我入不敷出了	沮丧——想要安全 √

如果你准备好了，就进入这个练习的第二部分。在释放笔记本的另一页的上方创建两列，第一列名为"我试图控制的方式"，第二列名为"我试图被控制的方式"。

现在，列出那些你在目前的生活中为了实现控制而采取的方式。在每一项的后面写下相关的基本欲望（想要被认可、想要控制、想要安全），然后对它进行释放。当你完全释放了那个欲望，就在它旁边打钩或直接划掉它。

接下来，列出那些你在目前的生活中为了被控制而采取的方式。在每

一项的后面写下相关的基本欲望（想要被认可、想要控制、想要安全），
然后对它进行释放。当你完全释放了那个欲望，就在它旁边打钩或直接划
掉它。

释放想要控制的欲望

我试图控制的方式	我试图被控制的方式
问问题——想要被认可，想要控制	不负责任——想要控制
提要求——想要控制 √	不为自己辩解——想要被认可，想要控制 √
我是对的——想要被认可，√想要控制，想要安全	被感情束缚——想要控制，想要安全

　　需要注意的是，这些行为虽然是出于想要控制的欲望，但它们不一定
就是错的。这个练习只是帮助你意识到哪些行为来自想要控制的欲望，这
会给你一个更好的机会当场释放它。然后，你就可以选择继续或是停止这
些行为。

放下想要控制的欲望的方法

　　首先，让自己放松下来，然后将注意力转向自己的内在。如果你发现
自己执着于某件事情，看一看它是否来自想要控制的欲望。

　　你能够欢迎这个想要控制的感受吗？

　　你能够允许它被释放吗？

　　你现在有没有一个身体感受是你想要控制或改变的？

你能够放下想要改变它的欲望吗？

根据需要重复最后两个问题。

现在，想一件你想要控制的事情。

你能够放下想要改变它的欲望吗？

然后，再想一件你想要控制的事情。

你能够放下想要改变它的欲望吗？

根据需要重复上述提问，然后继续往下进行。

接下来，想一个过去的你想要控制的情境。欢迎想要控制的感受。

你现在能够放下它吗？

当你专注于这件事情或你想要控制的其他事情，看看想要控制的欲望如何影响了你的生活，让你产生了怎样的感受，以及让你做出了怎样的行为。在你的生活中，是否有一个与控制有关的主题反复出现？

你能够欢迎因为想要控制而产生的那种倾向或行为吗？

看看你是否想要控制自己的"想要控制的感受"。

你能够放下想要控制或改变它的欲望吗？

现在，允许想要控制的感受进入你的意识（如果需要的话，可以通过回忆一个事件来唤起它），然后，你要放松地进入这个感受的核心。

你能够深入它的核心吗？

再深入一些？

还能再深入一些吗？

允许自己注意到想要控制的感受从何而起。

如果你还没有放下，你现在能够放下它吗？

现在，关注你当下的感受，注意到在释放了想要控制的感受之后意识发生的转变。想象一下，如果你总是感觉轻松自在，一切尽在掌握，没有什么需要改变，你的生活会是什么样子。

如果你觉得还有想要控制的感受存在，你能够让它消散吗？

允许自己在这一刻放松下来，安住在当下。

想要被认可 / 被爱的欲望

当我们想要被认可时，我们觉得自己没有被认可，因此，我们会采取各种方式来让自己得到认可，但这实际上一直在阻碍我们得到认可。我们会过于关注自己，以至于让自己很不自在。我们过于在意别人对我们的看法。我们本来打算说"不"，却勉强自己说"好"。为了让别人喜欢我们，我们任由他们敷衍或控制我们。我们可能会承担过多的责任或不给别人委派任务，因为我们认为这会让我们更受欢迎。

我们很容易识别想要被认可的欲望，因为它给人一种柔软和脆弱的感觉。当我们想要得到认可时，我们觉得自己没有爱，我们需要做些什么来得到它。想要被认可的近义词包括想要被爱、被接受、被赞美、被关心、被注意、被理解、被安慰、被支持、被喜欢，等等。当我们放下了想要被认可的欲望，我们会感受到更多的爱和接纳。

想要被认可的欲望实际上有两种对立的力量，它们是想要被否定和想要去爱。

想要被否定的欲望

当我们想要被否定时，我们觉得自己不想得到认可，因此，我们会用很多方式来让自己不被认可。和想要被认可一样，我们也会过于关注自己，以至于让自己很不自在。我们过于在乎别人对我们的看法，却又假装不在乎。我们本来可以说"好"，却偏要说"不"。我们推诿责任、搪塞他人以确保他们不喜欢我们。我们可能会逃避责任或是拖延完成任务。我们会故意让自己不受欢迎。

我们可以识别想要被否定的欲望，因为它给人一种不成熟、不可靠或是"别管我"的感觉。当我们想要被否定时，我们觉得自己不需要爱，我们需要做些什么来确保自己不会得到爱。想要被否定的近义词包括想要被讨厌、被拒绝、被轻视、隐藏、被误解，等等。当我们放下了想要被否定的欲望，我们会觉得更有能力接受别人的爱和认可，也更有能力去爱和关心别人。

想要去爱的欲望

当我们想要去爱时，我们觉得自己给予的不够多，因此，我们会采取很多方式来让自己感受到爱，但这实际上一直在阻碍我们感受到爱。我们把注意力放在别人身上，觉得自己放弃了很多。我们过于关心别人的感受。和想要被认可一样，我们本来打算说"不"，却勉强自己说"好"。为了让别人感觉好一些，我们任由他们敷衍或控制我们。我们可能会承担太多的责任或是不给别人委派任务，因为我们认为这对别人会更好。

我们可以识别想要去爱的欲望，因为它给人一种柔软、脆弱、过度付出或是"让我为你做"的感觉。当我们想要去爱时，我们觉得自己不能给予足够的爱或认可，我们需要做一些事情来让别人知道我们有多在乎他们。想要去爱的同义词包括想要认可别人、接纳别人、称赞别人、关心别人、照顾别人、理解别人、安慰别人、做出牺牲、支持别人、喜欢别人，等等。当我们放下了想要去爱的欲望，我们会感到内在更加完整，同时也能够去爱和关心别人，而不需要以牺牲自己为代价。

书写式释放练习：释放想要被认可/被爱的欲望

这个练习分为两个部分，目的是帮助你释放想要被认可的欲望。就像之前的练习一样，先做第一部分的准备工作，在你的释放笔记本的空白页上方创建两列，第一列名为"回忆一个我想要被认可的例子"，第二列名为"我现在对此的基本欲望是什么"。

首先，在第一列写下你能够想起来的想要被认可的例子。然后，在第二列写下你现在的基本欲望（想要被认可、想要控制、想要安全）。当你将那个基本欲望完全释放后，就在它旁边打钩或是直接划掉它。重复以上步骤，继续释放其他的基本欲望，直到你觉得自己已经对那件事情进行了彻底的释放。记住，即使是积极的感受也要释放，这样你就可以继续向更高的能量状态前进。

释放想要被认可 / 被爱的欲望

回忆一个我想要 被认可的例子	我现在对此的 基本欲望是什么
第一次约会	尴尬——想要被认可
做演讲	紧张——想要控制，√ 想要被认可 √
参加聚会	害羞——想要控制， 想要安全 √

如果你准备好了，就进入这个练习的第二部分。在释放笔记本的另一页上方创建两列，第一列名为"我寻求被认可的方式"，第二列名为"我寻求被否定的方式"。

现在，列出你在目前的生活中为了获得认可而采取的方式。在每一项的后面写下相关的基本欲望（想要被认可、想要控制、想要安全），然后对它进行释放。当你完全释放了那个欲望，就在它旁边打钩或直接划掉它。然后，继续释放下一个。

接下来，列出你在目前的生活中为了被否定而采取的方式。在每一项的后面写下相关的基本欲望（想要被认可、想要控制、想要安全），然后对它进行释放。当你完全释放了那个欲望，就在它旁边打钩或直接划掉它。

释放想要被认可／被爱的欲望

我寻求被认可的方式	我寻求被否定的方式
打扮——想要被认可，	反抗——想要控制，√
想要控制	想要被认可，想要安全 √
送别人礼物——	失败——想要被认可，
想要被认可	想要控制
做出牺牲——	迟到——想要控制，√
想要被认可 √	想要被认可 √

放下想要被认可／被爱的欲望的方法

首先，让自己放松下来，然后将注意力转向自己的内在。回忆一个你想要被认可的时刻。

你能够欢迎这个想要被认可的感受吗？

你能够放下它吗？

回忆你生活中的一个情境，你觉得有人不认可你、不喜欢你或是没有给你应得的认可，注意想要被认可的感受是怎样的。

你能够欢迎这个想要被认可的感受吗？

你能够放下它吗？

现在，想一个特定的人，你特别想要得到他的认可。

你现在能够允许自己想要得到他的认可吗？

你能够放下吗？

针对尽可能多的对象，重复这最后一系列的问题。

现在，想一个你想要得到自己的认可的时刻。也许你不认可自己做过的事或说过的话，也许你没有完成你认为自己应该完成的事情，你对此一直耿耿于怀。

你现在能够欢迎这个想要被认可的欲望进入你的意识吗?

然后,你能够放下它吗?

针对尽可能多的想要得到自己的认可的例子,重复以上问题。

现在,让我们进一步探索想要被认可的欲望。它通常是我们生活中的一种模式。那么,你有哪些反复出现的、想要被认可的想法、感受和行为?当你想要被认可时,你可能会想:"这又不是我的错。""他们又不在乎。"你可能会感到羞愧、脆弱、受伤。你的行为可能包括做一些事情来引起他人的注意、表现得很亲切、给予他人虚假的赞美、在你想说"不"的时候却说"好"。现在,想一下自己想要获得认可的一些模式。

你能够允许这个想要被认可的感受存在吗?

你能够放下它吗?

重复以上步骤几次,释放脑海中出现的画面。

接下来,欢迎想要被认可的感受进入你的意识。

你能够允许自己深入它的核心吗?

再深入一些?

还能再深入一些吗?

让自己深入它的核心,让它自然地消散。

现在,想象一下,当你放下了想要被认可的欲望,你的生活会是什么样子。你会变得充满自信,并且知道大家关心你。不管大家是否认可你,你都会安然处之。

当你放下了想要被认可的欲望,不可思议的事情发生了,大家可能会比以前更加认可你。

想要安全的欲望

当我们想要安全时,我们觉得自己没有安全感。我们将生活看作一场生存之战。在一个微妙的层面上,我们将每个人都视为一种威胁。哪怕是很小的变化，我们也经常会对它做出反应，就好像我们的生命受到了威胁一样。我们会避免冒险，即使那意味着放弃成功的机会。即使有必要，我们也会避免对抗。我们可能会焦虑不安，担心有不好的事情发生。

我们可以识别想要安全的欲望，因为它可能包括了受到威胁、不安、处于危险之中、警惕或即将毁灭的感觉。在极端的情况下，这是一种可能会让人瘫痪的恐惧——我们感觉自己快要死了。我们觉得自己会做任何事来找回安全感。想要安全的近义词包括想要生存、报复、保护自己和他人、攻击、捍卫，等等。当我们放下了想要安全的欲望，无论在什么情况下，我们都会感觉更安全、更安心、更放松。

想要死亡的欲望

与想要安全的欲望相对的是想要死亡的欲望。当我们想要死亡时，我们觉得生活太沉重了，我们恐惧生活，所以我们想要结束一切。在我们眼中，生活就像一个危机四伏的雷区。我们是自己最大的敌人。与想要安全一样，哪怕是很小的变化也经常能让我们做出反应，就好像我们的生命受到了威胁一样。然而，与想要安全不同的是，我们可能会寻求风险和对抗，暗自希望最坏的事情发生。

想要死亡的欲望有时很难和想要安全的欲望区分开来，因为它也可能包括了受到威胁、不安、处于危险之中、警惕或即将毁灭的感觉。然而，我们还是可以识别它，因为它总是让人感到绝望和失败。在极端的情况下，我们会感受到能令人瘫痪的恐惧或极度的冷漠——我们觉得自己快要死了，但我们并不在乎。当我们想要死亡时，我们觉得自己不需要安全，甚至会去做一些事情将自己置于危险的境地。

想要死亡的近义词包括想要危险、结束一切、把自己和他人暴露在危险之下、被攻击、被威胁，等等。当我们放下了想要死亡的欲望，我们会感觉更安全、更安心、更放松。我们愿意好好活着，尽情地享受生活。

书写式释放练习：释放想要安全的欲望

这个练习也分为两个部分，目的是帮助你释放想要安全的欲望。就像前面的练习一样，先做第一部分的准备工作，在你的释放笔记本的空白页上方创建两列，第一列名为"回忆一个我想要安全的例子"，第二列名为"我现在对此的基本欲望是什么"。

首先，在第一列写下你能够想起来的想要安全的例子。然后，在第二列写下你现在的基本欲望（想要被认可、想要控制、想要安全）。当你将那个基本欲望完全释放后，就在它旁边打钩或直接划掉它。重复以上步骤，继续释放其他的基本欲望，直到你觉得自己已经对那件事情进行了彻底的释放。记住，即使是积极的感受也要释放，这样你就可以继续向更高的能量状态前进。

释放想要安全的欲望

回忆一个我想要安全的例子	我现在对此的基本欲望是什么
去看医生	害怕——想要控制，√
	想要安全 √
交通事故	几乎没命——想要控制，
	想要被认可，想要安全
被解雇	没钱——想要控制，√
	想要安全，想要被认可

如果你准备好了，就进入这个练习的第二部分。在释放笔记本的另一页的上方创建两列，第一列名为"我寻求安全的方式"，第二列名为"我挑战自己安全的方式"。

圣多纳释放法

现在，列出你在目前的生活中寻求安全的方式。在每一项的后面写下相关的基本欲望（想要被认可、想要控制、想要安全），然后对它进行释放。当你完全释放了那个欲望，就在它旁边打钩或直接划掉它。然后，继续释放下一个。

接下来，列出你在目前的生活中挑战自己安全的方式，在每一项的后面写下相关的基本欲望（想要被认可、想要控制、想要安全），然后对它进行释放。当你完全释放了那个欲望，就在它旁边打钩或直接划掉它。

释放想要安全的欲望

我寻求安全的方式	我挑战自己安全的方式
买保险——想要安全	冒险——想要控制，√
	想要安全 √
存钱——想要被认可，√	生病——想要被认可，√
想要安全 √	想要安全 √
维持现状——想要被认可，	改变——想要安全 √
想要安全 √	

放下想要安全的欲望的方法

首先，将注意力转向自己的内在，允许自己的身体放松下来，然后感知自己当下的感受。

你能够欢迎自己当下的感受，并且知道它不是问题吗？

现在，回忆一个你感觉受到了威胁或挑战的情境，一个激起了你想要安全的欲望的时刻。

你能够欢迎这个想要安全的感受进入你的意识吗？

你能够释放它吗？

然后，继续将注意力放在那个情境或另一个让你感觉受到了威胁的情境上。

你能够欢迎这个想要安全的感受吗？

你能够放下它吗？

根据需要重复以上步骤，然后继续。

现在，让自己充分地体验想要安全的欲望。如果需要的话，轻轻地唤起它们，同时要认识到所有的欲望都只是能量，能量只是能量，并没有好坏之分。

你能够允许这个想要安全的感受被释放吗？

再一次邀请想要安全的感受进入你的意识。

你能够放下它吗？

再重复几次，注意到那些曾经让你感到威胁的事物现在看起来越来越没有威胁了。

记住，基本欲望是我们的信念系统——我们用来运作自己的生活的程序。因此，我们会体验到反复出现的想法、感受和行为。当你想要安全时，你可能会想："哎呀，不好了，一些不好的事情要发生了。""感觉不对，这将是一个很大的错误。"你可能会感到害怕、受到威胁或失去控制，可能会感到恐慌，还可能会在一些重要的会议或场合中怯场。你的行为可能包括过度计划、高度警惕、逃避、尽可能维持现状。

当你感觉自己想要安全时，反复出现的想法、感受或行为是什么？

你能够欢迎它们进入你的意识吗？

你能够放下这种倾向所带来的想要安全的感受吗？

重复以上步骤 4~5 次，释放脑海中出现的画面。

现在，你能够允许想要安全的感受再次浮现上来吗？

你能够深入它的核心吗？

你能够允许自己再深入一些吗？

再深入一些？

还能再深入一些吗?

如果你觉得还有想要安全的感受存在,你能够让它自由吗?

现在,注意到自己在释放之后感觉更安全了。想象一下,当你放下了缺乏安全的感受,感觉越来越安全、越来越轻松,你的生活会是什么样子。

现在,让自己在这内在的安全中休息一会儿。

想要分离的欲望

当我们想要分离时,我们觉得自己不想属于哪个群体,需要维持一个独立的身份。因此,我们采取各种方式来维持独立的身份,不断将自己和他人区分开来。我们想要证明自己是特别的、更好的、与众不同的。我们传递给世界的信息常常是这样的:"别管我!不要打扰我!"对大多数人来说,想要分离的欲望是如此普遍,却又很微妙,以至于尽管它影响了我们的思想和言行,但它往往像我们呼吸的空气一样难以识别。

想要分离的感受可能很强烈,也可能不太明显。当它非常强烈的时候,我们拒绝和排斥身边的一切。我们很多人都认为分离是我们的本质。当我们想要分离时,我们想要远离他人,或者想要在人群中突显自我。

想要分离的近义词包括想要独处、拒绝他人、轻视他人、突显自我、变得特别、分开、结束关系,等等。如果我们放下了想要分离的欲望,我们会更容易与他人建立联结、更容易融入群体,并且不会失去我们的独特性。

想要合一的欲望

当我们想要合一时,我们觉得自己想要融入群体,或者需要终结我们的独立身份,与他人建立联结。寻求灵性成长的人经常被这种欲望所驱使。我们一直在寻求合一,却忽略了那已经存在的深层的合一。和想要分离一样,想要合一的欲望是如此普遍,却又如此微妙,以至于我们的思想和言行都受到了它的影响。只要我们有想要合一的感受,我们总是会感到孤独，然后，我们渴望终结这份孤独。为了隐藏和逃避孤独，我们经常用各种外在的联系来填满我们的生活。

想要合一的感受可能很强烈，也可能不太明显，它就像是一种渴望联结的感觉。想要合一的近义词包括想要联合、接纳、平等、普通、依附、联系、加入、联结，等等。如果我们放下了想要合一的欲望，我们就更能感受到那已经存在于此时此地的合一，而不必在我们之外寻找它。

书写式释放练习：释放想要分离的欲望

这个练习分为两个部分，目的是帮助你释放想要分离的欲望。就像前面的练习一样，先做第一部分的准备工作，在你的释放笔记本的空白页上方创建两列，第一列名为"回忆一个我想要分离的例子"，第二列名为"对于这件事，我现在的基本欲望是什么"。

释放想要分离的欲望

回忆一个我想要 分离的例子	对于这件事，我现在的 基本欲望是什么
离婚	愤怒——想要控制， 想要分离 √
升职	骄傲——想要被认可，√ 想要分离
姑妈来看我	感动——想要控制， 想要被认可 √

首先，在第一列写下你能够想起来的想要分离的例子。然后，在第二列写下你现在的基本欲望（想要被认可、想要控制、想要安全、想要分离

或合一）。当你将那个基本欲望完全释放后，就在它旁边打钩或是直接划掉它。重复以上步骤，继续释放其他的基本欲望，直到你觉得自己已经对那件事情进行了彻底的释放。记住，即使是积极的感受也要释放，这样你就可以继续向更高的能量状态前进。

如果你准备好了，就进入这个练习的第二部分。在释放笔记本的另一页的上方创建两列，第一列名为"我寻求分离的方式"，第二列名为"我寻求合一的方式"。

现在，列出你在目前的生活中寻求分离的方式。释放时，观察你当下的感受，在每一项的后面写下相关的基本欲望（想要被认可、控制、安全、分离、合一），然后对它进行释放。当你彻底释放了那个欲望，就在它旁边打钩或直接划掉它。然后，继续释放下一个。

接下来，列出你在目前的生活中寻求合一的方式。释放时，观察你当下的感受，在每一项的后面写下相关的基本欲望（想要被认可、控制、安全、分离、合一），然后对它进行释放。当你彻底释放了那个欲望，就在它旁边打钩或直接划掉它。

释放想要分离的欲望

我寻求分离的方式	我寻求合一的方式
取得成就——想要被认可，想要控制，想要分离	静心冥想——想要合一，想要控制
去另一个房间——想要控制，√ 想要分离 √	在电话里聊天——想要被认可，√ 想要合一 √
评判别人——想要被认可，想要控制，想要分离	性爱——想要被认可，√ 想要安全，想要合一 √

放下想要分离的欲望的方法

首先，让自己放松下来，将注意力转向自己的内在。然后，感知自己当下的感受。

你能够欢迎自己当下的感受，并且知道它不是问题吗？

回忆一个你感到孤独或想要推开别人的情境，一个激起了你想要分离或合一的欲望的时刻。

你能够欢迎这个想要分离或想要合一的感受进入你的意识吗？

你能够放下它吗？

现在，继续将注意力放在那个情境上，或放在另一个你渴望分离或合一的情境上。

你能够欢迎这个想要分离或想要合一的感受吗？

你能够放下它吗？

根据需要重复以上步骤，然后继续。

现在，让自己充分地体验想要分离或想要合一的欲望。如果需要的话，轻轻地唤起它，同时要认识到所有的欲望都只是能量，能量只是能量，没有好坏之分。

你能够允许这个想要分离或想要合一的感受被释放吗？

再一次邀请想要分离或想要合一的感受进入你的意识。

你能够放下它吗？

再重复几次，注意到那些曾经让你感到分离的事物现在看起来越来越不重要了，你感觉更加顺应生命之流了。

记住，基本欲望是我们的信念系统——我们用来运作自己的生活的程序。因此，我们会体验到反复出现的想法、感受和行为。当你想要分离时，你可能会想："我真的很特别。"或者，如果你想要合一，你可能会想："我很孤单。"你可能会感到孤独、被拒绝，还可能会感到被孤立、茫然、对现实不满意。

当你感觉自己想要分离或想要合一时，反复出现的想法、感受或行为是什么？

你能够欢迎它们进入你的意识吗？

你能够放下这种倾向所带来的想要分离或想要合一的感受吗？

重复以上步骤4~5次，释放脑海中出现的画面。

现在，你能够允许想要分离或想要合一的感受再次浮现上来吗？

你能够深入它的核心吗？

你能够允许自己再深入一些吗？

再深入一些？

还能再深入一些吗？

如果你觉得还有想要分离或想要合一的感受存在，你能够放下它吗？

现在，注意到自己在释放之后感觉更完整、更轻松了。想象一下，随着你越来越认识到一切都很好、一切事物都按照它应该是的样子在展开，你越来越顺应生命之流、越来越轻松自在，你的生活会是什么样子。

现在，让自己在这内在的合一中休息一会儿。

解析虚拟的限制之树

想象一下，你迷失在一片虚拟的限制之树的森林中。这些树是由什么构成的呢？在最细微的层面上，它们是由原子组成的，而在我们的世界里，我们称之为"想法"。再往一个更高的密度和结构上移动，这棵树上的叶子代表着你的个人感受。树枝代表着9种情绪状态。树干和从树干底部向外展开的侧根代表着想要被认可和想要控制的欲望，以及它们的对立面。而那垂直往下生长的主根代表着想要安全的欲望和它的对立面。最后，土壤代表着想要分离的欲望和它的对立面——想要合一的欲望。

如果我们想要清除这些限制之树，清理出一条路，走出这片森林，我们有几种方法可以使用。我们可以从改变我们的想法着手，一次处理一个原子，但这需要很长时间。我们可以高效一些，通过摘下单独的树叶（感受）来进行，但树叶往往会重新长出来。或者我们可以修剪树枝（9种情绪状态），然而，如果你曾经修剪过树木，你就会知道，被修剪过的地方往往会长出更茁壮的新枝。我们只有砍掉树干和侧根（想要被认可和想要控制的欲望），才能取得重大进展。不过，许多树就算失去了一部分侧根，还是会从树桩开始生长。

　　所以，在我们着手砍断树的主根（想要安全的欲望和它的对立面——想要死亡的欲望）之前，我们不太可能清除这棵虚拟的限制之树。请记住，在这片让你迷失的森林中，每棵树都是虚拟的。

　　所有的限制都不是真实的。在这个过程中的任何时候，你都可以看到那些限制背后的完美与无限。随着你运用圣多纳法，大片大片的森林可能会自己消失，请对这样的可能性保持开放态度。通常，在你最不期待的时候，你会自然而然地放下许多限制。当你在基本欲望这个层面上释放时，这种情况会越来越频繁地发生。

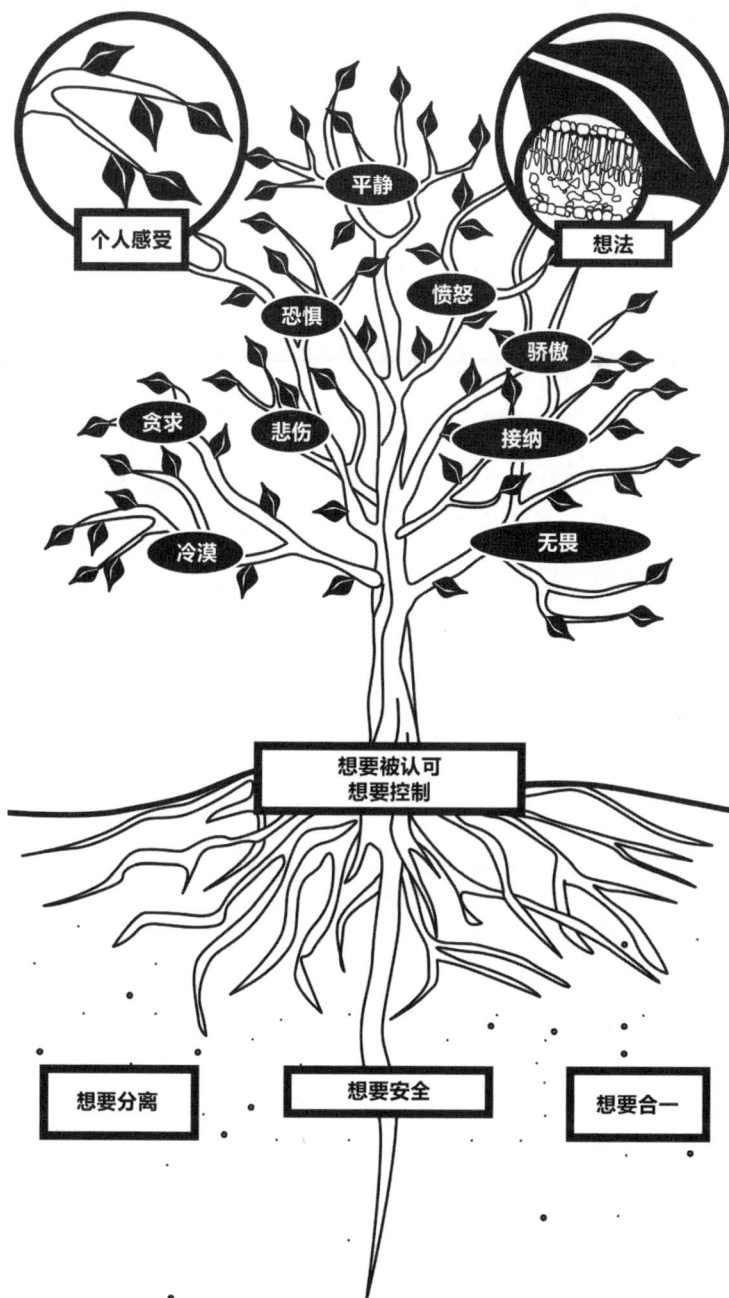

虚拟的限制之树

第八章

如何设定和实现你的目标

在本章，我们将探讨圣多纳法的一个非常强大的应用：设定和实现目标。虽然我不能保证这里讲述的方法能帮助你实现每一个目标，但是我可以保证，它将极大地提高你实现目标的可能性。这个方法不仅能帮助你识别哪些目标是你真正可以并且应该追求的，还能帮助你放下那些不合适的目标。此外，你会开始享受设定目标的过程。

当听到"目标"这个词时，你是否被激起了强烈的积极或消极的感受？我们生活在一个以目标为导向的文化中，然而我们大多数人对设定目标和实现目标都有着复杂的感受。我们已经内化了太多应该和不应该做的事情，它们决定了我们应该在生活中追求什么，以至于我们过去追求的目标，或者我们现在追求的目标，往往都不是我们真正想要的。

你是否在一个将目标强加给你的环境中工作？你的家庭是否对你的人生选择施加了很大的影响？你是否觉得只有一些特定的目标被你的朋友和同事接受？如果你对上述任何一个问题的回答是肯定的，那么你并不孤单。有时候，我们会觉得自己是被迫去追求那些如果让我们选择，我们可能不会选择的目标。

当努力实现自己的目标时，我们也获得了各种不同的体验，有些很好，有些一般，有些令人沮丧。有时候，尽管我们全心全意地去追求某些目标，但最终还是放弃了，因为需要花费太多的时间。而有些目标，我们不费吹灰之力就实现了。这些经历影响了我们对设定目标和实现目标的印象，并留下了许多情绪的印迹。总之，对于这个主题，我们有很多困惑。

在设计目标释放这个方法时，莱斯特非常清楚大家心中的困惑。他希望通过这个简单的方法来帮助大家减轻与目标相关的痛苦。他精心设计的这个方法，除了可以帮助我们实现自己的目标，还可以让我们获得另一个重要的好处——内心的平静。

变得"不在意"

我们的贪恋与厌恶使我们花费了大量的时间追求或远离生活中的那些真实或虚幻的事物。我们在意识中抓住它们不放，并赋予它们左右我们幸福的权力。贪恋之物是我们想要紧紧抓住的东西，而厌恶之物是我们想要推开的东西。它们的共同之处是都被我们"抓住不放"。因为贪恋与厌恶是我们经历那么多不必要的痛苦的主要原因，所以自由的一个基本定义就是：没有贪恋，没有厌恶。

当你设定了一个目标并运用释放来实现它，你要让所有与它有关的贪恋和厌恶都上升到意识层面。然后，当你放下了对这个目标的贪恋和厌恶，你可能会实现它，也可能不会，但是，不管怎样，你的痛苦都会大大减少，你会变得更加自由。

实现目标的方法是达到一种内在状态，莱斯特称之为"不在意"，就是不管你有没有实现自己的目标，你都不在意。与流行的看法相反，莱斯特认为，当你强烈地想要实现自己的目标时，你反而实现不了。事实上，如果你诚实地审视自己过去的经历，你会发现，你实现的大多数目标都是你放下了自己的欲望之后实现的，即使有些并不是你主动放下的。大多数人关注的是放下之前的努力，他们把目标的实现归功于努力而不是放下。其实他们错过了问题的关键。

当你运用这个方法时，你会发现努力并不是必要的。当然，这并不意味着你不需要采取行动来实现目标，这只意味着你的行动会更加精准，并且事半功倍。当你释放到不在意目标是否实现的时候，可能会出现两种情况：要么你会发现自己完全放弃了那个目标，并因此而感到非常轻松，要么你会比你想要实现它的时候更有可能实现它。正如莱斯特曾经说过的那样："当你完全释放的时候，即使是不可能的事也会变得完全有可能。而当你不在意的时候，你就完全释放了。"

现在，你可能会担心，如果你"不在意"了，你就无法享受自己的劳动成果了。从我的经验来看，你完全不必担心。你越不在意，就越能享受你现在所拥有的一切，而不必担心失去或失望。

在第六章中，我们探讨了我们的深层动机，以及我们把事物和感受混淆的倾向。我们想要被认可、控制、安全和分离（以及它们的对立面），然后，我们错误地认为外在的事物能够带给我们这些。所以，我们对目标怀着复杂感受的另一个原因是，即使我们得到了自己想要的东西，它们也永远不能真正地满足我们。

毕竟，一辆新车、一部新手机、一双新鞋子给我们带来的快乐能持续多久呢？一般不会很长。我们几乎是一得到清单上的一项，就立刻转向下一项。我们所追求的幸福并不包含在任何事物中，相反，它是我们存在的自然状态。当我们不再执着于目标和结果，我们就会变得"不在意"。

这是否意味着你应该停止追求目标？当然不是！我强烈建议你运用这一章中的方法来追求你的目标，直到你实现它或是放下它。否认你想要的东西并不会让欲望消失。除非你承认了自己的欲望，要么实现它，要么放下它，否则它会吞噬你的内心。请放心，你会发现运用这个方法来追求你的目标是很有趣的，因为你会觉得每一步都更自由、更快乐。

罗伯特的故事：平静地显化目标

63 岁的时候，罗伯特开始考虑退休的事。当时，他正在为政府管理一个耗资数百万美元的项目，但是情况却变得很糟糕，他感到很绝望。此外，他还陷入了一场激烈的离婚之战中，他的前妻向他索要了一大笔和解费。突然间，他的经济状况急剧下滑，情绪也变得非常糟糕。就在那时，他购买了一套圣多纳法的录音带，并开始学习。

早在几年前，罗伯特就已经注意到了"不在意"这一现象。他发现，如果他真的需要或想要什么东西，第一步就是清晰地表达出自己想要的是什么。而第二步，也是最重要的一步，就是放下任何需要或想要的感受。然后，迟早有一天，他会得到自己想要的东西。只要他能做到这一点，他就会收获令人惊喜的结果。相反，如果他焦虑或是贪恋这样的结果，它就永远不会发生。当罗伯特在圣多纳法录音带中听到对"不在意"这个现象的解释时，他得到了进一步启示。他终于明白了这个现象是如何与被认可、控制和安全的基本需求相联系的。在录音带学习到一半时，他的一项投资收益翻了三倍，他在一夜之间成了百万富翁。

故事还没有结束，因为罗伯特有几个目标。他的首要目标是摆脱对他人的负面情绪，通过每天的释放，这很快就实现了。他还想找一份可以自由支配时间的工作。当时他已经准备辞去工作去旅行，但他的上司不让他走，于是，他转为顾问，在家里工作。此外，他还想拥有一栋在湖边的房子。通过运用目标释放流程，他在一年之内实现了这个目标。他只是想象自己坐在桌旁望着湖面上的落日，然后，运用基础释放问句将这件事完全放下，此后，他就再也没有为这件事担心过。

有一天，罗伯特开车经过湖边，看到一个广告牌上列着几处待售的房产。他停下来看了几栋房子，没有发现自己喜欢的。然后，他注意到一条小路通往另一栋离湖更近的房子。进去那栋房子之后，他发现除了两个卫生间，每个房间都面对着那个湖，而且房子的大小也正合适。以前的业主已经装修过了，他只需要做些小小的调整。因为价格比较适中，他当场就买下了那栋房子。

罗伯特说："'不在意'对我来说很重要。我真正喜欢和想要拥有的东西都是通过那种状态获得的。心灵是很珍贵的财富。在学习圣多纳法之前，我已经明白了设定目标和放松心态的重要性。圣多纳法让我实现了目标。"

释放你对设定目标的感受

在学习目标释放流程之前，我们先做一些关于目标的普通释放。正如我在本章开头所说的那样，我们大多数人对追求目标有很多不同的感受。我们生活在一个以目标为导向的社会。如果我们过去通过努力实现了自己的目标，我们可能会对此充满热情。但是，即使我们在过去取得了成功，我们也可能对采用一种新的方法来实现目标感到有些不安。如果我们以前没有成功地实现目标呢？如果我们之前试图实现目标，但失败了，那么我们很可能会将自己对过去失败的感受转移到未来的努力中。

所以，回想一下自己关于目标的一些经历。注意你对目标的总体感受。

让自己去感觉你现在对目标的感受。尽可能地欢迎它，允许它存在。

你能够注意到它来自哪一个基本欲望吗？

你能够放下这个欲望吗？

现在，回忆过去某次失败的尝试，你设定了一个目标，也做了一些努力，但是没有成功。你现在有什么感受？

不管你现在的感受如何，都拥抱它、接纳它。

你能够允许这个感受存在吗？

看看这个感受来自哪一个基本欲望。

不管是哪一个基本欲望，你能够放下它吗？

重复以上步骤，你可以继续将注意力放在上面那段记忆，也可以转向另一段没有成功实现目标的记忆。欢迎你的感受浮现上来，识别出它来自哪一个基本欲望，然后放下那个基本欲望。

接下来，回想一下，是否有人曾向你施压，要求你去实现一个目标。也许你在销售部门工作，或是在一家领导会为员工规定目标的公司工作。很多时候，你要被迫去追求那些你觉得可能无法实现的目标。也许你的父母或爱人曾经将某个目标强加给你。如果你想到了这样一个情境，注意你现在的感受是什么。

允许自己去感觉你现在对这件事的感受。

然后，看看它来自哪一个基本欲望。

你能够放下这个欲望吗？

再次回忆那个时刻——你被迫去追求一个目标，看看你现在对这件事的感受。

这段记忆与哪一个基本欲望有关？

你能够放下这个欲望吗？

现在，想一个当前的你觉得自己应该完成、必须完成或不得不完成的目标。也许你真的不想去做这件事，但你又觉得自己必须去做。这让你的内心有了怎样的感受？

你能够允许这个感受存在吗？

这个感受激起了你的抗拒或是其他的欲望吗？

你能够放下它吗？

把注意力转到实现目标的压力上来，不管是你自己还是别人施加的压力。欢迎这种压力进入你的意识。

你能够允许这种压力存在，并完全地拥抱它吗？

看看你内心的压力激起了哪一个基本欲望。

你能够放下它吗？

追求目标应该是一种选择。每一刻都是崭新的。你越能在每一刻重新开始，没有任何先入为主的观念，也不背负着过去的包袱，就越有可能成功地实现你为自己设定的目标。当你觉得自己已经放下了足够多的限制性信念和感受时，你就已经准备好学习目标释放流程了。

设定你的目标

正确的目标陈述方式

写下你的目标是实现目标的一大关键。事实上，对成功人士群体的研究表明，那些写下自己目标的人比只是想一想的人更有可能实现自己的目标。此外，措辞正确与否往往会决定它最终是否能够实现。在写下你的目标之前，有几个要点要记住。

1. 用现在时表达目标，就像它已经实现了一样

我们大多数人都掉入了一个陷阱，认为我们将在未来创造我们想要的东西。但未来似乎从未到来。有多少次你对自己说"我明天就做"，但实际上并没有做？每当你心里想着"我晚些时候会做这件事""我下周会做这件事"，你就是在用将来时表达你的目标。把你的目标描述为未来的事件，往往会让它变得遥不可及。

我的一个英国学生曾在一家酒馆里看到一个牌子，上面写着"明天免费供应啤酒"，但是，从来没有人能够喝到免费的啤酒。

2. 正面积极地描述你的目标

写下你想要的，而不是你不想要的。关注结果，你的目标陈述应该反映出你想要达到的最终结果。避免在你的陈述中包含任何你不想要的东西，因为记住你不想要的东西会导致你最后把它创造出来。比方说，如果你想戒烟，就不能把目标陈述写成"我允许自己停止吸烟"。

你还记得我们之前的讨论吗？因为头脑是以图像的形式思考，所以它不能解读"不""不要""停止"这样的否定词。现在，试着不要去想一头白色的大象，你的脑海中出现了什么？一头白色的大象！

写进目标陈述里的话应该是头脑能够形象化的，比方说"我允许自己成为一个不吸烟的人"，你可以想象自己是一个不吸烟的人，因为你看到过其他不吸烟的人是怎样的。你还可以想象自己自由地呼吸、轻松地爬楼梯时的感觉。这样来描述你的目标，结果会有很大的不同。

3. 你的目标应该是现实的、适合你的

它应该看上去是可能的，换句话说，它应该让你觉得"我能够实现它"。假设你每周挣 1000 美元（1 美元 ≈ 7.2 元人民币），但你想要每周挣 10 000 美元。把你的收入从 1000 提高到 10 000，这个跨度可能有点大，所以，你可以这样来描述你的目标："我允许自己轻松地每周挣 2500 美元。"虽然进展也不小，但看起来更现实一些。

你设定的目标可行性越高——头脑至少接受它作为一种可能性——你就越容易释放阻碍你实现目标的内在障碍。

4. 把你自己包含进去

换句话说，如果你想打扫房间，你可以将目标写成"我允许自己打扫我的房间"，而不是"房间是干净的"。当你说"房间是干净的"，你可能自己都不相信。如果你这样措辞，在某种程度上你就是在等待奇迹的发生，等待房间自己变得干净起来。但是，如果你过去对打扫房间有很大的抗拒，你可以对"我允许自己轻松地打扫房间"这个目标进行释放。然后，你会发现自己能很轻松地打扫房间，事情会变得简单很多。

5. 清晰和简洁

每个陈述专注于一个目标。不要设立多个目标，以免分散你的能量。此外，尽可能少用一些词，同时确保它是一个完整的陈述。选择那些可以激发你热情的词，热情是很重要的。

几年前，一位学员在研讨会上设定了这样一个目标："我允许自己拥有高额的收入，这样我就可以拥有一辆新的跑车、一所乡间别墅，并开始一段亲密关系。"正如你所看到的，在这个目标中有几个小目标，它们把他拉向了不同的方向。指导老师帮他简化了目标，把它分解成具体的个人目标。然后，他们设立了一个适合他的情况的目标："我允许自己拥有生活中所有美好的事物，并享受其中。"这一句话就把他想要的都包括进去了。

6. 明确，但不要设限

不要用细节将结果限制住。设定一个开放性的目标，允许自己获得超出预期的惊喜。

7. 不要用"想要"这个词

正如我们在第六章中详细讨论过的，"想要"会阻碍你"拥有"。你是想要很多钱，还是愿意拥有很多钱？你是想要一段完美的关系，还是愿意拥有一段完美的关系？你是想要身体健康，还是愿意拥有良好的健康状况？"想要"总是等同于一种缺乏或匮乏的感受，所以不要把这种感受带到你的目标陈述中。

8. 陈述目标时使用的措辞要有助于你的释放

确保你的目标陈述不是建立在基本欲望之上。你可能会陷入困境的一个领域是关系的领域。举个例子，如果你设定了一个目标："我允许小明（或小红）爱我。"你可能会陷入想要得到认可的状态。首先，你会整天东奔西跑，做各种各样的事情，试图让那个人爱你。其次，如果那个人根本就不适合你呢？但是，如果你这样措辞："我允许自己拥有一段充满爱意的关系。"你的目标就会更加开放和包容，这会让释放变得更容易，然后你就真的可能会和你喜欢的人开始一段关系。

还有一种可能会让你陷入困境的目标是："我允许____（某人）拥有/成为/做____（希望对方如你所想，如你所愿）。"如果你以这种方式设定一个目标，表明你想要控制他人的体验。不过，如果你真的觉得身边有人需要帮助的话，可以这样来设定目标："我允许____（某人）拥有他想要的任何东西。"对于那些正在遭受痛苦的人，这个方法可以支持他们，它承认了他们内在的力量和他们存在的本质。

9. 陈述最终的结果，而不是实现它的方法

让我们回到前面那个每周挣 2500 美元的例子。当你陈述你的目标时，不要解释你将如何得到这些钱。我看到过一些人这样措辞："我允许自己每天工作 18 个小时，每周工作 6 天，每周挣 2500 美元。"还有他们认为

为了实现目标需要采取的其他行动。事实上，这些都是限制。我们认为需要采取的行动往往与目标本身毫无关系，它们只是我们在前进的道路上人为设置的障碍。

在本章后面的内容中，我们将学习如何对每一个行动步骤进行释放。允许意想不到的惊喜发生，如果有人给了你一大笔钱呢？如果你中了彩票呢？实现一个目标的方式可能会有很多种。

10. 把你的目标和无畏、接纳或平静的心态联系起来

"我允许自己……""我能够……"或"我对……保持开放"是以无畏的心态开始一个目标的很好的方式，"我拥有……"是以接纳的心态开始一个目标的很好的方式，"我是……"是以平静的心态开始一个目标的很好的方式：这些方式有助于你发挥自己的创造力，实现自己的目标。

对了，如果你对某个目标的建立还没有勇气，那么陈述目标将会是一个很大的进步。之后，你可以改变目标陈述的措辞，将能量提升到接纳或平静的状态。

目标陈述示例

这些示例可以用来作为创建你的个人目标陈述的基础，你只需要做一些调整，让它符合你的实际情况。

1. 工作 / 事业 / 财务方面

- 我允许自己高效地管理我的_____（业务、部门……）。
- 我允许自己轻松地度过每一个工作日。
- 我允许自己轻松地拥有并享受最适合我的工作。
- 我允许自己轻松地找到能充分发挥我的创造力（或能力）的工作，并获得丰厚的经济回报。

2. 人际关系 / 沟通交流方面

- 我允许自己与_____的关系变得_____（轻松、舒适、友好、和谐、诚实、开放、充满爱、有建设性、互惠互利……）。

- 我允许自己轻松、有效地与我的_____（配偶、同事、上司、下属、孩子、朋友……）交流。

- 我允许自己与_____之间的情况在公平互利的基础上得到解决。

- 不管发生什么事，我都允许自己去爱和接纳_____（自己或其他人）。

- 我允许自己充满爱意地支持_____获得成长和自由。

- 我允许_____拥有他想要的东西。

3. 日常饮食方面

- 我允许自己轻松地达到理想的体重并保持下去。

- 我允许自己享受那些让我身体健康、身材苗条的食物。

4. 健康方面

- 我允许自己轻松自然地释放。

- 我允许自己拥有很好的睡眠，在早晨_____点醒来时神清气爽、充满活力。

- 我允许自己轻松愉快地建立并保持一个健康的生活习惯。

练习：写下你的目标

你已经了解了目标陈述的微妙之处，现在请翻开你的释放笔记本，在第一章中我曾建议你写下你想要实现的目标，从中选取 1~2 个做这个练习。虽然你可以选择多个目标重新措辞，但是我建议你先选择 1~2 个进行练习。我这么建议是有原因的。首先，如果你能够避免分散你的能量给太多的目标，你就更有可能实现目标。其次，因为圣多纳法帮助你在很深的层次上释放，所以你的许多目标不需要特意去释放就会实现。

在你的释放笔记本的空白页上，根据前面的指导原则重新陈述你选择的目标。当你运用下面讲述的目标释放流程和行动步骤释放流程时，你将受益于拥有最佳措辞的目标陈述。

我是在我的生意处于低谷的时候开始学习圣多纳法的。在过去的 2 年里，我们经历了 4 次很大的挫折，公司的销售额前所未有地惨淡，比正常情况低了 80％！我需要做很多艰难的选择，并且需要去制订和实施一个恢复计划。在圣多纳法的帮助下，我找到了决策、行动和休息的最佳方法。此外，我进行每一项行动都变得更轻松、更清晰、更专注。我的生意也有了好转。虽然还没有完全走出困境，但是我已经看到了希望的曙光。

——M.P.　纽约

目标释放流程

目标释放流程非常简单。专注于你写下的目标，运用这个方法像磁铁一样从你的潜意识中提取关于这个目标的任何消极的东西，然后放下它们。如果你对这个方法感到怀疑，请记住，如果你总是做你一直在做的事情，你就会得到你一直在得到的东西。

目标释放流程为你提供了一个以一种新的方式去实现自己目标的机会。

第一步，在一张空白纸上写下你的目标，要用重新陈述的那个版本。

第二步，默念或大声读出你的目标，在目标下面写下与之相关的第一个想法或感受。

第三步，看看在这个想法或感受之下是什么基本欲望。问自己：它是来自想要被认可，想要控制，还是想要安全的欲望？然后，在纸上写下来。如果不止一个欲望被激起的话，就把它们都写下来。

第四步，放下被激起的基本欲望。问自己：我能够放下它吗？当你放下了一个欲望，就在它旁边打钩或将它划掉。

第五步，重复第二步到第四步，直到你对目标的感受变成无畏、接纳或平静。当你感觉到了这些情绪状态中的一个，就意味着你已经移除了一些对这个目标的限制。然后，在第六步你有三个选择。

目标释放流程

目标： 我允许自己轻松地达到理想的体重并保持下去。

我现在对这个目标有什么感受？

贪求——我喜欢吃东西——想要被认可，√ 想要控制 √

愤怒——我讨厌节食——想要控制 √

沮丧——我没有时间锻炼——想要被认可，√ 想要控制 √

无畏——我能做到——想要被认可 √

第六步，第一个选择，继续重复上述过程，以消除对这个目标的更多限制。

第二个选择，暂时把这个练习放在一边，然后，当你想到你的目标时，尽可能地去释放。

一个小小的提醒：在你停止这个练习之前，最好已经达到无畏、接纳或平静这三个情绪状态之一，否则，你可能会纠结于一个不太理想的结果。此外，在任何低于无畏的情绪状态下，你可能不会急于回来对目标进行释放。

第三个选择，运用下面的行动步骤释放流程继续释放。

行动步骤释放流程

行动步骤释放流程是对目标释放流程的补充，目的是帮助你放下更多的内在限制——阻止你采取行动、有效追求目标的障碍。此外，这个方法将帮助你辨别哪些行动对于实现一个目标是真正必要的，哪些是不必要的。这样可以节省你很多时间和精力。

我们中的很多人都避免追求某个特定的目标，因为我们认为自己需要为此做一些我们不喜欢的事。当你对你的行动步骤进行释放时，你可能会发现，你可以放下对采取这些行动的抗拒，或者这些行动实际上不是必要的。

好了，现在请拿出一张空白的纸或你的释放笔记本。

第一步，在页面的顶部完整地写下你的目标。

第二步，默念你的目标，然后问自己：为了实现这个目标，我需要采取什么行动？然后，另起一行，写下你想到的所有答案。

你还可以选择一次只写一个行动，然后进行第三步到第五步。

第三步，在那个行动的右边写下你对它的任何想法或感受。

第四步，看看在这个想法或感受之下是什么基本欲望。问自己：它是来自想要被认可，想要控制，还是想要安全的欲望？然后，在纸上写下来。如果不止一个欲望被激起的话，就把它们都写下来。

第五步，放下被激起的基本欲望。问自己：我能够放下它吗？当你放下了一个欲望，就在它旁边打钩或是将它划掉。继续对其他的行动步骤进行释放，直到你感到无畏、接纳或平静。

行动步骤释放流程

目标：我允许自己轻松地达到理想的体重并保持下去。

为了实现这个目标，我需要采取什么行动？	对于做这件事情，我现在有什么感受？
去健身房	尴尬（我不喜欢在公共场合锻炼）——想要分离，想要被认可，想要安全，想要控制 √
开始节食	抗拒（我不想节食）——想要控制，√ 想要被认可 √
不再吃零食	伤心（我喜欢吃零食）——想要控制，想要安全 √

第六步，重复第二步到第五步，直到你完成了对所有的行动步骤的释放。如果时间不够，你可以先完成一部分，之后再回来完成剩余的部分，但是，至少要让自己对每个行动步骤的感受达到无畏的状态。

第七步，在适当的时候，行动起来。此外，在采取行动之前、期间和之后，都要对它进行释放。

如果你养成了在行动之前释放的习惯，你就会更快、更轻松地完成它们，你也会以一种全新的热情和更大的自我激励来对待你的目标和行动步骤。此外，你还会经常想到一些更具创造性的行动步骤。

对你的目标和行动步骤进行释放

为了达到最好的效果，请尽可能经常做这个练习。你练习得越多，移除的障碍也就越多。没有必要把什么都写下来，简单地在自己的内在对目标和行动步骤进行释放。你可以在释放之后记录一下自己的感悟。

首先，选一个你之前写下来的目标，然后，默念这个目标，注意脑海中出现的想法。简单地让自己感觉一下你对这个目标的总体感受，看看这个感受来自哪一个基本欲望，想要被认可？想要控制？还是想要安全？

你能够放下这个欲望吗？

再次默念你的目标，注意脑海中出现的想法。让自己感觉一下你现在对这个目标的总体感受。

这激起了你内在的哪一个基本欲望？

你能够放下这个欲望吗？

重复以上步骤 3~4 次。每次你默念自己的目标时，一定要注意你对它的感受发生了怎样的变化。你对那个目标的感受可能已经很积极了，或者越来越接近积极的感受。不管你的感受如何，都允许自己去感觉它，并继续释放感受背后的基本欲望。

当你对这个目标感到无畏、接纳或平静时，你就可以选择如何继续前进。你可以把这个目标放在一边，以后再来处理它，或者你可以继续对行动步骤进行释放，如下：

再次默念你的目标，然后想想你可以采取什么行动来实现自己的目标。

你现在对这个行动步骤有什么感受？

你能够允许这个感受存在吗？

这个感受是来自想要被认可，想要控制，还是想要安全的欲望？

你能够放下这个欲望吗？

现在，专注于上面那个行动步骤或另一个行动步骤，看看你对采取这个行动的感受。

你能够欢迎这个感受进入你的意识吗？

这个感受来自哪一个基本欲望？

你能够放下这个欲望吗？

重复这最后一系列的释放问题，对其他的行动步骤进行释放。

现在，注意在对目标和行动步骤进行释放之后，你对这个目标的感受变得有多积极。

探索：体验它，放下它，实现它

你可能已经在运用可视化（visualization）方法来实现你的目标。如果是的话，我相信你会喜欢下面这个方法的成效，因为可视化与释放相结合的效果要比单独运用可视化强大得多。很多圣多纳法学员都反馈说，他们从二者的结合中获得了很大的收益。我强烈建议你每天花几分钟时间探索一下这个方法。

让自己感到舒适。坐下来，放松，关注自己的内在。你可以睁着眼睛或是闭着眼睛做这个练习，大多数人似乎都觉得闭着眼睛想象更容易一些。所以，如果你是一个人练习的话，简单地阅读每条指令，然后闭上眼睛练习。当你按照要求完成了需要做的，就睁开眼睛阅读下一个问题或指令，然后，再次闭上眼睛练习。记住，慢慢来，按照自己的节奏前进就好。

练习几次之后，你就可以根据记忆来完成这个练习，不需要再阅读指令。当然，你也可以和搭档一起练习，让对方读给你听。

首先，想一个具体的目标，可以是你之前写下来的。

然后，运用你的想象力，在脑海中描绘一下你的目标实现时的情景。如果你是一个视觉型的人，可能会看到一个具体的图像；如果你是一个感觉型的人，可能会感知到一种身体上的感觉；如果你是一个听觉型的人，可能会在脑海中听到一段关于它的叙述。运用任何你觉得舒服的感知方式。有些人纠结于视觉化，因为他们认为这必须是视觉的。放下这个想法吧。

尽可能生动地描绘一下目标实现时的情景，完全地投入其中。它看起来怎样？它是什么感觉？你听到了什么？

现在，检查一下你的内心是否有声音在说："不，我不可能拥有这个。""这不是真的。""这只是一个幻想。"识别出任何阻碍你实现目标的感受。

你能够欢迎这个感受吗？

它是来自想要被认可，想要控制，还是想要安全的欲望？

不管是哪一个基本欲望，你能够放下它吗？

现在，运用你觉得最舒服的感知方式，再次想象目标实现时的情景。当你实现它的时候会是什么样子？

然后，检查一下你的内心是否还有其他声音在说："不，我不可能拥有它。""我不应该拥有它。""我不会拥有它。"有的话，就让这种信念、想法或感受进入你的意识。

它是来自想要被认可，想要控制，还是想要安全的欲望？

你能够放下它吗？

重复以上过程 5~6 次，释放所有与你的目标相反的想法和感受。注意到每次想象和释放之后，你感觉目标更容易实现了，你会有更多"我能做到"或"我可以拥有它"这样的感觉。

现在，让自己再想象一下目标实现时的情景。体验它，就像它正在发生一样。让它尽可能地生动和丰富起来。

检查一下，你是否对想象你现在已经实现了目标有所抗拒。你是否在抗拒体验那样的结果？

如果是的话，你是否能够放下内心的挣扎，欢迎你意识中的抗拒？顺其自然。

你能够放下对目标成为现实的抗拒吗？

接下来，再次回到可视化的过程中，让自己去看、去听、去感受目标实现时的情景。

你能够完全地欢迎这个画面进入你的意识，拥抱它，拥有它，允许它存在吗？

现在，让自己安住在当下。让自己知道，拥有自己想要的东西是可以的，让目标实现时的情景进入自己的意识也是可以的。你值得拥有这一切。

当你准备好了，慢慢地将你的注意力转向外在。

继续前进

在接下来的两章中，你会学到两个额外的方法来帮助你达到"不在意"的状态，即喜欢／讨厌释放流程与好处／坏处释放流程。这两个方法可以让你对各种贪恋和厌恶之物保持平静，这使得它们可以作为目标释放流程的补充。不过，在往下进行之前，请对你的目标多做一些释放。我相信，这一章的内容将会对你的生活产生深远的影响。

第九章

放下贪恋与厌恶

　　如果你已经读过了前面的章节，并认真运用了其中讲述的方法，我相信你已经在通往情绪自由的道路上取得了实质性的进展。每期圣多纳法基础课程进行到这个阶段时，学员们都会面带微笑来上课，他们感觉比以往任何时候都更轻松、更平静，头脑更清晰。他们不敢相信就这么轻松、快速地从困扰自己多年的情绪和信念中走了出来。圣多纳法中的设定目标和实现目标的方法让他们兴奋不已，这让他们把选择自己命运的自由和权利掌握在了自己手中。此外，一旦他们通过释放获得了积极的体验，他们就会对圣多纳法产生更大的信心。他们开始更频繁地使用圣多纳法，并寻找更多的领域将它运用其中。

　　当你开始关注圣多纳法在实际生活中的应用，你即将学习的喜欢／讨厌释放流程对你来说就会变得非常有价值。这是一个很好的方法，可以让你在很短的时间内深入探索一个问题，对于放下你对人、事、物的贪恋和厌恶特别有帮助。此外，你还可以运用它对你选择的主题做一些额外的释放。

　　正如我们在第八章中讨论过的，我们都倾向于抓住我们喜欢的事物不放，对它们产生贪恋；我们也倾向于推开我们讨厌的事物，对它们产生厌恶。每次我们释放对某个事物的喜欢和讨厌，就是在将自己从对它的贪恋和厌恶中解放出来。如果我们经常运用这个方法，我们的生活就会变得更加自由，这最终会增加我们的幸福感和内心的平静。

> 我以前很害怕去人多的地方，害怕出席社交场合，圣多纳法帮助我消除了这种恐惧。这对我来说是很重要的收获！
>
> ——G.H.马林诺夫斯基 华盛顿州诺曼底公园

这个方法的目的是什么

这本书中很多地方会用到纸和笔。很多人发现书写式释放练习就像和搭档一起做练习那样有效，但它只是你的选择之一，圣多纳法中的其他方法也一样很有效。当你练习喜欢/讨厌释放流程时，把你的释放体验写下来会有助于将它们具体化。当你开始一天的生活时，做一次这个练习可以让你的生活更加顺利。

喜欢/讨厌释放流程可以给生活的很多领域带来积极的影响，其中一个重要的领域就是关系领域。因为即使在最亲密的关系中，我们大多数人对一些人也是既有喜欢的地方又有讨厌的地方。事实上，我们大多数人在内心都有一些清单，上面列着我们对自己的生活伴侣、家人、朋友和商业伙伴喜欢和讨厌的地方。然后，我们会将他们所做的一切与这些清单进行比较，这往往会强化我们对他们的期待，以及我们与他们相处的习惯性模式。不幸的是，这些日渐强化的模式是不健康的。更确切地说，它们是由四个基本欲望驱动的。你很快就会发现，当你放下了对某个人的喜欢和讨厌，你就可以真正地对那个人敞开心扉。

在我们喜欢的关系中，我们会关注自己喜欢的事物，忽略自己讨厌的事物，但是，那些讨厌会不断累积在我们的潜意识中，直到最终爆发。而在我们不喜欢的关系中，情况则正好相反，我们忘记了这些关系中我们喜欢的地方，开始忽略美好的事物，把注意力放在我们讨厌的事物上。因为喜欢／讨厌释放流程可以恢复喜欢与讨厌之间的平衡，所以它对我们来说是非常有帮助的，可以帮助我们与他人建立更深刻的联结。

当然，这个方法并不是只能运用在个人关系当中。它对于处理职场关系也是非常有效的。我们在工作中都会遇到即使不喜欢也得打交道的人，这个人可能是一个重要的供应商、一个重要的客户，也可能是一个我们需要保持联系的人。我们觉得自己好像没有太多的选择。我们希望这种关系能够改善或是结束。你可以试着把这个方法运用到这种关系上。如果你释放了自己的喜欢和讨厌，你会发现你对他的感觉比以前好了很多。

此外，你可以运用喜欢／讨厌释放流程放下那些让你陷入困境的个人倾向和信念。例如，你可能认为自己说得太多或想得太多，或者你表现得太害羞、太骄傲、太过主观。这个方法的价值在于它可以帮助你发现个人倾向背后的深层原因。比如体重超重，你可能很难想象它有什么地方值得你喜欢，特别是如果它对你来说是个问题，但是，当你去探索这个主题时，你会发现有一些深层的原因让你觉得超重是件好事。发现那些喜欢并放下它们可能是改变这种模式的关键。

与我们对他人的喜欢和讨厌清单类似，我们大多数人都有关于自己的清单。因此，我强烈建议你也对自己做一下喜欢／讨厌释放流程，这可能会是一次很有启发性的体验，它会让你变得更加自由。

喜欢／讨厌释放流程

一般来说，人们在做喜欢／讨厌释放流程时会把它写下来，不过，我建议你现在先不要写任何东西。读一下接下来的这个方法，或是请你的搭档读给你听，然后尽你最大的努力去释放。在做了一些初步的释放之后，我会指导你准备相关的工作记录表。

想一个主题（你可以运用这个方法处理很多不同的主题），如果你一时想不起来的话，可以查阅一下你的释放笔记本，找到你在第一章或第八章中设定的目标，从中选择一个作为练习的主题。

你喜欢这个人、地方或事物的哪一点呢？

感觉你内心产生的感受，完全地欢迎它。

这个感受是来自想要被认可，想要控制，还是想要安全的欲望？

你能够放下这个欲望吗？

现在，再次回到那个主题。

你讨厌这个人、地方或事物的哪一点呢？

再一次让自己感觉自己当下的感受。

你能够允许这个感受存在吗？

这个感受是来自想要被认可，想要控制，还是想要安全的欲望？

你能够放下它吗？

重复以上步骤，在喜欢和讨厌之间来回切换，然后释放你当下的感受和深层的欲望。你可能会发现，你对同一个方面既有喜欢又有讨厌，或者清单上的某个主题出现了不止一次，没关系，每次对它进行释放就好。还要记住，放下所谓的"好"的感受是很重要的。这个练习可以帮助你在任何情况下保持清晰和平静。

当你完成了大约 9 轮的释放后，停下来观察一下自己感受的变化。每一对喜欢和讨厌都会对某个特定的主题形成一层限制。通常，在一个特定的主题上有很多层限制。当你开始运用喜欢 / 讨厌释放流程时，你可能会惊讶于它的高效。

苏珊的故事：打销售电话越来越轻松

苏珊是一位圣多纳法指导老师。在喜欢 / 讨厌释放流程的帮助下，她克服了对给别人打电话推销课程的抗拒。作为一名自由职业者，很长一段时间以来，她都觉得自己的日子过得很安稳。她说："我做过很多事情，有着丰富多彩的经历。我在国外生活过，会说好几种语言。但是，我从来没有在生活中展现出真正的自己。我想很多人跟我一样，内心并不像外在所表现的那样，所以，也许我的故事会对此有所帮助。"她设立了一个销售企业培训课程的目标，并对它进行释放，直到她的信念改变了，于是打电话这件事给她带来了很多快乐。

"打这种电话是很有挑战性的。当我设定了目标后，有时会听到消极的自我对话：'哦，天哪，我肯定卖不出去，他们肯定不想要这个。市场这么不景气，公司现在应该没有什么钱进行培训。他们不会付给我那么多钱的。他们太忙了，我永远也联系不上我要找的那个人。'于是我开始对这件事做喜欢／讨厌释放流程：我喜欢在电话里和别人交谈；我讨厌收到语音留言；我喜欢结交新朋友；我讨厌花很多时间打电话；我喜欢向别人推荐圣多纳法，因为它启发了我。这样做的结果是，我成功地打完了那些电话。当我放下了那些喜欢和讨厌，打电话的过程就变得很轻松，而我也收获了很好的结果。"

书写式释放练习：对喜欢和讨厌进行释放

在这个练习中，喜欢／讨厌释放流程与我们上面所做的练习完全一样，只是这一次你要把自己的回答写下来，以此来监督自己。所以，请拿出你的释放笔记本，在开始练习之前，在纸的中间画一条竖线，将页面分为左右两栏，并在顶部留出一些空间写练习的主题。然后我们开始练习。这个练习一共有8个步骤。

第一步，在页面的顶部写下练习的主题。它可以是一个人、地方或事物的名字，或是简单描述一下你想要体验更大自由的领域的情况。例如，你可以写下你正在考虑搬去的城市，比如纽约。在左边一栏的上方创建一个标签——喜欢，在右边一栏的上方创建一个标签——讨厌。准备好之后，我们进入第二步。

第二步，问自己：我喜欢＿＿＿（你的主题）的什么呢？然后，在左边一栏写下你心中出现的第一个想法或感受。我们继续沿用纽约的例子，你可能会写下"令人兴奋的事物"或"百老汇剧院"。

喜欢 / 讨厌释放流程

主题： 对于搬去纽约，我喜欢什么、讨厌什么。

喜欢	讨厌
令人兴奋的事物 ——	过于拥挤 ——
想要被认可	想要安全，想要控制
百老汇剧院 ——	嘈杂 ——
想要被认可，想要控制	想要控制，√ 想要分离，
新的工作 ——	远离家人 ——
想要安全，想要控制	想要安全，想要合一
很多便利 ——想要控制 √	房租很高 —— 想要控制

第三步，问自己：这个想法或感受是来自想要被认可，想要控制，还是想要安全的欲望？以此来识别你的喜欢来自哪些基本欲望。识别出来之后，就标注在旁边。

第四步，通过下面任何一个问题来放下相关的基本欲望。

我能够完全地欢迎这个欲望吗？

我能够放下这个想要____的欲望吗？

当你放下那个欲望之后，就把它划掉，然后将注意力移到右边一栏，对讨厌进行释放。一次只处理一个喜欢。

第五步，问自己：我讨厌____（你的主题）的什么呢？然后，在右边一栏写下你心中出现的第一个想法或感受。我们继续沿用纽约的例子，你可能会写下"过于拥挤"或"嘈杂"。

第六步，问自己：这个想法或感受是来自想要被认可，想要控制，还是想要安全的欲望？以此来识别你的讨厌来自哪些基本欲望。

第七步，通过下面任何一个问题来放下相关的基本欲望。

我能够完全地欢迎这个欲望吗?

我能够放下这个想要____的欲望吗?

当你放下那个欲望之后,就把它划掉,然后对下一个喜欢进行释放。一次只处理一个讨厌。

第八步,重复第二步到第七步几次,在喜欢与讨厌之间来回切换,直到你对你的主题的态度有了一个积极的转变。你可以自己决定练习时间的长短。当然,你在这个练习上投入的时间越多,收获也就会越多。

打开内在的门

当你练习喜欢/讨厌释放流程时,你会发现它打开了许多内在的门,你甚至可能都没有意识到你曾经将它们关上了。打开这些门,你将会放下你内在的许多限制。这会让你真正地享受你的人际关系和生活。我强烈建议你在进入下一章之前尝试一下这个方法。

第十章

决策的智慧

在第八章的最后，我承诺教你两个额外的方法，帮助你进入"不在意"的状态。第九章讲了第一个，这一章讲第二个——好处 / 坏处释放流程。它可以帮助你发现你被卡住的地方，并从中解脱出来。只要有适量的集中释放，你就可以轻松地改变那些反复出现的思维模式、行为和情境。我从 30 多年前开始学习这个方法，一直到现在，我仍然会经常运用好处 / 坏处工作表，在今天早上坐下来写作之前我还运用了一下。事实上，这可能是我最喜欢的工作表。

运用好处 / 坏处释放流程可以进一步地处理许多不同的事情。

（1）目标。除了运用目标释放流程之外，你还可以问自己：实现这个目标对我有什么好处？实现这个目标对我有什么坏处？

（2）决策。如果机会出现时（比如你得到了一份新工作）你不太确定是否要接受它，那么做好处 / 坏处释放流程会让你的头脑变得更清晰。这个方法可以解决对职业变动、购物、旅行、开始新项目的困惑。

（3）问题。你可以运用这个方法对花钱过多或存不住钱这样的一些问题进行释放，也可以运用它来处理很难与一些人相处、做事半途而废、行动拖延等类似的问题。

（4）习惯和倾向。不知道自己为什么无法戒烟或是一天到晚想要购物？好处／坏处释放流程可以揭示它们背后的贪恋和厌恶。

（5）积极的感受。当我对拥有丰盛富足、更为喜悦、更有活力这样一些积极的感受做好处／坏处释放流程时，我变得更加自由。尽管大多数人都想体验这些品质，但它们不一定是你现在追求的目标。当你释放积极的感受时，这个方法会让你的释放变得更加深入。

我想你可能看出来了，我很喜欢这个方法。接下来，让我们一起来做一些释放吧！

想一个你生活中可以运用这个方法的领域：你需要做的决定，你想要解决的问题，你想要实现的目标，或者任何你想要深入释放的主题。如果你需要灵感，可以看一下你在释放笔记本上写下的那些目标。

好处／坏处释放流程

这个方法类似于我们在第九章中讲述的喜欢／讨厌释放流程，但是它们运用想象力的方式略微有些不一样。在使用这两种方法之后，你就会知道哪些问题更适合运用哪一种方法解决。

先让自己放松下来，将注意力转向自己的内在。想一下你将要释放的主题：一个目标，一个问题，或者其他什么。

_____（你的主题）对你有什么好处？记住，不管你心中出现了怎样的想法和感受，都接受它。

这个好处是来自想要被认可，想要控制，还是想要安全的欲望？

不管是哪一个基本欲望，你能够放下它吗？

_____（你的主题）对你有什么坏处？

这个坏处是来自想要被认可，想要控制，还是想要安全的欲望？

不管是哪一个基本欲望，你能够放下它吗？

重复以上步骤，在好处与坏处之间来回切换，然后，释放你当下的感受及其隐含的深层欲望。如果你很难想出新的好处和坏处，就对此进行释放，然后继续前进。让自己保持精进。你探索得越深入，收获也就越多。

当你完成了大约 9 轮释放后，停下来观察一下自己感受的变化。每一个好处和坏处一起形成了一层对某个特定主题的限制，所以这个过程就像钻探石油一样，你往地下钻得越深，获得的领悟和自由就会越多。

尽管你可能还没有到达一个特定的"啊哈"时刻 [①]，但是在这个过程中你很可能已经有了一些小的领悟。如果你持续地释放好处和坏处，你的生活一定会发生深刻的变化。我还没有看到它对我自己或我帮助过的那些人产生过消极的影响。

劳拉的故事：发现一个遗忘已久的决定

下面这个故事展示了好处 / 坏处释放流程这个方法是多么重要。

很多年前，我遇到一位名叫劳拉的女子，她一直以来都被体重超重这个问题困扰着。在课堂上，指导老师通过好处 / 坏处释放流程的问句引导劳拉，但她每次被问到"超重对你有什么好处？"时都答不上来，她一直回答"没有"。不过，她在考虑坏处时完全没有问题。尽管如此，指导老师还是很坚持。她让劳拉对自己想不出超重的好处这件事做释放，将当下对它的感受放下。

最后，在第 9 次被问到时，劳拉开始变得沮丧，她脱口而出："你为什么问我超重有什么好处？像我这么胖怎么可能有好处呢？"她已经准备好和老师大吵一架。但老师又平静地问了一遍："超重对你有什么好处？"突然，劳拉的脑海中闪过一段过去的记忆，她开始哭了起来。20 年前，她是一个非常漂亮的女人，身材也很完美。后来，在她因病住院期间，她的丈夫背着她做了一项投资。他以为等投资有了丰厚的回报之后再告诉她就可以了，结果投资失败了。

在劳拉快出院时，她的丈夫吞吞吐吐地告诉她："亲爱的，对不起，

[①] 译者注："啊哈"时刻就是顿悟的意思。

我拿我们的钱去投资了，但投资失败了，钱都没了。"在那一瞬间，她非常愤怒，脑海中出现了一个想法："好吧，我知道怎么报复你！"她出院后不久，就从一个身材苗条的女人变成了一个肥胖的女人。然后，她越来越胖，但她也不知道为什么会这样。她完全忘记了自己当初做的那个关于报复的决定。

然后，20年过去了，尽管劳拉和她的丈夫已经离婚很长一段时间了，但她还是很胖。她曾经尝试过节食，但没有任何帮助。当她再次发现自己当初为了惩罚丈夫所做的决定，并释放了自己的感受时，她放下了自己一直超重的主要原因。第二天下课后，劳拉打电话给一位专业营养师，早在一年半以前，一位朋友就把这个营养师介绍给劳拉了。劳拉开始采取行动减肥，并且很快开始见效。一年之后，劳拉恢复了正常体重，而且再也没有反弹过。

> 运用圣多纳法处理问题的好处是它可以一次性地彻底解决问题。它可以快速、有效地清除我们有意识和无意识的障碍。自从学习了圣多纳法，我就生活在更少的恐惧、更多的平静当中。即使在那些非常紧急的情况下，我也能保持平静，以一个平衡的心态来面对挑战。
>
> ——杰夫·古德曼　加利福尼亚州圣何塞

书写式释放练习：对好处和坏处进行释放

在这个练习中，好处/坏处释放流程与我们上面所做的练习完全一样，只是这一次你要把自己的回答写下来，以此来监督自己。所以，请拿出你的释放笔记本，然后我们开始练习。这个练习一共有8个步骤。

第一步，在页面的顶部写下练习的主题。然后，在页面的中间画一条竖线。在左边一栏的上方创建一个标签——好处，在右边一栏的上方创建一个标签——坏处。

第二步，问自己：_____（你的主题）对我有什么好处？然后，在左边一栏写下你心中出现的第一个想法或感受。

第三步，问自己：这个想法或感受是来自想要被认可，想要控制，还是想要安全的欲望？以此来识别这个好处来自哪些基本欲望。识别出来之后，就标注在旁边。

好处 / 坏处释放流程

主题：升职给我带来的好处与坏处。

好处	坏处
薪水更高——	更大的责任——
想要被认可，想要安全 √	想要控制，想要安全 √
更有趣的工作——	失败的可能——
想要被认可——	想要控制，√ 想要安全
有机会去旅行——	闲暇时间少了——
想要控制，想要安全 √	想要控制，√ 想要分离

第四步，通过下面任何一个问题来放下相关的基本欲望。

我能够允许这个欲望存在吗？

我能够放下这个想要_____的欲望吗？

当你放下那个基本欲望之后，就把它划掉，然后将注意力移到右边一栏，对坏处进行释放。一次只处理一个好处。请克制想要一次列很多个好处或坏处的冲动。不过，如果你一下子想到了一个以上的好处或坏处，就把它们都写下来，然后每次释放一个与之相关的基本欲望。

第五步，问自己：_____（你的主题）对我有什么坏处？然后，在右边一栏写下你心中出现的第一个想法或感受。

第六步，问自己：这个想法或感受是来自想要被认可，想要控制，还是想要安全的欲望？以此来识别这个坏处来自哪些基本欲望，然后标注在旁边。

第七步，通过下面任何一个问题来放下相关的基本欲望。

我能够允许这个欲望存在吗？

我能够放下这个想要_____的欲望吗？

当你放下那个基本欲望之后，就把它划掉。一次只处理一个坏处。

第八步，重复第二步到第七步几次，在好处与坏处之间来回切换，直到你觉得自己已经完全释放。

卡罗尔的故事：和平友好地离婚

卡罗尔说，当她告诉她丈夫她想离婚时，她丈夫非常生气，开始对她大喊大叫。第二天，她运用第十一章讲述的清理程序释放了她对他们关系的感受。而好处/坏处释放流程则帮助她顺利、快速地离了婚。在对请律师这件事做了好处/坏处释放流程之后，她去一家事务所咨询了一下，她丈夫也一起去了。律师向他们开价7000美元。请律师的坏处是需要花费很多时间和金钱。因为卡罗尔之前已经释放过了，所以她和丈夫能够平静地协商。他们决定雇一名律师助理。那位律师助理在一天之内就完成了他们的离婚文件，并且只收了几百美元作为酬劳。

尽管卡罗尔自称是一个物质至上的人，但在离婚的过程中，她并没有试图抓住任何东西不放。用她自己的话说："事情很完美地解决了。本来是我主动提出的离婚，但是在做了好处/坏处释放流程之后，我允许我丈夫依法对我提起离婚诉讼。如果我来上诉的话，我就得在那个房子里再待30多天，但我想马上离开。这是一个好处。还有一点，现在听起来像是一个坏处，但对当时的我来说是一个好处，我允许他保留所有的东西——车子、房子和家具。当我离开时，我带走了我想要的。对我来说，自由是一个极大的好处。我甚至不需要一间公寓，因为我现在在在旅行，跟亲戚和朋友住在一起，我的东西存放在我女儿那里。放下那些东西也有一个很大的好处。"

坚持练习就有回报

一开始练习好处 / 坏处释放流程时，你可能会觉得平淡无奇。但如果你愿意坚持练习，你的意识就会发生深刻的转变。有时，我会连续几天对同一个主题做这个练习，直到我知道自己已经完全释放，而我也会从中获得很大的领悟和好处。在进入下一章之前，我强烈建议你至少做一次好处 / 坏处释放流程的练习。我保证，你会很庆幸自己做了这个练习。

以下是一些供你参考的释放主题。

_____的好处 / 坏处是什么?

- 丰盛富足
- 贫穷 / 负债
- 这个决定
- 冷静
- 压力
- 快乐
- 悲伤
- 担心
- 运动
- 吸烟
- 喝酒

- 暴饮暴食
- 自由
- 生病
- 健康
- 结婚
- 单身
- 工作
- 娱乐
- 失业
- 给予
- 接受

第十一章

清理程序

最初，清理程序是莱斯特专门设计给圣多纳法指导老师使用的，因为他明白，对指导老师来说，放下想要被认可、想要控制、想要安全的欲望，以及他们可能对课堂参与者的一些反应，是多么重要。我从1977年就开始运用清理程序，它是我最喜欢的方法之一。你可以用它来处理与任何人（包括你自己）的积极或消极的互动。

那么，为什么积极的互动也要释放呢？你可能想要让自己比现在对你的释放对象感觉更好，这样你就可以更敞开、更真诚、更有爱地与对方相处。我们在生活中需要和很多人反复互动，比如说，我们的丈夫／妻子、恋人、孩子和同事。我相信，你一定不希望在以后的互动中还带着过去的互动所留下的情绪包袱。

清理程序可以加快你从圣多纳法中获益的速度。它是由一系列的问题组成的，你可以在会议、聚会和互动之前、期间或之后运用它。如果你经常运用清理程序，你就会看到它可以帮助你改善人际关系、更有效地沟通、解决冲突、更轻松地将圣多纳法融入你的生活。这个方法也会让你与他人的互动更加轻松、高效。

清理程序在我心中占有很重要的位置，因为它帮助我体验到了自己的感受。一开始使用圣多纳法时，我释放更多的是想法而不是感受。尽管圣多纳法对我的生活产生了很大的影响，但我知道我可以走得更远。当我运用清理程序处理我和母亲的关系时，我终于能够感知到自己的感受。

在我成长的过程中，我从一个敏感内向的小孩变成了一个远离自己感受的少年，我和母亲的关系是原因之一。我母亲从事精神分析工作有十多年的时间，她总是把她的最新发现带回家用在我身上。为了避免这种情况，我强迫自己不去感知自己的感受。

当我运用清理程序对我和母亲的关系进行释放，我感觉就像是心里的一堵墙融化了一样，一股温暖的、充满爱的能量流过我的全身。从那时起，我就能够充分地感知到自己的感受了。现在我和母亲的关系变得很融洽。我们都在生活中运用圣多纳法，它帮助我们从关系疏远的母子变成了好朋友。

当你开始运用清理程序，你会发现它有一种近乎神奇的能力，它能够帮助你放下与他人的互动所带来的任何未解决的感受。也许你刚刚给朋友打了个电话，或者和朋友出去看了场电影；也许你刚刚和丈夫／妻子或孩子交谈，对于你们的讨论，你仍然感到烦恼；也许你刚刚结束了一场纷争不断的商务会议，或是与银行职员、超市收银员发生了冲突。这个极为简单的方法将帮助你放下任何事情，这样你就可以在你的生活中轻松前行，而不必背负那么多的精神和情绪负担。

清理程序可以为你带来内心的平静。你可以运用它对过世的亲人或过去的关系做清理。

我在前言中提到过，我从事过房地产销售的工作。在与客户见面之前和之后，我都会运用清理程序。如果之前见过那个客户，不管上次见面是否顺利，我都会在再次与对方见面之前运用这个方法，以确保这一次的会面更加成功。我的客户经常说，我和他们接触的其他房地产经纪人不一样，我更加放松和友好。

你可以在很多时候练习清理程序，比如坐车的时候、走路的时候、在办公室打电话的间隙、一个人静静坐着的时候、锻炼的时候。你可以在任何有人际交往需要的情况下运用它。

清理程序

　　清理程序由三组问题组成，这三组问题各对应一个基本欲望：首先是想要控制的欲望，然后是想要被认可的欲望，最后是想要安全/生存的欲望。在练习时请遵循以下基本步骤和指导原则。

　　（1）想象你的释放对象的样子。

　　（2）每次问自己一个问题，允许你的深层欲望浮现。通常，每一组的第一个问题就足以让你开始自然地释放那个基本欲望。完全地欢迎它或是放下它。

　　（3）从关于控制的清理问题开始，在你能够允许那个人做他自己之前，不要往下进行。大多数时候，完全放下只是一个决定，如果你对它持开放的态度，你可能很快就能做到这一点，但是也不要操之过急。

　　（4）反复问自己每一组的前两个问题，无论浮现什么，都将它释放，直到你能够对第三个问题诚实地回答"是"。每一组的第三个问题是用来帮助你了解自己是否已经完全释放了那个基本欲望的。

　　（5）按照顺序一组一组地进行。当你对释放对象只有爱或接纳的感受时，你就知道自己已经完全释放了。

　　粗体的问题是标准的清理程序问题，而斜体的问题则是附加问题，是帮助你放下每个基本欲望的一些建议。当然，你也可以不使用任何附加问题。

第一步：控制

1. 这个人曾经试图控制你吗（或者你感觉上是这样）？

暂停一会儿，允许释放自然地发生，或者问自己以下任意一个问题。

如果是的话，你现在能够放下想要反过来控制他的欲望吗？

如果是的话，你能够放下对他的抗拒吗？

如果是的话，你想要改变它吗？

2. 你曾经试图控制这个人吗（或者你感觉上是这样）？

暂停一会儿，允许释放自然地发生，或者问自己以下任意一个问题。

如果是的话，你现在能够放下想要控制他的欲望吗？

如果是的话，你想要改变它吗？

3. 你现在允许这个人做他自己吗？

记住，这只是一个决定。

重复以上三个问题，直到你能够允许这个人以他本来的样子存在。

第二步：被认可

1. 你曾经不喜欢或不认可这个人的什么地方吗（或者你感觉上是这样）？

暂停一会儿，允许释放自然地发生，或者问自己以下任意一个问题。

在这一刻，你能够放下对这个人的不喜欢或不认可吗？

如果是的话，你想要改变它吗？

2. 这个人曾经不喜欢或不认可你的什么地方吗（或者你感觉上是这样）？

暂停一会儿，允许释放自然地发生，或者问自己以下任意一个问题。

你能够放下想要他认可你的欲望吗？

如果是的话，你想要改变它吗？

3. 你现在对这个人只有爱或接纳的感受吗？

记住，这只是一个决定。

重复以上三个问题，直到你对对方只有爱或接纳的感受。

第三步：安全 / 生存

1. **这个人曾经挑战、反对或威胁过你吗（或者你感觉上是这样）？**

暂停一会儿，允许释放自然地发生，或者问自己以下任意一个问题。

你能够放下想要反过来挑战、反对或威胁他的欲望吗？

你能够放下与这个人有关的想要安全的欲望吗？

如果是的话，你想要改变它吗？

2. **你曾经挑战、反对或威胁过这个人吗（或者你感觉上是这样）？**

暂停一会儿，允许释放自然地发生，或者问自己以下任意一个问题。

你能够放下想要挑战、反对或威胁这个人的欲望吗？

你能够放下想要以这种方式来保护自己的欲望吗？

如果是的话，你想要改变它吗？

3. **你现在对这个人只有平静、安全与信任的感受吗？**

记住，这只是一个决定。

重复以上三个问题，直到你对自己的释放对象只有平静、安全与信任的感受。

当你完成了以上三个步骤，再次想象一下你的释放对象的样子，让自己沐浴在对他的爱或接纳之中。如果还有爱与接纳以外的感受存在，就回到一开始，继续问自己上述问题。

为何清理程序能够帮助你

在每一组的第三个问题上，很多人在内心挣扎着想要给出一个肯定的答案，尽管他们知道这会让他们的意识发生深刻的转变。他们可能会看到允许他人做他自己是多么重要，虽然他们在这一点上遇到了困难。他们甚至可以在冲突之后爱和接纳对方，但是，他们可能仍然很难想象对某些人只有平静、安全与信任的感受。

　　如果你的释放对象是一个试图在生意上欺骗你的人呢？为什么要对他感到信任呢？很简单，当你感到不信任的时候，你就会想着这个人会欺骗你。记住，你专注于什么，就会在现实中创造什么。当你感觉受到威胁时，你就把力量交给了他人，而对方也能感知到这一点，并做出相应的行为。如果你感到不安全，对方就会感到更强大，因为他们直觉上知道他们可以控制、操纵和威胁你。

　　如果你允许自己在练习结束时体验到平静、安全与信任的感受，你就可以很好地掌控自己的生活，以后你就不用担心和任何人做生意了。你的辨别能力会提高，因为这个方法可以帮助你看清你与他人之间的互动方式。虽然你可以选择不再和欺骗你的人做生意，但只要你抱着一种不信任的感受，就可能会把一些不值得信任的人吸引到你的身边。

　　一般情况下，你不是在为别人做释放。不过，在一段亲密、健康的关系中，你可以通过释放来推动这段关系的发展，而这也会让对方受益。我和我妻子艾米刚认识的时候，她很喜欢跟随我在课堂上做清理程序。在释放之后，我变得更放松，也给身边的人带来了更多的快乐。但是，如果你处在一段艰难的关系中，你可能就不是在为对方做释放，而是为了自己的自由和幸福。

　　完成清理程序的三个步骤对你来说是很有益处的。当你运用这个方法时，你可以非常容易得到深度释放，并且你将从实践中看到，它对你所有的关系都有帮助。

汤姆的故事：化解生活中的误解

　　多年来，汤姆有一位导师，这位导师也是他的好朋友。后来，他们因为沟通的问题，彼此之间变得有些敌对。他的导师指责汤姆未经许可就使用了他的材料，虽然事实证明汤姆并没有这么做，但似乎也没有办法解决他们之间的紧张关系。汤姆对这种情况有很多强烈的感受，他感到愤怒、被背叛、失望，甚至是内疚，于是，他连续几天对他们的关系进行了清理。

"他曾经试图控制我吗？""是的。""我能够放下想要反过来控制他的欲望吗？""可以。""他曾经不认可我的什么地方吗？""是的。""我能够放下想要他认可我的欲望吗？""可以。""我曾经感觉受到了威胁吗？""是的。"问问题，深度释放……这就是汤姆的释放过程。他终于决定，是时候改变他们的关系了。

虽然这段友谊再也无法回到从前，但它周围的情绪负荷却被中和了。汤姆说："我注意到，与我们附加的情绪相比，争论的内容通常都是次要的。当我们运用清理程序时，我们往往能够改善一段关系。"

> 我找回了我的幽默感。在我需要的时候，它是我忠实的盟友。现在，我可以自由地去创造自己想要的生活。毕竟这就是生活真正的意义所在！
>
> ——阿曼达·卡尼尼 英国伦敦

清理程序的精简版

让自己放松下来，将注意力放在自己的内在。选一个人作为释放的对象。第一次运用清理程序时，选一个不会让你情绪过于激动的人，这样你就不会感到不知所措。但是，这个人一定要能够触发你的抗拒，或是想要被认可、想要控制、想要安全的欲望，这样你就可以在练习结束时体验到一种真正的完成感。

现在，想象你的释放对象的样子。

这个人曾经试图控制你吗？

如果是的话，你能够放下想要反过来控制他的欲望吗？

你曾经试图控制这个人吗？

如果是的话，你能够放下想要控制他的欲望吗？

这个人曾经试图控制你吗？

这是否激起了你内在的抗拒？

如果是的话，你能够放下它吗？

你曾经试图控制这个人吗？

如果是的话，只是在这一刻，你能够放下想要控制他的欲望吗？

重复几次这些问题，尽你所能欢迎想要控制的欲望，从而放下它。

准备好之后，进入这一系列的第三个问题：你能够允许这个人做他自己吗？

你愿意允许这个人做他自己吗？记住，这只是一个决定。

你现在允许这个人做他自己吗？

你曾经不喜欢或不认可这个人的什么地方吗？

如果是的话，你能够放下对他的不喜欢或不认可吗？

这个人曾经不喜欢或不认可你的什么地方吗？

如果是的话，你能够放下想要他认可你的欲望吗？

你曾经不喜欢或不认可这个人的什么地方吗？

如果是的话，你能够放下对他的不喜欢或不认可吗？

这个人曾经不喜欢或不认可你的什么地方吗？

如果是的话，你能够放下想要他认可你、喜欢你或关心你的欲望吗？

准备好之后，问自己第三个问题：你能够对这个人只有爱或接纳的感受吗？

你愿意爱或接纳他吗？记住，这只是一个决定。

你现在对这个人只有爱的感受吗？

如果答案是"是"的话，就继续下一组问题；如果答案是"否"的话，再重复几次这一组问题。

这个人曾经挑战、反对或威胁过你吗？

如果是的话，你能够放下想要反过来挑战、反对或威胁他的欲望吗？

你曾经挑战、反对或威胁过这个人吗？

如果是的话，你能够放下想要挑战、反对或威胁他的欲望吗？

这个人曾经挑战、反对或威胁过你吗？

如果是的话，你能够放下被激起的想要安全的欲望吗？

你曾经挑战、反对或威胁过这个人吗？

如果是的话，你能够放下想要以这种方式来保护自己的欲望吗？

准备好之后，问自己第三个问题：你能够允许自己对这个人只有平静、安全与信任的感受吗？

你愿意对这个人只有平静、安全与信任的感受吗？

你现在对这个人只有平静、安全与信任的感受吗？

如果你不能如实回答"是"，就重复几次这些问题。

然后，观察一下自己的内在，看看你现在对这个人的感受。你可能会发现，你的内在状态有了很大的转变，而这可能只花了你几分钟时间。

最后的话

我建议你在进入下一章之前，选取两个不同的对象做几次清理程序。当你将这个方法融入你的生活，你会发现你所有的人际交往都变得更加轻松和愉快。在本书的第二部分，我将会把这个重要的方法应用到你生活的各个领域。

第十二章

圣多纳法的原理

恭喜你已经读到了圣多纳法课程第一部分的最后一章，接下来要做的就是，把你学过的东西结合在一起，整合为一种视角。然后，你就可以进一步地将圣多纳法融入你生活的每一个层面和领域。本书的第二部分讲述的就是圣多纳法在现实生活中的应用。这一章将介绍莱斯特提出的三个主题——心智的三个方面、"我"的无限本质、圣多纳法的六个步骤，其中的每一个主题都可以加深你对圣多纳法的理解。一旦你明白了圣多纳法这一系统的原理，它就会在更深的层次上给你带来更多的帮助。

心智的三个方面

大多数人都把自己的思想与自己的身份混淆了，事实上，你要远远大于你的心智。所以，请不要误认为下页这个图展示的是"你"的三个方面。真正的你是无限的存在，在这个图中由一个无限的符号来表示，它存在于心智的三个方面的背后，或者，更确切地说，真正的你是由这个图背后的白纸来表示的。我们每一次运用圣多纳法，都是在运用心智解除它自身的限制性程序，从而进入无限的场域。

心智的三个方面包括：

（1）"我"的意识。个人身份感，比如"我，小明""我，小红"或"我，××（你的名字）"。

（2）识别器。我们观察世界的镜头。

（3）程序。心智的负责感知、记录、重播的部分，包括我们的五种感官、我们的记忆库，以及我们的习性、信念、决定、态度、判断和解释。

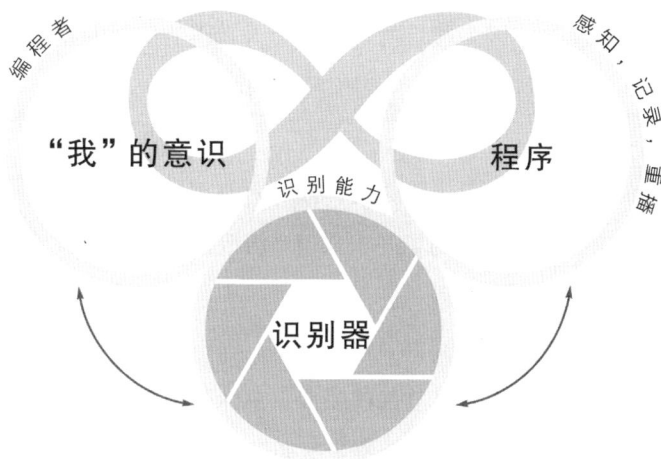

心智的三个方面

心智的三个方面以一种简单的方式协同运作。一开始，"我"感知到世界上发生的事情。我的五种感官（眼、耳、口、鼻、身）通过识别器的镜头将信息传递给我。然后，根据得到的信息，"我"做出各种决定——在生活中该做什么，如何应对这个世界。

在这本书中，我所提到的"程序"，指的是以下三种事物的结合。

（1）一组指令。

（2）一个信念系统。

（3）一个过去有意识做出的、现在变成无意识自动运行的决定。

在我们的一些高级课程中，我们教授一个释放程序的系统。当然，在这本书中，你已经学会了如何释放那些主要的程序，即四个基本欲望：想

161

要控制、想要被认可、想要安全、想要分离。

当识别器关闭的时候会发生什么？我们会接收不到准确的信息。不幸的是，这种情况相当普遍。有很多事物会导致识别器的关闭，以下是一些常见的例子。

1. 强光

为什么法规规定，司机夜间在高速公路上行车时，如果对面方向来车，需要关掉前灯？因为前灯的灯光会让人看不清前面的状况，这可能会导致交通事故。强烈的光线会关闭你的识别器。

2. 噪声

如果你处于噪声之中一段时间，你的听觉识别器就会关闭。当你在一场喧闹的音乐会结束后走到场外，你很难听到别人在说什么，别人需要大喊才能让你听到他们说的话。

3. 酒精和药物

酒精和药物会让你对自己的感受变得麻木。这就是为什么法律会禁止你酒驾，以及很多药物说明上会警告服药者不要操作重型设备。

4. 疾病

疾病会让你的识别器关闭，哪怕是一些普通的疾病也会产生这样的影响。回想一下你上次感冒的时候，昏昏欲睡，注意力无法集中的情形。

5. 睡眠不足

睡眠不足会让我们无法准确地接受和处理信息，从而导致我们说出一些事后后悔的话、做出一些事后后悔的事。

除了这些，我邀请你去探索还有其他什么事物会关闭你的识别器。注意什么样的事物会让你觉得很难清醒地思考、敏锐地洞察、恰当地感受，注意任何阻碍你接收信息的事物。此外，也要去寻找可以支持你清晰地感知的事物。

当然，有一种事物比其他任何事物都更能影响我们的识别能力，它就是我们的情绪。根据它们的不同强度，它们会在不同程度上影响我们对所发生的事情的感知。如果情绪非常强烈，我们就会失去识别正确反应的能力，进入一种"自动运行"的状态。心智的程序控制了我们，我们没有与情绪分离的意识，然后，情绪会不同程度地控制我们。

回想一下过去的经历，我相信你会记得，有很多次，当你感到沮丧或烦恼的时候，你要么没有采取行动，要么做了一些让你事后后悔的事情。你可能认识一些人，他们在悲伤、愤怒或不安的时候不小心伤害了自己的身体，而他们直到几天后才意识到自己受伤了。你听说过"盲目的愤怒"这个说法吗？当一些人对他人感到非常愤怒时，他们的眼前会突然出现一团怒火，然后开始攻击那个人。也许这些人都不记得他们愤怒之后发生了什么，直到他们被人们从受害者身边拉走。

这就是圣多纳法发挥作用的地方。它帮助我们放下那些阻碍我们准确识别的情绪。圣多纳法中的那些问句的一个目的就是帮助我们更清晰地感知。当你问自己，或是别人问你："你现在有什么感受？"它提醒你，你不是那个感受，你只是有一个感受。让我们以愤怒为例，你不是愤怒，你只是感到愤怒。一旦认识到这一点，你的识别能力就会有所提高。然后，你可以进一步地问自己："这个感受是来自想要被认可，想要控制，还是想要安全的欲望？"你可能会意识到："哦！这是因为我想要控制。"于是，你的识别能力又提高了一些。最后，问自己："我能够放下它吗？"当你放下时，你的识别能力就会进一步提高。

圣多纳法作用于当下，它帮助我们处理从外界接收到的信息——这些信息会触发我们的程序，特别是想要被认可、想要控制、想要安全和想要分离这些基本程序。这些程序，或者说我们的反应，在我们的内在制造了持续不断的背景噪声。现在，当限制性的感受和想法被触发时，我们可以选择放下它们并做出恰当的回应，而不是无意识地任由它们引导或阻止我们的行动。

随着我们对圣多纳法的使用，我们的识别器开始保持开放的状态，不再经常回到封闭的状态。我们能够在更短的时间内接收和处理更多的信息；能够更容易地识别和运用我们的直觉；能够更敏锐地感知到我们的感受，包括快乐和喜悦；能够更充分地享受生活中哪怕是很平常的事情。

就像第六章中讲到的那样，人类的程序最初是建立在什么是有利于生存的基础上的。在人类进化的过程中，我们没有足够的时间来评估出现的每一种危险，而是必须立即反应出什么时候该战斗、什么时候该逃跑。一些人把这种本能反应称为我们的"丛林心态"。如果我们需要整天想着"心跳，心跳，心跳"，我们就没有足够的能量去逃跑或战斗。大多数人至今仍然迷失在我们自己制造的丛林中。我们在自己的程序库中放入了太多生存并不需要的东西。

这里有一个虚构的例子，说明了程序是如何失去控制的。比方说，当你还是个孩子的时候，你有一个可恶的亲戚，她是一个身材高大、灰色头发的女人。在和她多次接触之后，你做了一个无意识的决定：所有身材高大、灰色头发的女人都是危险的。心智的感知、记录、重播的部分记录了相关的信息，从那以后，你就通过这个决定的视角来看待这个世界。你总是保持警惕，确保自己不会受到身材高大、灰色头发的女人的伤害。它成了你的第二天性，很快你就忘了你曾经做过这样一个决定。既然这是你应对世界的一种无意识反应，你就不会有意识地去思考它。它就像你的生存机制（比如呼吸、心跳、消化）一样自然。

随着时间的流逝，很多年以后，你参加了一场工作面试。面试进行得很顺利，对你来说，这是一份很理想的工作。虽然负责面试的是一个灰色头发的女人，但是她坐在桌子后面，身高看上去和你差不多，所以，一切都很好。她说："我想雇用你。"你回答道："我愿意接受这份工作。"你们两个站起来握手，突然间，你意识到她比你高很多，你感到自己的腹部有一些不适。现在，这个灰色头发的女人想带你参观一下公司，但是，当你开始参观的时候，你的内心出现了一些矛盾的想法："我不确定这份工作是否适合我。""如果这是一个错误怎么办？""这个地方给人一种怪怪的感觉。"你可能会参观完这个地方，也可能不会，因为你觉得你必须尽快逃离这个危险的处境。不幸的是，你可能连一个好的理由都没有，就这样失去了一个理想的工作机会。

这就是人们每天根据过去的程序来做决定的方式。值得庆幸的是，圣多纳法教我们如何清除无意识的程序，它帮助我们运用识别器将我们从自己强加的限制中解放出来。

因为心智的感知、记录、重播的部分负责我们自主神经系统的功能（循环、呼吸、体温等），以及对我们感知到的威胁做出回应，所以，当它负荷过重时，我们的整体功能就会受损，疾病就会产生。我们感知到的大多数威胁都是想象出来的，但这些想象出来的威胁却会加重整个身体系统的负担，让它的运行变慢。每一次释放，我们都会清除多余的程序，减轻我们放在自主神经系统上的负荷。

简而言之，当你放下你的感受及其背后的基本欲望，你就会对发生的事情看得更清楚，做事也会更高效。你将自己解放出来，安住在当下，这样你就可以有意识地对当下的情况做出恰当的回应。

"我"的无限本质

我们所有的限制源于对个人的"我"的认同。正如我们在第六章中讨论的那样，我们出生的时候就带着一些倾向。不过，在我们相信自己是每个人不断提到的"我"之前，这些倾向不会让我们陷入个人的痛苦之中。事实上，就像我们在"心智的三个方面"一图中看到的那样，我们始于无限的状态，并且从未离开过。我们经历的任何痛苦、受到的所有限制，都只是叠加在我们的本质之上。

随着你对圣多纳法的运用，你会发现，你的无限本质就在心智的后面，它就在你的感受的背后、烦恼的背后。你可能已经注意到了，当你越来越意识到这个无限本质时，你会更容易随时运用它。如果你回忆一下最初阅读这本书时的感受，就会发现，你不再那么执着于自己的情绪和问题，也更有能力处理生活中的问题。而这只是一个开始，随着你持续地运用圣多纳法，你会受益更多。

关于"我",有一件事很明显,但大多数人都忽略了。当你看着下一页的图,你会发现,尽管页面上也有一些文字,但大部分都是空白。你的无限本质就像这一页的空白部分一样,大部分已经显现出来,闪耀着光芒。在生活中也是如此,无限潜能比你意识到的要多得多。当你运用圣多纳法时,这会变得更加明显。你运用圣多纳法时所做的,就像是拿一块橡皮把页面上仍然存在的限制(想法、感受、欲望)慢慢擦掉,让这一页回归到空白与无限的状态。这就是放下。

圣多纳法的"欢迎"部分是允许事物按照它们本来的样子存在。虽然还有一些限制,但我们的无限本质在生活中变得更加明显、更加重要。

圣多纳法的"深入"部分是从顶部的一些障碍开始的:想要被认可、控制、安全、分离的欲望,或是冷漠、悲伤、恐惧、贪求、愤怒、骄傲这六种情绪状态。当你深入到核心的时候,你会发现自己的无限本质。

现在,注意图顶部的"我"字。它代表了我们对自己是谁的认知:"我"是小明,或"我"是××(你的名字)。如果我们没有把程序附加在它上面,它就会消失,我们就会回到无限的状态。事实上,限制往往会在一天内消失,但是,只要产生了那些程序化的想法、感受和欲望,"我"就会不断重复出现。

继续往下看。正如你所看到的,最深层的欲望是想要分离的欲望。与其他三个基本欲望相比,我在本书中较少提到它。想要分离的欲望来自你想要与无限分离,成为一个独立的个体。记住,你可以在任何时候选择放下这个欲望。

想要分离的欲望下面是其他三个基本欲望,即想要安全(也就是想要生存)、想要被认可、想要控制。想要安全是基于这样一种假设——你是你所居住的这个有限的身体。即使你没有任何形而上学的倾向,我相信你至少有一种感觉——生命不只是表面上这样。这可能就是这本书一开始吸引你的一部分原因。随着你的释放,你可能会发现,身体只是你的一部分,不是你的全部。当你放下想要安全的欲望,你会感到更安全。

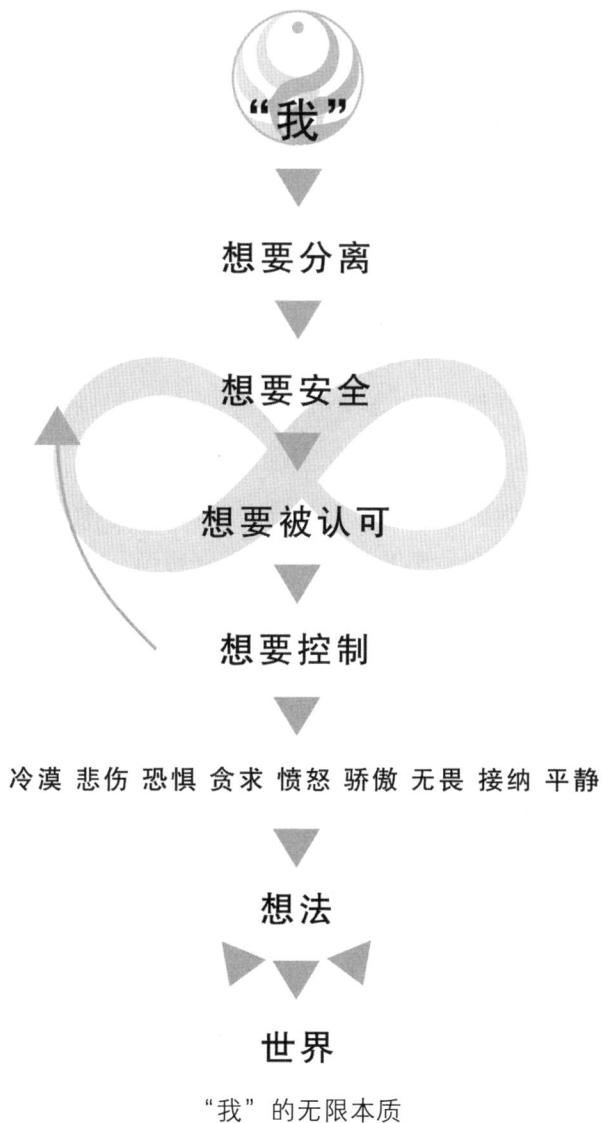

"我"

想要分离

想要安全

想要被认可

想要控制

冷漠 悲伤 恐惧 贪求 愤怒 骄傲 无畏 接纳 平静

想法

世界

"我"的无限本质

第二深层欲望是想要安全的欲望。想要安全的欲望下面是想要被认可的欲望。我们相信，如果每个人都爱我们、喜欢我们、关心我们，我们就是安全的，就能够生存下去。我们还相信，我们需要从外界得到爱和认可。在我看来并不是这样。在练习圣多纳法的过程中，你可能已经发现了这一点。我相信你已经注意到，在放下想要被爱或被认可的欲望后，你感受到了更多的爱、更多的认可。

想要被认可的欲望的下面是想要控制的欲望。有时候，人们不一定会给予我们想要的认可。他们可能没有给我们想要的礼物、想听的赞美，或者他们对我们不够好。然后，我们会想要控制他们，让他们以我们喜欢的方式表示对我们的认可。有时我们会放弃获得某个人的认可，或者在某种特定的情况下放弃获得认可，或者我们感觉到一种明显的威胁，而这种威胁与他人或爱无关。在这些情况下，我们想要直接控制，以确保安全。这就是图中有一道箭头从想要控制指向想要安全所代表的意思。

这四个基本欲望会呈现出九种情绪状态（冷漠、悲伤、恐惧、贪求、愤怒、骄傲、无畏、接纳、平静）的有限的部分。这就是为什么九种情绪状态出现在想要控制的欲望的下面。我们用这些情绪来试图获得认可、控制和安全，并保持一种分离感。我们的情绪也会激发我们的想法。

在圣多纳法中，我们更关注的是自己的感受，而不是想法。这是因为仅仅通过积极的思考来改变我们的生活几乎是不可能的。如果你曾经尝试过，你就会知道这是非常困难的，除非你处理冷漠、悲伤、恐惧、贪求、愤怒、骄傲这些情绪，以及基本欲望。而你可能已经注意到了，当你对某个主题、感受或欲望进行释放，你的想法会自然而然变得积极起来。你不需要刻意让自己积极地思考，它是自然发生的。

我 20 岁刚出头的时候还没有学习圣多纳法，那时我很害羞，我以为积极的肯定会让我在他人面前自在一些。一连好几个月，我每天都在重复："我在他人面前很自在。"但是一点效果都没有。现在想起那段经历，我都会笑出来。当时唯一改变的是，我听到这些声音像一段录音一样，在我的脑海中一遍又一遍地播放，但是我的感受并没有什么变化。直到不久之后我开始学习圣多纳法，我长久以来的羞涩才消失了。现在，不管是在一群人面前还是一个人独处，我都很自在。我不需要做任何努力就可以保持这种状态。根据我的个人经历和成千上万圣多纳法学员的反馈，我认为把不快乐或低效率单纯归结于想法是错误的。

自从 20 世纪 20 年代以来，积极思考在世界范围内流行开来。你可能听说过这样一句话："你的思想如何，你的世界就如何。"或者类似的一些话。积极思考理论认为，消极的想法是真实的，我们是我们想法的总和。如果这是真的，那么我们唯一能做的就是用积极的想法去覆盖消极的想法。不幸的是，我们的潜意识已经超负荷运转了，这将是一项艰巨的任务。

相比之下，圣多纳法之所以有效，是因为它的观点是，尽管我们有各种想法，但我们不是我们的想法。想象一下，我们每个人的内在都有一个木桶，它代表我们的潜意识。这个木桶的底层有一层金子，它代表我们的无限本质，它被一堆烂苹果覆盖，这些烂苹果代表冷漠、悲伤、恐惧、贪求、愤怒、骄傲和四个基本欲望。即使你用好苹果（快乐的想法和感受）盖住了坏苹果，这些好苹果最终会怎样呢？是的，它们最终都会烂掉。此外，把一些好苹果放在烂苹果上面，只会进一步遮住底层的金子。

圣多纳法是一种清空木桶的方法，使用圣多纳法你就可以在生活中、在此时此地发现那已经存在的金子。你看不到它的唯一原因是它上面覆盖了限制性的想法、感受、信念和欲望，移除它们，你的想法就会变得更积极。

很明显，在某种程度上，你的想法会影响你对世界的看法，而且，如果你愿意延伸一下，你可能会发现，它影响着你生活中一些事情的发生。举一个具体的例子。如果你是一个销售人员，态度积极，对自己和所销售的产品都很有信心，那么你销售产品就会比较容易。然而，如果你度过了糟糕的一天，经历了一系列的拒绝，那么销售就会变得比较困难，因为你变得越来越不积极。这个时候，你就可以释放。释放之后，你的想法会变得积极起来，你的世界也会如此。

圣多纳释放法

　　你有没有注意到这本书所讲的与大多数个人成长方法的重点是不一样的？它没有让你改变你的行为，这是因为，释放之后人们会自然而然地朝着积极的方向前进。正如我之前提到的，持久的改变、积极的改变、真正的改变是由内而外的，而不是由外而内的。回顾一下你过去的经历，看看是不是这样。

　　比方说，在学习圣多纳法之前，你可能已经能够暂时戒烟，只是还没有完全戒除。你可能用暴饮暴食来代替吸烟，虽然这样做抑制了你的欲望，但你的体重却增加了。这就是大多数个人和组织试图从外部改变时所做的事情。这种情况发生的原因是，当你在一个地方压下某种倾向，它通常会出现在别的地方。完全放下一种倾向则会不一样。当你由内而外地改变时，变化是持久的，而且是积极的。你运用圣多纳法所做的每一个改变都会给你带来更多的自由，因为它揭示了你的本质——无限的存在。

　　我建议你好好体会"我"的无限本质。运用它，检验它。不要盲目相信它，而是去验证它。

圣多纳法的六个步骤

　　六个步骤是对圣多纳法要点的高度概括。1974 年，莱斯特对圣多纳法进行归纳总结，整理出六个步骤。他当时和一些人一起工作，他希望把他们训练为指导老师。他们帮助莱斯特整理他的教导方法，将它们转化为大家可以自己学习的方法。也就是在那个时候，他灵感乍现，想到了"六个步骤"，就将它们写在了他正在读的一本书的内页上。

　　在运用圣多纳法时，你可能会发现参照这六个步骤很有帮助。很多人把六个步骤写在一张纸上，放在他们的钱包里，还有一些人把它贴在他们的台历上。你还可以把它贴在桌子旁边的墙上，或是把它设置成电脑的屏保，让它在你的手边提醒你每天都要练习释放。此外，当你坐下来做一些集中的释放时，我建议你在自己的面前放一份六个步骤的文本。在任何时候，如果你感觉被困住了，都可以看一下这六个步骤，它们会帮助你走出困境。随着你对圣多纳法的不断探索，你将会发现，六个步骤是圣多纳法课程中每一个练习的核心。

六个步骤

（1）你必须想要自由（或实现你的目标）超过想要被认可、想要控制和想要安全。

（2）下定决心运用圣多纳法获得自由（或实现你的目标）。

（3）看到你所有的感受都来自三个基本欲望——想要被认可、想要控制、想要安全，然后放下它们。

（4）持续释放。不管你是独自一人还是与他人在一起，不断地释放想要被认可、想要控制、想要安全的欲望。

（5）如果你被困住了，就放下想要控制或改变这个状况的欲望。

（6）每一次释放都会让你更轻松、更快乐、更高效。如果你持续释放，就会越来越轻松、越来越快乐、越来越高效。

现在，让我们依次来看一看这六个步骤中的每一个步骤。

第一步：你必须想要自由（或实现你的目标）超过想要被认可、想要控制和想要安全

这一步并不是说你必须想要自由胜过其他任何事物。这也并不意味着，你只有在完全消除了想要被认可、想要控制、想要安全的欲望之后，才能实现你的目标或是开始体验自由。它意味着，你内心的天平越往自由的方向倾斜，你就会越快地看到圣多纳法给你的生活带来的改变，你也会越快地实现你的目标。

有趣的是，想要自由是吸引我们学习这些方法的原因。不过，很多人宁愿保持无意识的状态。他们不想看到出路，不想看到其他的选择。你已经在学习圣多纳法的道路上走了这么远，你是幸运的，因为你愿意由内而

外地做出改变。

你可以通过尽可能多地选择自由来增强你对自由的渴望。如果你对是否要继续练习这个方法有任何疑问，有一个问题可以帮助你。这个问题很有帮助，特别是如果你很难放下一种不舒服的感受。

我是宁愿继续被困住，还是更愿意获得自由？

大多数时候，当你问这个问题的时候，你会注意到关于这个困境的能量开始发生变化。通常情况下，这个问题会让你放下你目前紧抓不放的事物。

是的，我们在第一步的陈述中使用了"想要"这个词。如果你要把你所有其他的"想要"变成对自由的渴望，那么你将不再需要"想要"，它会自行消失。

第二步：下定决心运用圣多纳法获得自由（或实现你的目标）

放下，只是一个决定，一个简单的选择。你可以在任何时候做出这样的选择。当然，这并不意味着你从现在开始将永远选择放下。但是当你做出这个选择——练习圣多纳法，让自己获得自由，放下就会变得越来越容易。你越是能够认识到自由是容易获得的，就越有可能选择它。

第三步：看到你所有的感受都来自三个基本欲望——想要被认可、想要控制、想要安全，然后放下它们

这一步是圣多纳法的核心。随着你的探索，你会越来越了解你的基本欲望是如何影响了你的感受和行为。当你对圣多纳法的运用越来越熟练，你会发现自己开始自然而然地释放——即刻，并且更轻松。

第四步：持续释放。不管你是独自一人还是与他人在一起，不断地释放想要被认可、想要控制、想要安全的欲望

每次遇到问题，你就有了一次释放和转变的机会，改变你对生活的看法，认识到每一次低谷都是一次上升的机会。持续释放并不意味着你要做

很多，虽然一开始看上去是这样——因为你正在形成一个新的习惯。它意味着你会更多地意识到你的无限本质就在你的各种体验的背后。持续释放并不意味着你要一直问自己那些释放的问题，而是意味着你与真正的自己在一起，意味着你在尽可能地放松和敞开，从而释放当下升起的感受，意味着看到真相。

就像大多数人的压抑和宣泄一样，放下可以成为你的第二天性。既然你总是会对自己的感受做些什么，那为什么不放下它们呢？

第五步：如果你被困住了，就放下想要控制或改变这个状况的欲望

这一步非常重要，之前我用了整整一章来讲述它（见第五章）。它是圣多纳法的"安全阀"，当你偏离正确的方向时，它会让你回到正轨。具体来说，当你想要改变或控制自己的感受时，你就会被困住。因此，当你放下想要改变或控制当下感受的欲望时，整个动态就会改变。

就是这么简单。如果遇到以下情况，就放下想要改变或控制它的欲望。

- 你感到不知所措。
- 你中断了释放去做其他的事情。
- 你忘了做释放。
- 你觉得自己就是无法释放。
- 你不确定自己的感受。
- 你发现有些模式很难放下。
- 你急于求成，急着完成释放。

第六步：每一次释放都会让你更轻松、更快乐、更高效。如果你持续释放，就会越来越轻松、越来越快乐、越来越高效

就像我在前言中提到的，莱斯特将圣多纳法称为"自下而上的方法"，它的意思是，当你运用这个方法，你会注意到，你现在所认为的高峰体验最终会变成低谷。这并不是说不会再有起伏了。随着你的释放，你的高峰会更高，而你的低谷也会更高。你可能会更清晰地感知到自己的感受，因为随着你的释放，你会变得更开放、更敏锐、更有识别力。但是，即使你感知到了更多的感受，你也会更容易放下它们。正因为如此，随着时间的推移，你会发现自己变得越来越自由。

这就是为什么我会鼓励你写下自己的收获。当你记录生活中的积极变化时，你会意识到："是的，我感觉更自由了、更快乐了，事情变得更容易了，我变得更高效了。"当你意识到这一点时，你就是在将能量提供给积极的方面而不是消极的方面，而这也会让你回到第一步。当你发现自己变得越来越自由、越来越快乐，你就会渴望拥有更多的自由和快乐。

问自己下面这个问题，这也是莱斯特曾经问过他自己的一个问题：

还能更好吗？

如果它能变得更好，当你释放的时候，它就会变得更好。

如果你有一种想要理解圣多纳法的倾向，在读完这一章之后，你可能会觉得其原理更清晰了。

探索：当下没有问题

在我们进入第二部分之前，我想与你分享一个我们在圣多纳法高级课程中探索的重要视角：当下没有问题。我之所以到现在才讲这个部分，是因为我知道这可能有些难以接受，但是，如果你现在所有的问题都只是记忆呢？我建议你亲自去探索一下这个问题，至少考虑一下这种可能性。如果你能部分接受这个概念，并按照下面讲述的方法去做，尽可能地运用它，它将彻底地改变你的生活，让你的生活变得更好。

问题持续存在的原因是，每当它们不在这里，我们就去寻找它们。是的，我们会去寻找问题。我们倾向于根据"我有一个问题"的信念来过滤我们的经验，无意识地删除任何不支持这个信念的信息，包括"当下没有问题"这个事实。

我运用这个视角很多年了，不过，直到最近几年，我才尝试把它放在我们的课程里面。几年前，我第一次在静修课程中与大家分享这个视角。亨利来参加那期静修课程的时候，腿上戴着支具，由于膝关节韧带撕裂，他感到非常疼痛。他的医生告诉他，疼痛可能会持续6个月左右，直到受伤的韧带全部愈合。所以，当我告诉他即使是疼痛也是一种记忆时，他很怀疑。是的，当下会有疼痛的感觉，但疼痛本身只是一种记忆。事实上，他是如此的怀疑，以至于在接下来的一天里，他都在试图证明我错了。他确信，即使他完全地去体验自己的感受，他还是会感到疼痛。

第二天上课的时候，亨利说他非常震惊，尽管他怀疑我说的话，但每次他在当下寻找疼痛时，他都找不到。他接着说，他不仅在当下找不到疼痛，而且再也找不到疼痛了，他的膝盖肿胀减少了大约85%。

我邀请你去挑战你长久以来珍视的问题，至少接受它们只是记忆的可能性，并对自己的发现持开放的态度。

想一个你过去相信自己有的问题，释放你的认知所带来的痛苦。（注意，我特意用了过去时态来表达这句话。）

如果你很难接受问题是来自过去，那就允许自己把刚才的一刻当作过去的一部分。我们大多数人都认为过去至少是昨天、去年或几年前。为了理解我的建议，请将过去视为任何不是在当下这一刻发生的事情，包括一秒钟之前，甚至是一微秒之前。

然后，问自己这个问题：我能够允许自己回忆我过去是如何相信自己有这个问题的吗？

随着这个提问而来的意识上的转变可能会让你笑出声来，可能会让你的内心有些刺痛，也可能会让你意识到这种可能性："是的，这只是一个记忆。"

接下来，问自己：我想要改变这个过去的问题吗？

如果答案是肯定的，接着问自己：我能够放下想要改变它的欲望吗？然后尽你所能放下它。

如果答案是否定的，就直接进入下一步。

要问自己的最后一个问题是：我能够放下想要再次相信我有这个问题的想法吗？或者：我能够放下想要这个问题再次发生的期待吗？

一如既往，只要尽力就好。如果你发现自己现在仍然执着于这个问题的记忆，就再重复几次这些步骤，直到你能够彻底放下为止。

好处／坏处释放流程进阶版

我强烈建议你在运用第十章的好处／坏处释放流程时使用过去时态的视角。也就是说，不要问："有这个问题的好处是什么？""有这个问题的坏处是什么？"而是问："这个问题曾经带给我什么好处？""这个问题曾经带给我什么坏处？"然后，按照第十章所列的步骤进行释放。

在练习好处／坏处释放流程时，使用过去时态允许这样一种可能性：问题只是一个记忆，可能不会再次发生。这样，你就可以释放意识中的特定模式，而不是去验证一种限制感。当你这样做的时候，你会发现，你可以更快地深入感受的核心，更彻底地释放。

随着你越来越多地运用这个视角，你会发现，放下那些你过去认为的问题变得越来越容易，而且它也会加深你对第一部分所学知识的理解。

> 多年来，我一直在寻找一条适合自己的个人成长道路，但总是无功而返。圣多纳法让我看到放下那些阻碍我前进的事物是多么简单。其他的方法没有教我具体该怎么做。我非常感谢圣多纳法，它让我的生活变得更轻松、更快乐。
>
> ——莉安德拉·杰妮娅 加利福尼亚州圣佩德罗

一次只做一件事

通常，当人们写这样一本书的时候，他们会要求读者做出承诺，坚持做一件事情至少 21 天，这样他们就可以形成一个新的思维习惯和行为习惯。对我来说，这似乎有些不自然。我的建议是，一次只做一件事，一步一个脚印，循序渐进，尽你所能去运用你所学到的东西。如果你有时忘了做释放，这并不意味着你不够精进，只意味着你现在有了一个新的机会，通过释放来获得成功。随着你不断地取得成功，你会备受鼓舞，继续坚持释放。

斯蒂芬妮的故事：没有"浪费时间"这回事

斯蒂芬妮是这本书的编辑。当我们合作出版这本书的时候，她正在学习如何运用圣多纳法。有一天，我和她在电话里讨论其中一章的结构时，她提到她常常对"放下你的故事"的建议感到很生气。"我生活中发生的事情对我有很深的影响。"她说，"我不喜欢别人告诉我那些都是谎言或是想象出来的故事。此外，即使我释放了对那些事情的感受，它们还是会回来。"我鼓励她继续做一些释放，看看如果放下了想要再次体验它们的欲望会发生什么。然后我们又继续讨论那一章的结构。

几天之后，斯蒂芬妮又打电话给我。她问我："你还记得我之前告诉过你，当有人让我放下我的故事时，我很生气吗？"我说我记得。她说："好吧，有件事我一直觉得很羞愧，我从来没有和你说过，在过去的几年里这件事一直影响着我的生活。那天我们通话之后，我做了一个决定，我决定放下它——尽管我真的不相信这是可能的。就当作一个实验，在接下来的两天内，我将自由地生活，就好像我的羞愧是虚构的一样。

"在做了那个决定之后，我哭了大概有 5 分钟，我不断地释放，让一切的感受流过我。当我停下来的时候，电话响了，是我参加圣多纳法课程时认识的一个朋友。这似乎是一个来自宇宙的礼物。所以，我决定借此机会告诉她我的'黑暗的秘密'，看看我的羞愧是不是真的消失了。

"当我这么做的时候，事情变得很有趣。"斯蒂芬妮笑着说，"最初，我从头到脚变得很热，然后，大约有 3 秒钟，我感到非常悲伤……然后我就没事了，完全没事了。"她对流过自己身体的能量感到很惊讶。她唯一的抱怨是她的悲伤，她说："海尔，我竟然浪费了那么多的时间让自己不快乐。获得自由是这么容易，而我却如此执着于我的痛苦。"

如果你像斯蒂芬妮一样觉得自己浪费了很多时间，请放下这样的想法。在我看来，没有所谓的浪费时间。为了让我们的生活正常运转，我们都在做自己应该做的事情。所有花在故事和伤痛上的时间和能量，在放下那些故事和伤痛之后，我们将无数倍地收回。我们没有浪费任何时间。

我们没有错误。

PART 2
实际生活中的应用

　　在第二部分，我们将探索圣多纳法在实际生活中的应用。其实，接下来每一章所讨论的主题都可以扩展为一本书，但是，我现在的目标是帮助你开始在不同的情况下运用圣多纳法，将圣多纳法融入你的生活，让它成为你自己的方法。当你运用它的时候，你会发现圣多纳法可以为你的成功和自由提供更多的帮助。

　　在这一部分的最后，我用了整整一章来讲述如何运用圣多纳法帮助这个世界。我邀请你和我一起，将圣多纳法分享给你关心的人，在我们这个经常陷入困境的世界向人们传递这一自由的信息。我们可以一起在世界范围内传播和平、快乐、繁荣和幸福。

第十三章

放下恐惧和焦虑的秘密

莱斯特曾经说过："恐惧，就是在促成恐惧的发生。"他注意到，任何类型、任何程度的恐惧，从严重的长期焦虑和恐慌发作，到普通的焦虑和烦躁，甚至是紧张不安，都是我们意识中的障碍。我们不断地躲避我们所恐惧的事物，反而会一再地将它记在心里，然后，它就变成了一个阻碍我们幸福和自由的程序。恐惧会阻止我们去做我们想做或需要做的事情，因为我们围绕着采取行动建立了许多"如果"或"预期"。恐惧还会阻止我们放下我们的"问题"，因为我们无法预测当我们放松警惕时会发生什么。

我经常和我的学生说，fear（恐惧）这个词由四个字母组成——f、e、a、r，它可以展开为"false evidence appearing real（似真实假）"，因为大多数的恐惧是完全没有根据的。即使是有现实基础的恐惧，和实际上的危险比起来通常也是被过分夸大的。因此，任何能帮助我们放下恐惧的方法都会对我们的生活产生极大的影响。

那么，放下恐惧背后的秘密是什么呢？答案可能会让你大吃一惊。然而，根据我的经验，这是真的。在某种程度上，我们潜意识里想要或期待我们害怕的事情发生。这不是有意识的，而是无意识的。一旦注意到这一点，我们就可以放下它。

你可能会问："我怎么会想要生病？""我怎么可能想要被国税局审查？"我知道这可能有些令人难以相信，但是你想想看，当我们看到自己不喜欢的事情发生时，我们会对自己说："我希望这不会发生在我身上。""我希望这不会再发生。"然而，头脑听到的和描绘的是"事情"——我们害怕发生的事情，就好像我们是这样想的："我希望这发生在我身上。"于是，我们的创造性能量就开始向那个方向流动。就像我在第八章中提到的那样，头脑只能以图像的形式进行创造，因为它无法将"不""不会""不要"这样的词转化为图像，所以就会忽略它们。

当我们不喜欢自己经历的或在报纸电视上看到的一些事情时，我们可能会产生相反的意愿。当我们不想经历某件事，或者某个我们认识、关心的人经历不幸时，这种现象也可能会发生。这些事情往往会引发我们的抗拒，然后，因为我们想要改变它们，我们会说："我希望自己不会像父亲那样得癌症。""我希望自己永远不会再犯那样愚蠢的错误。"记住，这一切都发生在潜意识层面。大多数人都不会有意识地对自己说："我想要生病。"我们不会说："我想把钱丢了。""我想发生意外。"但我们都说了相反的话。而每次这样说的时候，我们就会不知不觉地把我们害怕的事物记在心里。

此外，如果我们担心某件事，我们就会觉得自己需要为它的发生做好准备。如果不好的事情发生了，我们希望自己是有准备的，不管是心理的准备还是实际的准备。相对于不知道会发生什么的不确定性，我们选择了为不希望发生的事情做好准备，从而获得虚假的安全感。虽然为不好的事情做好准备最终可能是正确的，但是我们的内在准备和外在准备可能会给我们带来不好的事情。每当我们担心的时候，我们脑海里总是想着我们不希望发生的事情，而这往往会促使它们发生。

在继续往下学习之前，我想指出几个注意事项。第一，如果你被诊断为焦虑症，请注意这本书中的信息并不能用来代替你所进行的治疗，也就是说，如果没有咨询你的医生，请不要改变你目前的治疗方案。第二，我建议你对下面这一可能性保持开放的心态：你原来的诊断可能已经成为一个自我实现的预言。在阅读接下来的内容时，请继续保持开放的心态，释放任何与你的健康状况有关的东西，知道自己的健康状况是有可能改变的。第三，如果你有一个强烈的恐惧方面的问题，在读完这一章之后，可以直接跳到第十八章，你会发现，那一章的释放练习是对这一章主题的很好的补充。

每一位读者都应该持续运用基本的释放方法去处理恐惧和焦虑的问题。下面讲述的是一个释放恐惧的快捷方法，但它并不能代替你对基本欲望的释放。基本欲望是各种情绪的根源。这里有个要点：出于想要生存或想要死亡的欲望，恐惧几乎一直都在。

最后一点，恐惧欺骗我们的一种方式是，它告诉我们，如果我们直接面对它、放下它，最坏的事情就会发生。就我的经验而言，这并不是真的。那些隐藏在潜意识里的未被处理的感受，最终有可能显化为现实。让恐惧在意识之光中显露出来总比让它隐藏在黑暗中要好。

> 以前，我常常在半夜醒来，脑海中萦绕着各种让我恐惧、担心或内疚的事情。自从运用了圣多纳法，这样的情况大大减少了。即使发生了，我也能释放，然后继续睡觉，而不是辗转反侧、难以入睡。
>
> ——凯思琳·贝尔 伊利诺伊州奥克利

释放恐惧的快捷方法

让自己放松下来，将注意力放在自己的内在。想一件让你感到害怕或焦虑的事情，你可以从一些小的事情开始，看看你害怕会发生什么。给自己一点时间，看看此刻是有一种强烈的恐惧，还是有一种非常轻微的担心。不管它是强烈还是轻微，只是简单地观察和欢迎它。

现在，问自己：你能够放下想要它发生的欲望吗？

这个问题可能让你笑了出来，你会说："我真的不希望这样的事情发生！"试着再问一次这个问题，看看自己发现了什么。事实上，如果你现在再去想那件让你感到害怕的事情，你可能已经能够察觉出一些不同。所以，将注意力集中在一件你害怕的事情上，你将通过一系列的问句来释放恐惧。

你害怕会发生什么事？

你不希望发生什么事？

现在，你能够放下想要它发生的欲望吗？

在某种程度上，你想要坏事发生，当你从震惊中缓过来之后，就很容易通过这种方式释放恐惧，因为那毕竟不是你真正想要的。

如果你被某种恐惧困住了，很难将它释放，可以运用常规的释放问句进行释放。看看哪一个基本欲望被激起了，然后放下它；或者看看你是否想要改变这种被困住的状况，如果是的话，就放下想要改变它的欲望。然后，我们回来继续练习这个方法。

再次将注意力放在某件你害怕的事情上，可以是刚才那件，也可以是另外一件。注意你害怕会发生什么，举个例子，如果你恐高，你真正害怕的可能是坠落。

你能够放下想要它发生的欲望吗？

再次关注那个恐惧，或者再想一件你不想发生的事情、你担心的事情或让你紧张的事情。也许你害怕公开演讲，这可能是因为你害怕犯错，或者害怕自己在一屋子人面前看起来像个傻瓜。

无论你内心的恐惧是什么，你能够放下想要它发生的欲望吗？

看看你内心的感受如何。这样释放是不是很容易？这个方法将帮助你清理潜意识的深处。当你放下了潜意识里想要发生的事情之后，你会发现你的生活在很多方面都发生了很大的改变。

将这个简单的方法添加到你的圣多纳法应用程序的工具箱中，并享受它为你带来的改变。当你的意识中出现恐惧的想法，却没有足够的时间去做一次深入的释放时，你就可以运用这个方法进行释放。每当你意识到自己在想一个不想要的结果时，就问自己一个问题，让自己放下想要它发生的欲望，这个问题是：你能够放下想要它发生的欲望吗？

> 多年来，我的社交恐惧症让我寸步难行。作为一名全日制学生，我每天都会遇到一些新的面孔，这让我非常焦虑，坐在教室里，我经常觉得我的心都快要跳出来了。在过去的10年里，我接受过心理治疗和药物治疗，但都没有圣多纳法对我的帮助大。我想对那些饱受社交焦虑之苦的人说："你们并不孤独！你们可以从中解脱出来！"圣多纳法让我重获新生！
>
> ——M.H.　宾夕法尼亚州阿伦敦

释放有关他人的恐惧

当你担心你爱的人时，你的脑海中会出现什么样的画面？画面都不是积极的，对吗？当你为他人担心时，强化的是相反的意愿。

如果你在为某个人担心，除了放下想要那件事发生在他身上的欲望之外，还可以问自己：你是愿意想着_____（你担心可能会发生的不好的事情），还是愿意想着_____（相反的好的事情）呢？

答案显而易见。如果你的亲人或朋友在晚上约会后开车回家晚了点，你是愿意想着他们在路上出了意外，还是愿意想着他们只是晚了一点而已？我相信人们都愿意经历好的事情，所以，请允许自己放下想要不好的事情发生的欲望。

詹妮弗的故事：如果不是现在，那是何时？

詹妮弗几十年来一直在寻找治愈她的焦虑和抑郁的方法，在她58岁的时候，她遇到了圣多纳法。她说："我相信焦虑是一种习惯。年轻的时候，我受我妈妈的影响，变得焦虑，并成了一个完美主义者。在12岁的时候，我做了一个影响我一生的决定。那时我做了一件我以为会让妈妈讨厌我、抛弃我的事情，我相信只有在余生做一个孝顺的女儿才能弥补自己的过错。"

20 多岁的时候，詹妮弗开始出现心悸和惊恐发作。她去接受心理治疗，但是，用她自己的话说："大多数时间都是在讲述和谈论我的故事。有人听你说话当然很好，但没有人告诉我具体要怎么做才能放下心里的包袱，改善自己的情况。"34 岁的时候，詹妮弗的丈夫死于一场车祸，留下她一人抚养他们 8 岁的孩子。3 年后，詹妮弗再婚，不过她心中依然充满了悲伤。那是 20 世纪 80 年代，医生认为她的焦虑是由身体的激素问题引起的，给她开出了百忧解（一种治疗精神抑郁的药物），但她不喜欢百忧解，最后，她选择了阿普唑仑（一种治疗焦虑症、抑郁症的药物）。

有一天，詹妮弗收到了一盘来自圣多纳训练协会的推广磁带。她说："这正是我需要的。我想，管他呢，于是就订购了整套圣多纳法语音课程。我已经在心理治疗上花了很多钱，所以心里还是将信将疑的。我断断续续地做着释放练习，最后我不得不对释放这件事本身进行释放。不过，因为我每天上下班在路上要花很多时间，所以可以在车上听语音课程。我能坚持下来的原因之一是，在我 58 岁那年，我对自己说：'如果现在不释放，那要什么时候释放？再等 30 年吗？那时你就 88 岁了。接下来的 30 年你打算怎么度过？'

"释放并没有在一瞬间让我的焦虑消失，但是我很快就注意到，我的感觉好了很多。那时为了不用再吃药，我愿意做任何事。我觉得圣多纳法真的是一个很好的方法，它让我重获新生。"

如今，当詹妮弗开始感到焦虑时，她的第一反应可能还是："哦，上帝呀，我需要一片抗抑郁的药。"她担心自己的情绪可能会失控。然后，她提醒自己："这只是一个感受。"圣多纳法帮助她面对自己的焦虑并了解它的本质。"这是一个令人惊叹的方法。"她说，"我不再觉得自己处于空虚之中，也不再活在焦虑之中。焦虑就像沉重的枷锁，而它们现在都消失了。我发现了真正的自己，也开始学着接受不焦虑的自己。"

放下你的恐惧

像其他问题一样，你的恐惧只是根植于你的意识的一些模式。因此，释放恐惧的另一个有效方法就是把它们当作记忆来处理，用过去时态来描述你的释放问句。需要注意的是，只要是这一刻之前，就都是过去。

首先，想一个你曾经有过的恐惧。

然后，问自己：

你能够允许自己回忆你过去是如何害怕_____的吗？

你想要改变它吗？

如果答案是肯定的，接着问自己：你能够放下想要改变它的欲望吗？然后尽你所能放下它。

如果答案是否定的，就进入下一个步骤。

最后一个问题是：你能够放下害怕_____的想法吗？

一如既往，只要尽力就好。如果你发现自己在这一刻仍然抓住恐惧的记忆不放，就从头重复这些步骤，直到你可以完全放下为止。

鲍勃的故事：走出慢性焦虑的低谷

在圣多纳训练协会，我们常常收到毕业学员的来信，他们怀着激动的心情在信里告诉我们，他们已经摆脱了限制性的情绪模式、思维模式。鲍勃就给我们寄来了两封这样的信。下面这段话摘自第一封信：

“圣多纳法让我从 40 多年的心理痛苦中解脱了出来。在我开始使用圣多纳法语音课程大概 18 个月后，那一度强烈到让我瘫痪的恐惧几乎完全消失了！我简直不敢相信这是真的。对于圣多纳法以及我现在能够享受的美好生活，我真的很感激。”

因为取得了突破性的进展，鲍勃在 10 月初来到亚利桑那州的圣多纳参加了 7 天的静修课程，然后他又回到家重新投入到语音课程的学习当中。几周之后，他又寄来了第二封信：

“很高兴告诉您，我在 10 月底彻底摆脱了焦虑症！这是我 2 年前收到订购的语音课程时唯一的期待。除此之外，我别无他求。

"通过学习圣多纳法，我取得了很大的突破，并且不断在进步。最近，我加强了我的释放，并且听了莱斯特的磁带。我感觉自己已经接近那种'完全的自由'。在10月13号的那个星期天，早晨醒来时，我体验到一种很深的平静。在那一刻，我明白了莱斯特所说的，一个人必须让自己的心静下来。在接下来的3天里，我经历了一些通常会引起焦虑的事情。当我还没有准备好时，焦虑还是会浮现。但现在，让我惊讶的是，那种强迫性的行为消失了，取而代之的是一种自信的感觉。到了10月16号，对于那些可能会引起焦虑的外界刺激，我已不再焦虑。这很重要，这标志着我人生的一个转折点，我摆脱了一个困扰我一生的问题。

"虽然还没有达到莱斯特所说的那种对宇宙的神奇视角，但我能够理解他所说的自由的关键要素。我能够感觉到我的身体、我的觉知以及我的思想三者之间的区别和分离。我放下了对身体的执着，就好像我在用一个不同的视角看待事物，忘记了思考身体。我也在经历莱斯特所说的自我的消失。这是变得自由后最令人开心的一点。

"现在，我在任何情况下都完全没有恐惧和焦虑，就好像是潜意识里引发焦虑的感受已经被彻底清空了。恐惧和焦虑不再是我的障碍。这些年来我一直试图摆脱它们，如今我终于做到了。"

两个小建议

这一章中的方法将真正帮助你穿越所有的恐惧。一个可以帮助你快速从焦虑中解脱出来的做法是，将你过去害怕的事情列一个清单，然后，一个接一个地放下想要它们发生的欲望。

此外，在日常生活中，如果你发现自己对某件事感到紧张不安，或是害怕某个结果，看看你真正害怕的是什么，然后问自己：你能够放下想要它发生的欲望吗？

第十四章

从内疚和羞愧中解脱

内疚和羞愧这两种棘手的感受给我们带来了很多不必要的痛苦。内疚和羞愧在我们内在运作的方式几乎一样，而且它们形成了一个单一的复合体。当我们感到羞愧时一定会感到内疚，但我们感到内疚时却不一定会感到羞愧。区分它们的方法是，内疚是一种意识到"我做错了"之后的感受，羞愧是我们因为自己所做的事情而觉得自己不好的一种感受。在九种情绪状态表中我们可以看到，内疚出现在从冷漠到骄傲的每一种情绪状态中，而羞愧则是一种与悲伤有关的感受。

本章将会探讨和揭示人们对内疚和羞愧的一些常见误解，让你看到它们的真面目——窃取幸福、自由和平静的险恶盗贼！然后，这一章会提供一些简单的方法帮你释放这些自我破坏的感受。因为内疚和羞愧在很多时候是可以互换的，所以在接下来的内容中，我有时会用"内疚"来代替"内疚和羞愧"。

以内疚和羞愧的名义长期存在的谎言

关于内疚和羞愧的谎言主要有三个，它们严重限制了我们的生活，给我们带来了很多的痛苦。第一个，也是最大的一个谎言是，内疚可以保护我们免受惩罚。而事实上，内疚是一种无意识的"我欠你"的惩罚。是的，当我们感到内疚时，我们会把惩罚吸引到身边来，而且我们也会为自己创造惩罚。更为夸张的是，我们从不觉得自己受到了足够的惩罚。

自我惩罚是怎样产生的呢？首先，我们做了某件事或想要做某件事。然后，我们又觉得这件事是错的，是不该做的。但是，有意思的是，即使没有去做这件事，我们也会感到内疚。然后，不管这件事是否有人注意到，我们都会一直记着自己做了什么或想了什么，我们不会轻易地放过自己。因为我们相信来自外界的惩罚是不可避免的，所以我们先惩罚自己，幻想这样做能让自己不受外界的惩罚。但是，由于我们不知道何种程度的自我惩罚才是适度的，我们总是做过了头。

我记得我第一次因为内疚而自我惩罚是在上幼儿园的时候。有一次，我跟同学闹别扭，我用力推了他一下，他跌倒了，还打碎了一个玻璃杯。我伤害了他，这让我感觉很糟糕。因为害怕老师和父母会惩罚我，于是我捡起一块玻璃杯碎片割伤了自己，暗自希望这样做能让自己免受惩罚。当然，这根本就没有用。我还是被骂了，并且受到了惩罚。那是一件很小的事，除了被惩罚和我手上的那道伤口，我甚至都不记得当时发生了什么。

暂停片刻，想想那些让你感到内疚的你做过或没做过的事、说过或没说过的话，甚至是想法或感受。注意你是否一直都在惩罚自己，是否生活在对即将到来的外部惩罚的恐惧中。

当你回顾那些让你一直感到内疚的事情时，也要检查一下你的内疚是否真的像它所"承诺"的那样保护了你，让你免受了惩罚。就像大多数感受告诉你的谎言一样，你通常会发现你的内疚产生了相反的效果，它让你惩罚自己。而且，如果你的行为涉及他人，内疚很多时候并不能让你免受惩罚。

关于内疚的第二个谎言是，这种感觉能够阻止你再犯同样的错误。但是你或你认识的人，是不是再也没有做过、说过或想过那些让你感到内疚的事？当然不是！不只是你做不到这一点，我们大家都做不到这一点。内疚经常会促使我们再次去做那些错误的事情，而这其实是自我惩罚的一种方式。内疚是我们做出事后后悔的事情的主要原因之一。

举个例子。设想一下，你在节食减肥，但是，有一天你禁不住诱惑吃了一块饼干或一勺冰淇淋，你为此感到内疚。然后，你会怎么做呢？没错，你会再吃一块饼干或一勺冰淇淋来惩罚自己，于是你感到更内疚了。很快，作为对自己轻率行为的进一步惩罚，你吃掉了整整一袋饼干或整整一盒冰淇淋，并且你可能还不允许自己好好品尝它们。听起来是不是很熟悉？正是这一鲜为人知的心理现象导致了大多数减肥者的失败。

这也是很多人想要弥补自己的过错却又想要再犯错的原因。他们可能没有故意这么做，但至少潜意识里会这么想。

我并不是建议大家无视道德规范或行为准则，开始不计后果地去做任何我们想做的事。但是，由于内疚并不能阻止我们去做一些事后会后悔的事，所以，当我们放下内疚时，影响通常是深远的。从内疚中解脱出来，意味着我们可以自由地做出更好、更健康、更有建设性的选择。

第三个谎言是，内疚往往会导致一些人无法从童年受到的虐待中走出来。当年幼的我们受到父母、监护人、老师的虐待时，我们很难接受这些人做出的如此错误的事情。在我们年幼的时候，成年人——特别是像我们父母这样对我们有很大影响力的人——在这个世界上拥有的力量要比我们大得多。毕竟是他们提供给我们食物和住所，而且也应该是他们保护我们不受外界的伤害。因为那时我们还不能靠自己生存，所以发现他们不可靠会直接威胁到我们的生存。我们可能会把生活中的大人当作神一样的存在，或者至少是神的代表，所以，当虐待发生时，年幼的我们只能把过错归咎于自己。我们这样做是一种扭曲的、假想的自我保护方式。

在圣多纳法现场课程中，我经常遇到一些在童年时期受到虐待的人。他们经常为那些已经发生的事情责怪自己，很多人因为童年时他们信任的成年人所犯的错误而一直感到内疚，并且在他们的一生中一直惩罚自己。所以，一旦他们放下了内疚，不再因为虐待者的错误而责备自己、惩罚自己，他们就可以从一直困住他们的情感、精神、心灵的创伤与羞愧中解脱出来。

> 圣多纳法作用于感受层面，它让人们能够放下他们的消极情绪和想法。它快速、有效，因为它直击问题的核心。它对任何一个使用它的人来说都是一条捷径！
>
> ——埃利奥特·格鲁默博士　亚利桑那州凤凰城

安妮的故事：放下自己的重担

你很可能已经意识到了，身心之间有着密切的联系。当我们进行深度的释放时，我们常常会发现身体储存着过去的一些记忆。如果我们压抑自己的感受，它们就会通过身体表达出来。

安妮的故事很好地说明了身心之间的联系。安妮是一期 7 天静修课程的学员，她来到亚利桑那州的圣多纳时，有着严重的颈部和背部疼痛问题，她说自己的肩膀好像背负了千斤重担似的。安妮在教学过半时来寻求我的帮助，由于这种疼痛很常见，我问她是否可以让我在课堂上带她做一次 5~10 分钟的释放。当时我并没有在意她疼痛背后的故事。然而，她告诉我，她很担心她那有了身孕的 24 岁的女儿。安妮说："说实话，我以为自己可以通过心理治疗和运用圣多纳法将自己作为一个母亲的恐惧放下，但是我的控制欲的问题又出现了。我女儿 13 岁时开始有癫痫，第一次发作时我都以为她要离我而去了。这些年来，当我看着她的时候，我经常会想起那一次可怕的经历。尽管这两年她没有再发作，但我担心她服用了那么多药物，可能会影响到婴儿。万一发生了那样的事，我觉得我也有责任。"

于是，我引导安妮对她的身体疼痛做了一下释放。在释放的过程中，安妮说她感觉自己就像阿特拉斯[①]，总是把整个世界扛在肩上。我问她是

[①] 译者注：阿特拉斯，希腊神话中被宙斯惩罚以双肩擎天的巨人。

否可以放下，她说她会把世界从肩上放下来。这释放了她的一些疼痛，但我们并没有就此结束。我运用以下问题带她做了更深层次的释放，我问她：你惩罚自己惩罚够了吗？你能够放下想要惩罚自己的欲望吗？你能够放下自己的内疚吗？当她彻底释放之后，她的疼痛消失了，而且再也没有复发。

安妮是这样描述她的释放体验的："这让我解脱了太多太多。我一直为自己不够完美的孩子内疚了整整 24 年——这就是我从肩上卸下的重担。现在我明白了，我女儿的病并不是我造成的，此外，我也无法为她的人生道路负责。她不是'我的'，她是她自己的，她会处理好需要做的事。我不再觉得为了她好就必须去控制关于她的一切，我只需要活在当下就可以了。我担心的事都没有发生，所以，我可以很容易地放下它们。我女儿和她未出生的孩子，还有我，对于我们的道路，上天自有安排。"

释放内疚和羞愧的四个简单方法

现在，我们已经转变了一些观念，接下来，让我们来看一些消除内疚和羞愧的实用方法。

释放你的基本欲望

作为上述的自我惩罚 / 想象中的保护综合征的一部分，我们试图利用自己的内疚和羞愧来获得认可、控制或安全。所以，这一系列的释放问题可能对你有所帮助：

我是在利用自己的内疚和羞愧来获得认可、控制或安全吗？

我能够放下想要被认可、想要控制或想要安全的欲望吗？

或者你可以问自己：我能够放下想要利用内疚和羞愧的欲望吗？

"利用"这个词让你知道自己对这两种情绪的产生负有责任，然后，你就可以更容易地放下它们。

确定自己已经受到了足够的惩罚

另一个释放内疚和羞愧的有效方法是，确定自己已经受到了足够的惩罚，然后，放下想要惩罚自己的欲望。你可以运用以下这些问题：

我能够确定自己已经受到了足够的惩罚了吗？

我能够放下想要惩罚自己的欲望吗？

我能够不再计划惩罚自己了吗？

如果你在运用这个方法时遇到了困难，就反复问自己这些问题，直到你对它们的回答都是肯定的为止。

评估好处和坏处

与上面的方法结合起来，好处 / 坏处释放流程可以帮助你做出决定，让你不再为发生的事情惩罚或责怪自己。记住，最好是用过去时态描述你的问题，这样可以让你更自由地活在当下，也会让彻底释放变得更容易。交替问自己以下两个问题：

惩罚自己曾带给我什么好处？

惩罚自己曾带给我什么坏处？

欣然接受你对所发生的事情的真实感受

有时候我们会暗自庆幸："我做到了！我很高兴我做到了！我会再做一次！"但是在表面上，我们却又装作很内疚。这个时候，内疚就会变得很难处理。这就是内疚与羞愧不同的地方。如果你曾经掉进了这个陷阱，承认你的真实感受会释放你的大部分内疚。你可以问自己以下这个问题：

我能够放下想要再次这样做的欲望吗？

放松地做一次深呼吸

从一个全新的视角去看待内疚和羞愧不仅会给你的生活带来许多新的可能性，你还会发现这些压抑的情绪变得更容易处理和释放了。运用你在这一章学到的方法来促进自己的转变。毕竟，内疚和羞愧只是感受，它们不是你，你可以放下它们。所以，放松地做一次深呼吸，你如果准备好了，就继续前进。

第十五章

改掉那些坏习惯

圣多纳法的一个重要应用就是改掉坏习惯。并不是所有的习惯都是不好的，只是我们习惯性地去做一些我们知道对自己不好的事情。对大多数人来说，习惯并不容易改变，它们在我们的思维、情绪和行为模式上留下了很深的印迹。此外，因为我们在形成和对抗这些习惯的过程中往往投入了大量的时间和精力，所以有时我们会不愿意放下它们，即使我们知道如何去做。

想一想，你有哪些习惯性的行为呢？可能你是一位吸烟者，可能你经常吃得很多或很少，可能你对电视、电影、性爱、酒精上瘾……并不是所有的上瘾或习惯都那么明显，有些习惯就不易察觉。你觉得自己必须是对的一方吗？你觉得自己必须被人看到、听到或感觉到吗？你觉得自己无法停止评判自己或他人吗？这些都是上瘾，就连想要被认可、想要控制、想要安全、想要分离也都是上瘾。有很多事情让我们上瘾，或者我们习惯性地去做很多事情，不管我们多么努力地想要停下来。如果你曾经尝试过停止沉溺于一种习惯，你就会知道这是非常困难的。

这一章的目的，其实也是这本书的目的，是通过教你放下那些导致你做出后悔之事的内在因素，向你展示如何由内而外地改变。你可能已经注意到了，我在其他的章节中并没有告诉你具体要去做什么事情。我不会给出一个新的行为清单让你去做，因为外在强加的行为往往会成为新的限制性习惯。

此外，我曾经看到过一些严重依赖药物的人成功戒掉了那些由药物引起的习惯。如果你正在经历这样的状况，你一定能够从这一章及第十八章的内容中受益。

在我们往下进行之前，我想指出的是，如果你参加了匿名戒酒会这样的互助小组，或者你正在接受任何形式的治疗，我并不是建议你停止你正在做的这些事情。你可以运用本章的所有内容去支持你正在做的事情，但是，在没有咨询医生之前不要改变你的治疗方案。如果你在参加十二步计划项目[①]，请不要在没有得到主办者允许的情况下改变你目前所在的步骤。

> 几十年了，我一直戒不掉烟，都有些绝望了。现在我有了圣多纳法，可以毫不费力地让自己少抽一些了。几天前，当我意识到自己整个晚上都没有想过吸烟这件事时，我感到很惊讶。今天，我在餐厅吃了午餐，然后没有抽烟就开始工作了，而我竟然一点都不觉得难受。自从我第一次吸烟（30 年前）以来，我还是第一次感到不吸烟是一件很自然的事情。我感到很震惊。
>
> ——M.L. 佛罗里达州卡本代尔

改变习惯的方法

如果你有一个想要改掉的习惯或想要戒除的上瘾症，这里有一个很简单的方法。比方说，你总是在晚饭后多吃一份甜点，或者总是吃太多甜点，然后，有一天你可能会决定："我再也不吃甜点了。"这一决定可能持续了几天或几个星期，然后，你又开始吃甜点了，而且可能比之前吃得

---

① 译者注：十二步计划项目是一类旨在帮助人们克服物质成瘾、行为成瘾和强迫症的互助组织。

更多。

当你面对"吃"与"不吃"甜点这个两难选择时，其实有一个方法可以帮到你。与其对自己说"我再也不吃甜点了"，不如和自己做个约定："你想吃就吃吧，但吃之前要释放。"为什么要先释放呢？因为所有的习惯模式都根源于我们的情绪模式。某些感受出现在我们的意识中，我们补偿它们的方式是采取特定的行为，比方说吃得过多。所以，当你释放时，你放下的是那个习惯的深层原因或动机。

注意，如果你是对管制药品、处方药或酒精上瘾的话，"想吃就吃吧"这一方法可能就不适合你了。所以，当促使你渴求这些物质的感受升起时，简单地释放它们，并坚持你的行为准则。

再举个例子，假设你很想吃一块派，但你又告诉自己不能吃，于是你陷入了内在的冲突之中。你想念你的派，满脑子都是它。它变成了你心中的一个执念，而这也增加了你内心的压力。最后，你还是吃了一块派，或者两天之后，你连续吃了两块派。但是，如果你先释放让你觉得需要吃一块派的感受，然后，如果你还是想吃，那就允许自己吃，事情就会容易很多。这为你创造了一个空间来释放这个习惯，然后，你很快就会发现这个习惯消失了。

我认识一位女演员，她认为保持一个理想的体重对她的职业非常重要。20多年来，她一直在努力减肥，但始终没有达到她认为的理想身材。她尝试了她所知道的每一种节食的方法，像着了魔一样地锻炼。可是，她跑得太多了，膝关节都受伤了，再也不能跑了，她只好另找一种有氧运动继续锻炼。那时她参加了两个周末的圣多纳法课程，第一个周末的课程结束后，指导老师建议她，在接下来的一周想吃什么就吃什么，只要在吃之前释放就好。这让她有了很大的突破。

2天后，她出去吃了多年来的第一个巧克力冰淇淋，她真的很享受，感觉很满足。而且，因为她在那一周每次吃东西之前都会释放，所以她在5天之内就减去了5磅（约2.3千克）。在之后的6个月，她减去了20磅

（约9千克）。很多年过去了，现在她依然保持着理想的体重。

如果这位女演员和其他成千上万的人都能有效地运用这个方法，那么你也有可能做到这一点。而且，这个方法很简单。与其试图去修正你的习惯，不如和自己做个约定，下次你想吸烟的时候、想打开电视的时候、想吃甜点的时候，先释放，释放完之后，如果你还想那样做，就允许自己那样做。你会发现你的习惯逐渐消失了，或很快就消失了。我看到过很多人运用这个方法戒了烟，所以，让自己试一下，你会发现这是一个非常有效的方法。

既然我们已经讨论了改变习惯和戒除上瘾症的原则，那么让我们来看一些实际的应用。

放下与习惯有关的记忆

改变习惯的一个很有效的方式就是运用我们在第十二章最后讲到的"当下没有问题"的视角。这是因为习惯和其他问题一样，只是意识中形成的固定模式。当一个人捕捉到那种期待的倾向并放下它，他的习惯很快就会消失。

关于十二步计划项目，我有一点不是很赞同，就是它要求参与者在互助会上不断地确认、再确认："我是一个_____（酗酒者、性成瘾者或暴食者，等等）。"在开始阶段，这样做可能有助于突破心中的抗拒，但是如果一个人已经完成了所有的步骤，改掉了坏习惯，那么不如改成："大家好，我是_____（你的名字），我曾经是一个_____（酗酒者、性成瘾者或暴食者，等等）。"

我有个朋友，他也参加了十二步计划项目，他之前并不同意我说的这一点。但是，他陷入了困境，无论他怎么努力都无法放下，因为他不断地认同自己过去的问题。有一天，我坚持让他试一试"问题只是记忆"这个视角。在10分钟的练习之后，那个让他陷入困境的问题彻底消失了，他的生活也完全改变了。

如果你能接纳这样的可能性，即过去并不决定未来，那么你很可能会体验到不可思议的结果。

首先，想一个你曾经相信自己有的习惯。请注意，我特意用了过去时态来说这句话。

然后，问自己：我能够允许自己回忆我过去是如何相信自己有这个习惯的吗？

接下来，问自己：我想要改变这个过去的习惯吗？

如果答案是肯定的，接着问自己：我能够放下想要改变它的欲望吗？然后尽你所能放下它。

如果答案是否定的，就直接进入下一步。

最后一个问题是：我能够放下想要再次相信我有这个习惯的想法吗？或者：我能够放下想要再次拥有这个习惯的想法吗？

一如既往，只要尽力就好。如果你发现自己现在还是执着于这个习惯的记忆，就重复问自己以上这几个问题，直到你能够完全放下为止。

> 我以前喝酒上瘾。在过去的 3 年里，每天晚上，我都会在睡前喝上五六杯酒，然后什么都不想，倒头就睡。我从未意识到自己逃避成长的时间有多长。因为压力，我得了严重的结肠炎，一发病就只能接连几天躺在床上。但是在参加了圣多纳法课程后，我再也不需要喝酒了。1 年之后，我终于可以偶尔来一杯红酒——再也没有犯结肠炎了。
>
> ——S.D. 亚利桑那州凤凰城

好处 / 坏处释放流程与喜欢 / 讨厌释放流程

好处 / 坏处释放流程与喜欢 / 讨厌释放流程是改变习惯的好工具。如果你一直试图改变一个习惯却不成功，通常是因为你的潜意识觉得那样的行为是有好处的。如果你能够在意识层面认识到这个好处并将它放下，你会发现那个习惯自然而然地消失了。如果你正在对一个习惯做释放，记得用过去时态来描述问题，对它不会再次出现的可能性保持开放的态度。

在圣多纳参加了 7 天的静修课程之后，史蒂夫决定将圣多纳法运用在他的购物成瘾上。他是如此着迷于高品质男装，甚至还出了一本书介绍自己购买高品质男装的心得。"我有时做事比较极端。"他说，"当我走进专卖店的时候，好像所有的商品都在向我招手。事实上我买得起那些衣服，但是我真的有必要这样浪费我的钱吗？每次我买的东西的数量都是我最初想买的五六倍。

"在学习了圣多纳法之后，我告诉自己，如果释放之后还想买那件衣服，那就买下它。当我在专卖店看到一件很好的衬衫，我就释放并给自己一些提醒，买下这件衣服的好处是：①衣服很合身；②我可以在这个季节穿它，不会买回去之后就放在衣柜里；③它正好跟我之前买的领带很配；④它打八折。我发现利大于弊，就买下了它。那天晚些时候，我运用了同样的方法，然后就有很多东西没有买。所以我知道这个方法起作用了。"

释放你的习惯

虽然在你放纵自己之前对习惯进行释放比较理想，但你往往不能及时觉知自己，从而做出一个不同的、更好的选择。回想起来，你知道自己当时本可以先释放的，但你没有，现在你又放纵了一次，你的心中充满了内疚、羞愧、愤怒与悲哀这样一些感受。

不用担心，事后释放也是打破习惯的一种强有力的方式。在习惯行为进行之前、期间或之后释放与这个习惯或上瘾症有关的感受，都会削弱那个方向的吸引力。最终，这个方法将帮助你彻底改变你的行为，你也会很好地把它融入你的日常生活。

记住，是情绪模式导致了行为模式。当我们改变了自己的情绪模式，那些行为就会自然而然地消失。

首先，让自己放松下来。然后，想一个你想要摆脱的习惯，它可能是对酒精、香烟、药物、性、食物、电视或其他困住你的东西上瘾。一旦你想到了一个习惯，就专注于内在，感觉自己当下对这个习惯的感受。

你能够欢迎这个感受，允许它存在吗？

注意有这个习惯是怎样的感受，还要注意你是如何因为这个反复出现的行为不认可你自己的。然后，再一次专注于自己当下对这个习惯的感受。

你能不能让自己探索得更深入一些，看看这个感受是来自想要被认可，想要控制，还是想要安全的欲望？

不管是哪一个基本欲望，你能够放下它吗？

重复以上步骤，直到你感觉更轻松、更开阔、更放松。当你释放对这个习惯的感受时，你的目标是释放到做或不做这件事都可以的程度。这可能看上去不太容易做到，但是，如果你能释放到保持或放下这个习惯都完全可以接受的程度，你就可以消除内心的冲突，这会让你更容易戒掉你的习惯或上瘾症。

再次关注你对这个习惯的感受，让自己感觉你对它的感受。

这个感受是来自想要被认可，想要控制，还是想要安全的欲望？

你能够放下它吗？

重复几次以上步骤。

现在，回想一个你沉溺于某个行为的时刻——也许你喝了一杯酒或抽了一支烟，也许你多吃了一块饼干，不管是哪一个时刻，让自己去感觉你在做那件事之前的感受。

你能够欢迎这个感受吗？

你能够识别出这个感受背后的欲望吗？

你能够放下它吗？

再次回到那个时刻，看看你在做那件事之前的感受。有没有另一种感受把你推向了习惯的方向？你可能当时感到饥饿、愤怒、悲伤、空虚或冲动。这个感受可能很轻微，也可能很强烈。

我们经常使用成瘾行为来麻痹自己，从而远离自己的感受。所以你一开始可能不太容易联结到它们。但是，请坚持练习这个方法。练习得越多，你的感受就会变得越明显。

不管你在做那件事之前的感受是什么，现在都尽你所能让自己去体验它。

看看这个感受是否来自想要被认可、想要控制或想要安全的欲望。

你能够放下它吗？

接下来，看看你在做那件事的时候是怎样的感受。比方说，当你吃饼干、喝酒、吸烟的时候，你的感受如何？注意你从中获得的任何人为制造的快乐感受，以及你当时的其他感受。也许你的内心还在挣扎。

不管你在回想自己做那件事时心里有着怎样的感受，你能够欢迎它吗？

在这一刻，哪一个基本欲望被激起了？

你能够放下它吗？

很多时候，人们从习惯性行为中得到一种解脱感或被滥用的享受感。但是，当我们放下那种行为后，我们不必做那件事就能直接感受到快乐，因为好的感受在当下每一刻都是存在的。记住，所有限制性的感受都是可以释放的，即使是所谓的积极的感受。

再次回想你做那件事的时刻，识别并欢迎那个促使你去做那件事的感受，允许它存在。

这个感受的背后有一个基本欲望吗？

你能够放下它吗？

现在，回忆一下你做了那件事之后的感受。你有没有感到内疚、后悔、厌恶或其他什么感受？也许你会想："天哪，我又做了一次！"看看是否有一种不认可自己或失控的感受。问自己：你现在能够尽你所能看到那个感受吗？

记住，感受只是感受。

这个感受的背后有想要被认可、想要控制或想要安全的欲望吗？

你能够放下它吗？

再重复几次以上步骤。

花点时间注意一下你现在对这个习惯的整体感受发生了怎样的变化。这可能只是一个小的转变，也可能是一个大的转变，但不管怎样，它都意味着你已经开始朝着积极的方向前进了。

现在，关注一下你对改变这个习惯的感受。人们对以前改变习惯的尝试往往会有一些残留的感受，有时你可能会说："我要停止这样做了。"但你并没有做到。所以，如果你对改变这个习惯有残留的感受或怀疑，欢迎它浮现上来。

这个感受的背后有想要被认可、想要控制或想要分离的欲望吗？

你能够放下它吗？

再次将注意力放在自己的内在，让自己去感觉你现在对改变这个习惯的感受。你能够拥抱这个感受吗？

你想要被认可、想要控制或想要安全吗？

你能够放下它吗？

里克的故事：不再被巧克力豆控制

里克曾经对花生巧克力豆上瘾。用他自己的话说："我以前特别喜欢吃巧克力豆，一天不吃就难受。有时候，我甚至晚上 10 点跑出去买巧克力豆吃。我去看电影很大程度上是为了放纵自己吃一大袋巧克力豆，老实说，我并不在意上演的是什么。"但他现在不再渴求巧克力豆了。对那种需要巧克力豆的感受进行释放帮助了他——他真正地接纳了那种想吃巧克力豆的欲望。现在里克偶尔还会吃一些，不过他不再像过去那样对巧克力豆上瘾了。"在我们的生活中，我们总是让自己被一些事物控制。当我们对它们进行释放时，我们的能量就被释放出来。虽然我过去为了吃巧克力豆不惜一切代价，但是现在不会了。这个方法给我的最大的帮助是，它让我从对巧克力豆的渴求中解脱了出来，让我可以享受当下。身在何处，心在何处。我现在比以往任何时候都更能活在当下了。"

其他几个要点

我建议你经常运用"释放你的习惯"那一节所教的方法。每次练习这个方法，你都会从中收获更多。但同样重要的是，要持续对自己不想要的习惯进行释放，不管是做那件事之前、期间，还是之后。

此外，除非你所做的违反了医生的指示或你参与的十二步计划项目的规则，否则，你可以跟自己做个约定，在释放了促使你去做那件事的感受之后，放纵自己是可以的。在改掉坏习惯的过程中，你不去放纵自己这件事会变得越来越简单，然后，你的坏习惯也会逐渐消失。

第十六章

实现你的财务自由

欢迎来到"实现你的财务自由"课程，迎接经济上的富足。在这一章，我们将探讨几个练习，运用圣多纳法来帮助你增加自己的财富。每个练习都是为了重复使用而设计的，这样你就可以不断从中获益。这些练习建立在本书第一部分内容的基础上，所以如果你还没有读完第一部分，请在读完之后再来读这一章，即使这是你非常感兴趣的一个领域。

财富的增加，是我们现场研讨会和语音课程的学员在反馈中最常提到的收获之一。当我们对生活中的任何一个领域进行释放时，我们自然而然就会变得更加积极，因此往往会吸引更多的丰盛富足。当然，丰盛富足不仅仅是指财务方面。这个世界可能有些太过于围绕着金钱运行了，所以我们大多数人都会对自己的财务状况感到不同程度的焦虑。当我们开始放下我们在这个领域的信念时，我们会发现自己更容易获得、拥有、积累更多的财富。

和许多人一样，我也曾经认为拥有金钱是非灵性的，所以，我总是倾向于花掉我得到的金钱，并且不允许自己获得我应得的金钱。自从我运用圣多纳法放下了这种信念，我在生活的各个领域都体验到了越来越多的丰盛富足。

在现实中行动，而不是在头脑中幻想

在贪求这个情绪状态下，我们往往在没有意识到的情况下阻止自己拥有想要的东西。就像我在前言中提到的那样，我做房地产经纪人的时候，经常在头脑中幻想，而不是在现实中行动。我的贪求让我幻想着完成销售业绩会有多好，而当我放下这种贪求直接去行动，我完成了更多的订单。销售人员、营销人员、企业家、管理者都比较容易在头脑中幻想。当然，并不只是他们会陷入幻想，在投资领域，很多投资者也会陷入幻想。

你可能听说过一句跟投资有关的话："牛赚钱，熊赚钱，猪赚不了钱。"这句话背后有一个秘密。大多数的投资决策都是基于情绪，而不是基于可靠的事实和清晰的直觉。失败的投资者，甚至是一些成功的投资者，有时在一项交易还没有结束时就开始计算自己的得失，他们在实际结果出现之前就估算出利润，并提前想好怎么花这些钱，他们也倾向于在交易中停留更长的时间，希望获得更多的利润，这两种行为都是因为贪求和对现实的幻想。如果你是这一类投资者，你可以通过确定自己的贪求来自哪一个基本欲望来放下它。当你这样做以后，你会做出更明智的投资决策。

恐惧也是导致情绪化投资的原因之一。在投资市场上，人们通常不会按照他们直觉上认为正确的去做，因为他们害怕犯错。恐惧使他们头脑混乱，让他们无法获利或减少损失。所以，如果你发现自己陷入了基于恐惧的投资，直接放下它，或者识别出恐惧背后的基本欲望，然后放下它。

许多投资者在既定事实面前高谈阔论，认为结果在自己预料之中，他们通过这种方式欺骗自己，让自己相信事情在自己的掌控之中。他们很擅长纸上谈兵。但是当他们进行实际的现金操作时，往往会做出错误的决定。是的，正是情绪影响了他们的认知，让他们做出一些事后后悔的事情。

如果你在开启或结束交易之前释放，你会发现自己把握时机的能力比以前提高了。如果你在行动之前释放，你就能分辨出直觉与恐惧（或贪婪）之间的区别。你在投资活动中运用圣多纳法越多，就会越多地跟随事实而不是幻想，跟随直觉而不是恐惧。

> 我可以毫无保留地说，圣多纳法给了我很大的帮助！我最初设定了一个管理自己财务的目标。在释放之后，我发现我真正的目标是认识自己的价值。在接下来的 3 个星期里，我赚到的钱比过去 8 个月赚到的还要多。
>
> ——诺埃尔·凯利 宾夕法尼亚州布鲁莫尔

对父母的财务活动进行释放

在考虑财务自由和富足时，大多数人陷入困境的一个地方是，抗拒或想要改变父母看待和处理金钱的方式。这对你来说可能是显而易见的，也可能让你感到很惊讶。我们大多数人要么模仿父母对金钱的观念和态度，要么生活在对它们的抗拒之中。无论哪种方式，它都会限制我们的力量，阻碍我们拥有我们想要的东西。

一位名叫南希的圣多纳法学员有一天在听我关于财务自由的语音课程时，在这方面有了一个重大发现。用她自己的话说："这就像是我的'操作系统'里下载了一个盗版软件，它不断重复播放着这样一个信息——钱不够。我以前从未意识到父母对金钱的态度对我的影响这么深，以至于我在生活中复制了他们与金钱的关系。

"我母亲经济上还算富足，但她总是担心钱会不够用。她的这种想法来自我的祖父母。这是一种小农心态：对自己的钱财要保密；即使你不穷，也要装作很穷；你不应该对自己的成功感到骄傲。我从事着按业绩拿提成的工作，收入不太稳定。现在我发现自己陷入了一种在即将成功时却后退的模式，在释放之后，我感觉更自由了。"

所以，想一下你父母对金钱的态度，在涉及金钱时，他们如何对待你，以及他们如何对待彼此。

然后问自己：在你父母对待金钱的态度和行为中，有什么是你想要改变或抗拒的吗？

你能够放下想要改变它的欲望吗？

找出另外一个你抗拒的你父母处理金钱的方式或他们对待金钱的态度。

你现在能够放下这份抗拒吗？你能够允许它消散吗？

现在，想想其他你想要改变的你父母处理金钱的方式，或者在涉及金钱时他们对待你的方式。

你能够放下想要改变它的欲望吗？

重复几次以上问题，再往下进行。

你的父母是否有一种与金钱有关的消极模式，而你在不知不觉中模仿了它——你在自己的生活中采用了这种模式？

如果是的话，你能够接纳这种态度、信念或习惯模式吗？

它是来自想要被认可，想要控制，还是想要安全的欲望？

不管是哪一个基本欲望，你能够允许自己放下它吗？

你还有其他模仿你父母的、你不喜欢且想要改变的处理金钱的方式吗？

只是在这一刻，你能够欢迎它吗？

你能够放下想要改变它的欲望吗？你能够放下想要模仿你父母的欲望吗？

正如我在第十四章中提到的，在我们生命的最初几年及成长的过程中，我们的父母对我们来说就像神一样。他们为我们提供食物、住所和衣物，我们不知不觉地模仿他们，即使有时他们并不是好的榜样。

现在检查一下，看看你是否意识到了过去那种无意识的模仿。

如果是的话，你能够允许它存在吗？

它是否与想要被认可，想要控制，或想要安全的欲望有关？

如果是的话，你能够放下它吗？

现在，再检查一下，看看你是否在以某种方式抗拒父母对金钱的态度，并想要改变它们，或者，在某些方面你是否在模仿你的父母。

你能够欢迎它、允许它存在吗？

它是来自想要被认可，想要控制，还是想要安全的欲望？

你能够允许自己放下它吗？

花点时间注意一下你在释放之后的感受。对进一步的探索来说，这是一个非常有价值的主题。此外，你完全有可能摆脱父母对金钱的观念和态度给你带来的束缚。你可以成为你想成为的样子，不必再成为他们希望你成为的样子，也不必生活在对他们的抗拒之中，关键是要放下你的抗拒（想要改变实际情况的欲望），放下为了安全或得到父母的认可而想要和他们一样的想法。

释放对金钱的恐惧

在与金钱的关系上，另一个让我们陷入困境的地方是恐惧。如果你还记得第十三章的内容，你就会知道，我们潜意识里希望那些我们害怕的事情发生，在那个消极的方向上有一种无形的拉力。想一想你对金钱的恐惧。在与金钱的关系上，我们大多数人都经历过一些我们不喜欢的事情。于是，我们想要避免或阻止这些事情再次发生，而这意味着我们要记住它们。我相信，你更愿意让那些负面的想法从你的潜意识中消失，而不是让它们变成你的经历。接下来，让我们一起来探讨这些问题。

我的父母在经济大萧条时期长大。我父亲亲眼看着全家人失去了自己的房子。我母亲曾劝说我父亲买一套自己的房子，但没有成功。作为一个房地产经纪人，我父亲赚了不少钱，也为别人创造了数百万的利润，但他自己却放弃了很多次买房的机会，即使那些都是很好的投资。实际上，他买得起房子，也可以在买了房子之后再卖出去，让自己获取相当高的利润，但我们住的房子却是租的。在这方面，我不知不觉地模仿了父亲，我也不想购买房子。在我意识到发生了什么之前，我的妻子艾米已经就买一套自己的房子这件事劝说了我好几年。我释放了对拥有房产的恐惧。不久之后，我们在凤凰城买了一栋别墅。这栋别墅我们后来卖了出去，赚了一些钱。现在，我们在亚利桑那州的圣多纳有一个美丽的家。我知道，如果我没有放下从父亲那里继承下来的对拥有房产的恐惧，这对我们来说是不可能的。

如果你有了很多钱，或者拥有了财务自由，你担心会发生什么？也许你害怕被国税局审查、支付更高的税款或做出糟糕的投资。

不管这恐惧是什么，你现在能够放下想要它发生的欲望吗？

如果你在银行里存了很多钱，你还担心会发生什么？

如果你在银行里存了很多钱，你会认为这是理所当然的吗？

你担心这会破坏你的人际关系吗？

看看你对拥有大量金钱或财务自由有哪些恐惧，然后从中选择一个。

你能够放下想要它发生的欲望吗？

再想一件你担心拥有财务自由之后会发生的事，比方说，你担心自己不能负责任地理财。

你能够放下想要它发生的欲望吗？

重复以上问题几次，允许你的恐惧自行消散。

除了运用这个方法放下想要让你的恐惧变成现实的欲望，你还可以列出你对金钱、富足和财务自由的恐惧，运用释放基本欲望的问句对它们进行释放。不管运用哪种方式，当你放下恐惧，你就能更自由地前行，创造出你想要的那种丰盛富足的生活。

> 我的收入一直在增长，而且轻轻松松、毫不费力！在学习圣多纳法之前，我从来没有在工作中获得过奖金。在学习圣多纳法之后，我获得了我人生中第一份奖金！此后，我每个月都有奖金拿，连续 3 个月我都是月度最佳制作人。经理们都来问我如何才能让别的员工也跟我一样！
>
> ——彼得·皮耶佐　佛罗里达州圣奥古斯丁

喜欢 / 讨厌释放流程

我们对金钱的信念和态度往往会阻碍我们获得财务自由和富足，但这些信念和态度就像我们呼吸的空气一样，我们完全没有意识到它们的存在，以及隐藏在它们之下的贪恋和厌恶。而运用喜欢／讨厌释放流程（见第九章）可以让这些深层的限制上升到意识层面，然后，我们就可以放下它们。

当你对自己的信念和态度进行释放时，可以分为两个阶段来进行。从你目前的财务状况开始，想一下你现在与金钱的关系如何。需要注意的是，释放你的喜欢与释放你的讨厌一样重要。

你目前的财务状况中有什么让你喜欢的吗？

它是来自想要被认可，想要控制，还是想要安全的欲望？

不管是哪一个基本欲望，你能够放下它吗？

你可能很难想到有什么让自己喜欢的，特别是在自己的财务状况不那么理想的情况下。但如果在这里卡住了，那么可以确定的是，一些潜意识的欲望或感受在阻止你放下和继续前进。所以，尽可能地保持开放的态度，当你问自己以下问题时，让自己意识到并接受心中出现的第一个想法或感受。

你目前的财务状况中有什么让你讨厌的吗？

看看它是来自想要被认可，想要控制，还是想要安全的欲望。

不管是哪一个基本欲望，你能够放下它吗？

你目前的财务状况中有什么让你喜欢的吗？

它是来自想要被认可，想要控制，还是想要安全的欲望？

你能够允许自己放下它吗？

你目前的财务状况中有什么让你讨厌的吗？

它是来自想要被认可，想要控制，还是想要安全的欲望？

继续这样问下去，每组喜欢和讨厌重复 9 次左右。

当你准备好了，我们换个角度。

你能够允许自己拥抱或欢迎你现在与金钱的关系吗？即使它不是你想要的样子，但如果你能够如它所是的样子去拥抱它，你就有了一个很好的平台来让自己前进。

那么，在这个当下，你能够允许自己如它所是地去拥抱它吗？

允许它就是如此？知道它这样是可以的？

你越是能允许自己接受它的现状，就越能采取行动，让它成为你想要的样子。

不管你目前在金钱方面的状况如何，你能够拥抱它、欢迎它，或允许它就是如此吗？

此刻，你能够允许你的想法、感受、态度以及你的行动如它们所是的样子，而你只是接纳它们吗？

现在，花些时间观察一下，在完成上面 3 个练习之后，你的感受有了怎样的变化。把它们融入你的日常生活中。比方说，当你注意到自己在重蹈父母的覆辙时，放下对它的抗拒或想要改变它的欲望，然后看看会发生什么。如果你注意到了转瞬即逝的担心，运用释放基本欲望的问句放下它，或放下想要担心的事情发生的欲望。当然，你还可以集中对它做喜欢 / 讨厌释放流程。

最后，允许自己接纳你现在的财务状况，越能接纳它，你就越能自由地去改变它。

清理程序

我们继续探索那些让你无法拥有自己想要的东西、无法获得财务自由的障碍。清理程序是解决问题、与他人和谐相处的一个极佳的方法，也是改善你的财务状况和商业互动的一个非常强大的方法。

请记住以下几点：第一，当你运用这个方法时，一些释放会自然而然地发生；第二，释放只是一个决定，比方说，"允许事物以它本来的样子存在"就只是一个决定而已；第三，当你练习的时候，欢迎任何你意识到的东西。如果你准备好了，我们就开始吧。

你曾经觉得金钱试图控制你吗？这似乎是个很傻的问题，因为金钱是没有生命的，但你可能有过这样的感觉。

你能够欢迎自己想要反过来控制金钱的欲望吗？

你能够放下它吗？

你曾经试图控制金钱吗？这个问题很好回答，因为大多数人一直都想要控制金钱。

现在，你能够放下想要控制金钱的欲望吗？

金钱曾经试图控制你吗？或者你感觉上是这样？

如果是的话，你能够放下想要反过来控制金钱的欲望吗？

你曾经试图控制金钱吗？

如果是的话，你能够放下想要控制金钱的欲望吗？

金钱曾经试图控制你吗？或者你感觉上是这样？你曾经觉得自己被金钱支配、伤害吗？

你能够放下想要控制金钱的欲望吗？

你曾经试图控制金钱吗？

如果是的话，你现在能够放下想要控制金钱的欲望吗？

你能够允许金钱以它本来的样子存在吗？

记住，最后一个问题只是为了让你有一个决定。当你决定允许金钱以它本来的样子存在时，你将强有力地改变与金钱的关系。

你愿意允许金钱以它本来的样子存在吗，就只是现在这一刻？

你现在允许金钱以它本来的样子存在吗？

如果你的答案为"是"，看看你内心的感受是不是好了很多。如果你的答案为"否"，这意味着你在想要控制的欲望上还有很多需要释放。重复上面的一系列问题，直到你已经完全放下，然后进入下一个部分。

你曾经不喜欢或不认可金钱的什么地方吗？

如果是的话，你能够给予金钱你的认可吗？

你能够放下对金钱的不喜欢或不认可吗？

你曾经觉得金钱以某种方式不喜欢或不认可你的什么地方吗？我知道

这有些难以想象，但是你可能有过这样的感觉。

你能够放下想要金钱认可你的欲望吗？

你曾经不喜欢或不认可金钱的什么地方吗？

你能够放下对金钱的不喜欢或不认可吗，就只是现在这一刻？

你曾经觉得金钱不喜欢你、不认可你或一直拒绝你吗？我知道这也许没有道理，但不管怎样，你可能有过这样的感觉。

你能够放下想要金钱认可你的欲望吗？

你曾经不喜欢或不认可金钱的什么地方吗？

你能够给予金钱你的认可吗？

你曾经觉得金钱以某种方式不喜欢或不认可你的什么地方吗？

你能够放下想要被认可的欲望吗？

现在，你能够允许自己对金钱只有爱和接纳的感受吗？

你愿意允许自己对金钱只有爱和接纳的感受吗？

你现在对金钱只有爱和接纳的感受吗？

记住，最后一个问题仍只是为了让你有一个决定。注意，这一点点对认可的释放已经让你的意识有所转变。如果需要的话，你可以继续重复上面的一系列问题，然后进入下一个部分。

你曾经觉得金钱以任何方式挑战、反对或威胁过你吗？

如果是的话，你能够放下想要安全或生存的欲望吗？

你曾经以任何方式挑战、反对或威胁过金钱吗？再一次，因为金钱不是一个人，即使我们把它拟人化了，这个问题听上去可能还是有些难以想象，但是，在感觉层面上，你可能有过这样的感觉。

你能够放下想要挑战、反对或威胁金钱的欲望吗？

金钱曾经挑战、反对或威胁过你吗？或者你感觉上是这样？

如果是的话，你能够放下想要安全或生存的欲望吗？

你曾经以任何方式挑战、反对或威胁过金钱吗？

你能够放下想要这样做的欲望吗？

金钱曾经挑战、反对或威胁过你吗？或者你感觉上是这样？

如果是的话，你能够放下想要安全或生存的欲望吗？

你曾经挑战、反对或威胁过金钱吗？或者你曾经想要这样做吗？你能够放下想要这样做的欲望吗？

你能够允许自己对金钱只有平静、安全与信任的感受吗？

你愿意允许自己对金钱只有平静、安全与信任的感受吗？

你现在对金钱只有平静、安全与信任的感受吗？

根据需要重复以上问题，直到你对每一部分的最后 3 个问题都能给出肯定的回答。如果你能做到这一点，你会发现自己与金钱的关系发生了很大的转变。金钱是没有生命的物体，并不是一个人，而我们与金钱之间存在着一种关系，以这种方式释放我们对金钱的感受，可以很好地清除关系中很多障碍。

朱莉娅的故事：你值得最好的

朱莉娅是 10 年前遇到圣多纳法的，那时她刚从罗马尼亚移民到加拿大。这是一个艰难的转变。她是一位单亲妈妈，没什么钱，还需要学习两种语言，因为她生活在魁北克，那里既说法语又说英语。她在经济上陷入了困境。她做美甲师，每个月的收入大约是 900 美元，而她每个月的开销也差不多需要这么多，都剩不下多少钱来买吃的，更不用说别的了。"有那么多的烦恼和痛苦，我哪里会有自由？"朱莉娅说，"所以，当我开始学习圣多纳法时，我感到很惊喜，因为它是如此简单、有效。在我放下了对物质匮乏的抗拒之后，我有了一个来自正统犹太社区的新顾客。她发现了我放在电话簿里的小广告，并把她的母亲、祖母、侄女和朋友都介绍到了我这里。一个半月后，我的生意增长了 2 倍，我挣了 2000 多美元，而我除了释放，其他什么都没做。"

朱莉娅意识到，她的贫困意识是从她的亲人那里继承过来的。对于变得富有，她的潜意识里有一种恐惧。她问自己："贫穷的好处是什么？富有的好处是什么？"她注意到，当她花钱的时候，心里面会感到不舒服。于是她决定改变自己总是在商店买便宜货的习惯。她不断对"我值得更好的"这一点做释放，她问自己："我能够允许自己想起'我没有钱'这个信念吗？我能够想起我过去是怎么相信自己不可能有钱的吗？"她还发现，她对钱的贪恋是来自她想要安全的欲望。

"在释放之前，我们被困住了，但我们并不知道这一点。"朱莉娅说，"学会释放之后，我们知道自己被困住了，除非我们释放，否则会痛苦不堪。当我心中升起抗拒时，我的腹部就会痛。但是，当我对财务安全这个目标进行释放，疼痛就消失了。现在，我感到很平静，收入也很稳定。"

好处／坏处释放流程

现在，你将运用好处／坏处释放流程来实现自己的财务目标。记住，不管是好处还是坏处，都要放下，这样做可以更快地让财务自由与富足这个目标进入你的意识。

拥有财务上的自由与富足会给你带来什么好处？

它是来自想要被认可，想要控制，还是想要安全的欲望？

不管是哪一个基本欲望，你能够允许自己放下它吗？

拥有财务上的自由与富足会给你带来什么坏处？

如果想不出什么坏处，就对这种情况进行释放。然后，看看这种情况的背后是否有想要被认可、想要控制或想要安全的欲望。

不管是哪一个基本欲望，你能够允许它被释放吗？

记住，如果你现在觉得自己没有拥有财务自由或富足，那么在你的内心深处可能认为拥有财务自由或富足是有坏处的。所以，在做这个练习时，尽可能地保持开放的态度，让自己注意到心中出现的第一个想法或感受，然后放下它。在你发现隐藏的坏处之前，它们会一直影响你的生活。

拥有财务上的自由与富足会给你带来什么好处？

它是来自想要被认可，想要控制，还是想要安全的欲望？

你能够允许自己放下它吗？

拥有财务上的自由与富足会给你带来什么坏处？

看看它是否与想要被认可，想要控制，或想要安全的欲望有关。

你能够放下它吗？

交替重复以上问题至少9次，以确保每一层都得到了释放。我之前提到过，我有时会在一个主题上连续做一个多小时的好处／坏处释放流程，事实上，有时候用时甚至比这还要长。因为每一个好处和坏处一起构成了对某个特定主题的一层完整的感受，所以当你放下它们的时候，你就离你一直想要的财务自由与富足更近了一步。

> 我在一家世界财富500强公司工作了25年，感觉迷失了自己。我一直都想离开公司自己创业。那时有人给了我一盘圣多纳法的磁带，我放在车里听了一年。在这段时间里，我开始自己创业。我没有任何担心，只是相信自己会成功，而我也真的成功了。我无法解释发生的事。我工作没有以前那么努力，但挣的钱更多了，而且我也更平静了。我把这归功于圣多纳法，因为除此之外，其他的都没有改变我的生活。
>
> ——里克·福瑞斯特 加利福尼亚州克莱尔蒙特

将你理想的财务状况可视化

允许自己想象一下，如果你实现了完全的财务自由与富足，你的生活会是什么样子。记住，要调动你的所有感官。你的"画面"可以是视觉的、听觉的或触觉的。在你的脑海中描绘一幅生动的画面：你拥有了自己一直想要的很多的钱、完全的财务自由与富足。让自己深入而完全地去体验它。

然后，看看你的内心是否出现了这样的声音："不，我不可能拥有这些。""我不应该拥有这些。""这不现实。""这是不可能的。"或任何与你的想象相反的想法、感受。

在这些相反的想法或感受背后，是否存在着想要被认可，想要控制，或想要安全的欲望？

你能够放下这个欲望吗，就只是现在这一刻？

再次让自己想象现在拥有了财务自由与富足的画面，想象自己在这一刻就拥有了。看看它是什么样子，去体验它、感受它。

检查一下内心是否有相反的想法或感受浮现。

然后看看是否有想要被认可、想要控制或想要安全的欲望与这些想法或感受联系在一起。

你能够放下它吗？

再一次，让自己想象拥有了财务自由与富足的画面。

现在你拥有了财务自由与富足，你的生活是什么样子呢？

看看这是否来自想要被认可、想要控制或想要安全的欲望。

你能够放下它吗？

看看你想象的画面是否与基本欲望有关。

如果是的话，你能够放下它吗？

再一次，让自己想象一下你现在拥有了财务自由与富足的画面。看看自己内心是否在抗拒这个画面，或是有声音在说"你不可能拥有它""你不应该拥有它"。

如果是的话，它是来自想要被认可，想要控制，还是想要安全的欲望？

不管是哪一个基本欲望，你能够允许自己放下它吗？

再一次，让自己想象一下你现在拥有了财务自由与富足的画面。你要知道，你可以拥有财务自由与富足。

你能够允许自己欢迎这个画面进入你的意识吗，拥抱它、滋养它，允许它存在？

让自己安住在当下，知道现在拥有它是可以的。允许财务自由与富足进入你的生活，因为你值得！

设立目标，采取行动

我强烈建议你把自己想在财富领域实现的目标写成一个目标宣言。目标释放流程将帮助你记住你真正想要的东西，同时释放所有与之相反的感受。一如既往，当你开始采取行动去实现自己的财务目标，请记住要持续释放。当你对自己可能会采取或正在采取的行动进行释放，你会发现你比以前更容易实现自己的目标（关于目标释放流程的更多细节在第八章）。

最后的话

经常重读这一章。你运用这个方法越多，你的收获就会越多。当你开始接受你有资格拥有财务自由与富足这个想法的时候，你就会自然而然地产生积极的态度。

第十七章

改善关系的魔法

你有没有想过，为什么有些亲密关系能够维持很久而有些却不能？为什么很多人似乎和一些不同的人保持着同样的关系？为什么有些人很容易就能找到伴侣，而有些人却在苦苦挣扎？这些问题和其他一些常见问题的答案都可以在本章这个关系的微型课程中找到。这一章中的练习、视角和方法将帮助你发现你与生俱来的爱的天性。

对于大多数令人烦恼的关系问题的解释其实很简单。我们大多数的关系，以及我们的关系模式，都是基于需要而不是爱。你可能对此并不感到惊讶，不过，你可能会惊讶于你可以做些什么——你现在已经知道那是什么，那就是释放。除了爱以外的每一种感受都是一种非爱的感受。因为你的天性就是爱，所以，你每一次运用圣多纳法，都是在释放自己非爱的感受，而你也会变得越来越有爱。你越有爱，你的关系就会越成功，你对理想伴侣的吸引力也就越大。就是这么简单。你之前做的和你将要做的释放，会改善你现在和未来的关系。

不要在错误的地方寻找爱

我们大多数人都在寻找爱，而这无异于试图填满一个有漏洞的杯子。

每一次我们似乎从一个外部的来源，特别是从另一个人那里得到爱，都强化了这样一种信念——爱可以在我们之外找到，所以，这种得到爱或认可的感觉本身就有漏洞。常见的漏洞有：对失去爱的恐惧；对某些人的怨恨，因为我们觉得他们必须爱我们；远离我们本来就有的爱的行为。

好消息是，你只要放下想要被爱或被认可的欲望，就可以走出这些困境。此外，你也可以通过寻找相互之间的爱的方式来加速这个过程。在任何一段关系（夫妻、朋友或亲人）当中，如果你们能够爱对方本来的样子，那么你们两个就可以放松下来，彼此很真实地相处，这也会促进更健康、更令人满意的交流互动。

改善关系有几个关键点，但往往被忽视。其中一点是互惠。如果你在做的事情与你的伴侣不一致，可能你们双方都会感到沮丧。以我和我妻子艾米的关系为例，我以前只喜欢看"男性电影"，而艾米只想看"女性电影"，这给我们看电影带来了一个难题。我们没有试图把自己的意愿强加给对方，或是想当然地认为一方应该为另一方做出牺牲，因为这些都不是互惠的解决方案。相反，我们开诚布公地讨论了这个问题，释放了我们对它的感受，然后开始确定我们双方都喜欢看的电影。事实上，由于通过释放达到了互惠，我们现在更能接受对方在电影方面的喜好了，而且在选择电影时很少有意见不一致的情况。当我们意见不一致时，如果觉得对双方都有好处，就去看对方选择的电影，要不然就各看各的，或者和另一个朋友一起看。无论怎样，我们都更开心了。我现在对一些"女性电影"的喜爱程度甚至不亚于"男性电影"，而艾米也喜欢上了一些"男性电影"。

想要真正地滋养和支持他人，爱就不能有任何附加条件。你付出得越多，而且不需要任何回报，你就会越快乐。然而，我们大多数人在关系中所做的是交换："如果你为我做这件事，我就为你做那件事。"在商业中，交换是很好的事情，然而，真正的爱绝不是一桩商业交易。

真正的爱或关心应该是两个人相互支持。如果一方牺牲自己为对方付出，那就不是真正的付出。这种情况会造成依赖过度，甚至是滥用付出。

所以，当你付出的时候，要确保你给予的是对方想要的东西，而且你也乐于这样做。当然，这并不意味着你必须总是满足对方的期望，也不意味着你一定要按自己的意志行事，而是意味着你让自己去探索那些对双方都有益的相处方式。

如果你在你的关系中遵循了这些原则，你将会取得很大的进步。

如果你的伴侣已经很完美了呢

如果你曾经有过一段浪漫的关系，你可能经历过大多数人所说的"蜜月期"。除非你现在的关系是全新的，否则你在那个阶段所体验的那种爱、关心和快乐可能现在只剩下一些记忆了。那么，你的蜜月期和你现在所经历的有什么不同呢？很简单，在关系开始的时候，你爱和接受你的伴侣本来的样子。你当初可能因为对方的某种特质而爱他，但这种特质现在却让你抓狂。

在某个时刻，当你的伴侣说了或做了某事，或以某种方式行事，让你觉得难以接受，这段关系就开始变得让你失望。在这之后，你开始抗拒那种行为或特质，同时却又希望对方再次将它表现出来。正如前文提到的那样，你开始建立内在清单，上面写的是关于你的伴侣，你喜欢和讨厌的地方，然后，你开始把他们做的每件事与内在清单进行比较，如果符合，你就会在内在清单上记上一笔，然后更加地讨厌它。一旦开始建立这个清单，你就会不断地寻找可以添加到上面的事情，整个过程往往会失控，最后以分手、离婚或双方忍受一段不再相互支持的关系而告终。

有一个简单的方法可以打破这种模式，让你的关系一直处在蜜月期。首先，"烧掉"你的内在清单。除非你想要破坏你现在的关系，否则继续往清单上添加东西只不过是自找麻烦。其次，要养成习惯，多从你的伴侣身上寻找值得你爱和欣赏的地方，而不是对方需要改变或改正的地方，这会让你们的关系变得完全不同。不过，这并不能代替你和伴侣之间的爱的交流，比方说对于某些你不希望对方做的事情的交流。这也不是要给你或你的伴侣一个借口，让你们继续沉溺于破坏性的行为。这个方法可以帮助你们再次回到蜜月期。此外，喜欢／讨厌释放流程也是一个很有效的"清单燃烧器"。

让我再讲述一下喜欢／讨厌释放流程在我的婚姻中是如何起作用的。正如我之前提到的，我们往往会在心里列一些清单，上面是我们的伴侣做错了什么或做了什么冒犯了我们。然后，我们希望伴侣继续犯同样的错误，当伴侣再次犯错的时候，就会证明我们是对的。一段时间后，维持从"我是对的"那里得来的虚假安全感就变得很重要，甚至比滋养最初吸引你们在一起的那份爱还重要。这种模式与当初我们的伴侣做什么都不会错的蜜月期的不同之处在于，我们关注的点和期待的东西都改变了。

在过去的十多年里，我和艾米心中关于对方过错的清单都在不断地消失。是的，有时我会不喜欢艾米的一些倾向，她也会不喜欢我的一些特质，但我们两个都不会以此来攻击对方。我们在一起时，就安住在当下，寻找更好的相处之道，释放我们的创伤和期待。我们彼此分享爱的无限可能性，我现在比在蜜月期的时候更爱她了。

化解争论的方法

几年前，我和艾米在牙买加的一个度假胜地举办了一个夫妻关系的课程。下面的练习是我们当时用来帮助夫妻双方化解分歧、实现互惠的一个方法，它是基于从对方的角度来看问题的原则。当你在争论中使用对方的观点看问题时，冲突就很难再继续下去。这个练习是化解争论的一个快速、有趣的方法。

这个练习的指导原则很简单。完整地做完这个练习，不要做任何修改，也不要做任何身体上或情感上会伤害对方的事。

选择一个你们一直争论不休但想要解决的问题。

第一步，双方为自己的观点好好地争论一下。争论的时候，尽可能多地投入自己的感情。但是，有一个重要的限制：你们只能用"什么"

（blah[①]）这个词，不能用其他的词。就像你们平常那样争论，夸张一点也没有关系，但是要避免用实际的语言。

　　一直争论到你们双方都觉得已经把自己的观点表达清楚了为止。然后，在进入第二步之前，花一些时间释放一下你们在这个过程中被激起的情绪。

　　第二步，双方将对方的观点视为自己的来进行争论。这一次用实际的语言来表达，让自己站在对方的角度考虑问题。争论的时候，要彻底地为对方的观点辩护，尽你所能去感受和表达对方的情绪。

　　继续这样争论，直到你们双方都无话可说为止。然后，花一些时间释放一下你们在这个过程中被激起的情绪。

　　第三步，与对方分享自己的发现。然后，双方一起讨论并释放在练习的过程中产生的感受、想法、见解和信念。我相信，无论何时，当你使用对立的观点看问题，你都会惊喜地发现，这个方法可以帮助你走出困境。

运用释放支持你的关系

　　在本章的剩余部分，我们将运用本书第一部分讲述的原则和方法来处理关系问题。在做下面的练习时，你可以聚焦于一段你想要改善的关系，一段你想要疗愈的过去的关系，或一段你想要拥有的、真正适合你的关系。即使只是运用了本章讲述的一两种方法，你也可以像成千上万的人那样通过释放改善自己与他人的关系。

超越父母的影响

　　除了在金钱方面，父母对我们的影响还包括我们如何看待关系。父母是我们最早的模仿对象，他们之间的关系（如果不是单亲家庭的话），以及他们与你的关系，都会对你产生深刻的影响。所以，如果你想要在你的

---

① 译者注："blah"，一个没有实际含义的词。这句话的意思是，用"什么"这个词代表所有你想说的话。

关系中获得完全的自由，先要关注你和父母的关系，或他们之间的关系。

在这段关系中，有没有什么是你抗拒或想要改变的，或者你一直在模仿的？

这激起了你想要被认可，想要控制，或想要安全的欲望吗？

不管是哪一个基本欲望，你能够允许自己放下它吗？

找出你和父母的关系或他们之间的关系中你想要改变的地方。

你能够放下想要改变它的欲望吗？

在你和父母的关系或他们之间的关系中，还有什么你想要改变的吗？

如果有的话，你能够放下想要改变它的欲望吗？

再看一下，在你和父母的关系或他们之间的关系中，你是否还有什么不喜欢或想要改变的地方。

你能够放下想要改变它的欲望吗？

那么，你和父母的关系，或者他们之间的关系，还有什么影响了你这一生中所有的关系吗？你要么生活在对这些早期关系的抗拒中，要么将它们作为模仿的对象，即使它们并不值得你模仿。

当然，你和父母的关系可能很好，那么现在对它做一些释放可以让它变得更好。

看看你对你和父母的关系或他们之间的关系的总体感受如何。这个感受是来自想要被认可，想要控制，还是想要安全的欲望？

不管是哪一个基本欲望，你能够允许自己放下它吗？

现在，再看一下，在你和童年伙伴的早期关系中，你是否有什么不喜欢或想要改变的地方。

如果有的话，你能够放下想要改变它的欲望吗？

在你和童年伙伴的早期关系中，还有什么你想要改变的吗？也许那时你很害羞，或者很难与他们相处。在你和童年伙伴的早期关系中，还有什么让你抗拒的吗？

它与想要被认可、想要控制或想要安全的欲望有关吗？

如果是的话，你能够允许自己放下它吗？

我强烈建议你继续对你与父母的关系、父母之间的关系以及你与童年伙伴的早期关系做释放。我们长大之后的大多数关系的模式，其实都源自这些早期的关系。现在进行一些清理，你生活中的一切都会发生积极的改变。

克莱尔的故事：在亲密关系中创造安全感

"人往往会爱上同一种类型的人。"克莱尔说，"对我来说，那些在我的关系中出现的男人都是我父亲的投射——一个由我的记忆虚构出来的想象中的人。"圣多纳法给予了她极大的帮助，让她能够原谅她的父亲并重获安全感。于是，她终于可以真正地与自己的恋人相爱，而不再被过去的一些事情所影响。当她放下了想要被认可、想要控制和想要安全的欲望，特别是想要改变过去的欲望，她在亲密关系上取得了很大的进展。

"现在，我拥有了一段我做梦都不敢想的美好爱情，因为之前我感受不到别人对我的爱。我和我的伴侣都在生活中运用圣多纳法，它帮助我们解决了我们恋爱初期遇到的一些问题。在我真正地原谅了自己、原谅了他人之后，我开始更多地爱自己，不再有自我毁灭倾向了。"

从恐惧走向爱

恐惧也是阻碍人们获得美好关系的一块绊脚石。你可能害怕承诺、害怕亲密，或者害怕被伤害。但是，如果你继续深入探索，对你的恐惧进行释放，你会发现你可以拥有一段美好的关系。除了可以运用释放基本欲望的问句，你还可以运用之前学习的释放恐惧的快捷方法（见第十三章）来放下恐惧。现在，让我们来做一些恐惧释放的练习。

在你现在的关系或你理想的关系中，你担心会发生什么？

你对这段关系有什么担心？

你能够放下想要它发生的欲望吗？

在当前的关系或其他关系中，找出其他你担心会发生的事情。

你能够放下想要它发生的欲望吗？

重复这些问题 4~5 次，欢迎出现的恐惧，并放下它们。这是一个你可以每天持续释放的领域。当你注意到自己正在担心某些事情可能会发生在你当前的关系中或你正在考虑的关系中，抓住机会让自己好好释放，看看你是否可以放下想要担心的事情发生的欲望。

请明白一点，即你可能并不是有意识地想要担心的事情发生。但是，由于你潜意识里希望你担心的那些事情发生，所以，你真的很有必要放下对关系的恐惧。

> 我之前学习过其他的一些方法，它们在某些方面让我感到困惑，但是圣多纳法不一样，它真的帮了我很多。我开始意识到，我是如何因为想要被认可、想要控制、想要安全的欲望破坏了自己的人际关系。我和我的一个朋友分享了这个方法，他听了语音课程之后又去参加了 7 天的静修课程。我看到了自己的进步，也见证了他的成长。我们的生活都发生了很大的改变，我们的友谊越来越深厚，并且一直在相互帮助。
>
> ——莎丽·保尔森 得克萨斯州休斯敦

喜欢 / 讨厌释放流程

我们接下来要探索的是各种贪恋和厌恶，它们可能会让一段关系陷入困境，或阻碍我们发展一段令人满意的关系。关于喜欢 / 讨厌释放流程，有两点需要记住。第一，交替释放喜欢和讨厌，释放完一个喜欢，接着释放一个讨厌。第二，如果一时想不出有什么喜欢的或讨厌的，就先释放自己对这种情况的感受，然后继续往下进行。每一对喜欢和讨厌都对释放的对象形成了一层限制。

那么，对于一段现在的、过去的或你期待的关系，你喜欢它的什么呢？

这激起了你想要被认可，想要控制，或想要安全的欲望吗？

不管是哪一个基本欲望，你能够允许自己放下它吗？

想一想你对于一段关系不喜欢的地方，这段关系可以是现在的、过去的或你期待的。

这激起了你想要被认可，想要控制，或想要安全的欲望吗？

不管是哪一个基本欲望，你能够放下它吗？

你喜欢这段关系的什么呢？

它与想要被认可，想要控制，或想要安全的欲望有关吗？

你能够允许自己放下它吗？

你讨厌这段关系的什么呢？

它与想要被认可，想要控制，或想要安全的欲望有关吗？

你能够允许自己放下它吗？

重复以上问题 4~5 次。

这个方法可以有效化解那些阻碍你拥有理想关系的贪恋和厌恶。

接纳事物本来的样子

正如我之前所说的，如你的伴侣所是地去接受他，这将有助于你向你一直寻求的爱敞开。

如果你已经有了一位伴侣，你能够只是简单地允许自己接受当下的关系吗？你能够拥抱过去所发生的以及未来可能会发生的一切吗？

你能够允许自己拥抱当下的一切吗，允许它就是如此？

如果你想在自己的生活中创造任何想要的事物，最有力的资源来自你的这份感觉，那就是，你感觉当下的一切都很好。这并不是说，当你有机会选择时你不可以选择其他，而是当你能够欢迎、接纳、拥抱或允许当下所是的时候，它会给你巨大的力量，让你可以转化你们关系中的能量，使你既可以如实如是地去爱，也可以开始一份更为积极的正向关系。

那么，你能够允许自己去拥抱你现在的关系吗？

你能够允许它就是它现在这个样子吗？

了悟它如是的样子是可以的，这份了悟中存在着更好的可能性。

你能够允许自己在这一刻放松下来，并且知道一切都很好吗？

你越是能够放松地安住在当下，就会感觉越好，并且，它也会将你们的关系带入一个更好的状态。我相信你已经注意到，那些你喜欢与之相处的人，都是内在放松的人，他们既不紧张，也不焦虑。你越是能够放松地做真实的自己，就越是能够改善你们的关系。放松与自在是人的天性，每次你放下的时候，它们就会自然地显现。

花点时间去留意一下，对于自己的关系，你现在的感觉比起几分钟之前是不是好了很多呢？

清理程序

清理程序是我知道的用来改善关系的最强大的工具之一。它可以将你带回到一个充满爱的平衡的地方，从而转变你当前的处境，哪怕是最困难的处境。

我对第十一章中讲述的方法做了一些修改，增加了第四个关于分离的问题，这样可以帮助你与自己关心的人建立更好的关系。

当你运用清理程序的时候，需要记住以下几点。第一，当你问自己问题时，欢迎心中升起的感受。比方说，当你问自己："这个人曾经试图控制你吗？"你的心中可能会升起想要反过来控制对方的欲望，不过，如果你欢迎这种欲望，它就会自然地消散。第二，每一组问题的第三个问题只是为了让你有一个决定。第三，你是在为自己释放。你不是在为你现在或将来的伴侣释放。清理程序可以帮助你在关系中实现你渴望的自由。

首先，让自己放松下来，专注于自己的内在。然后，选择一个释放的对象，这个人可以是你现在的恋人、你过去的恋人、一个可能会成为你恋人的人，甚至你的父母。正如我在第十一章中提到的，运用清理程序对我和母亲的关系进行释放，让我在通往自由的道路上有了极大的飞跃，从那之后，我们的关系一直都很好。清理程序不仅改变了我和母亲及其他人的关系，也改变了我和自己的关系。

现在，想一个你希望对其进行释放的人，一个你希望与之改善关系的人。或者，如果你现在处于单身状态，那就清理一下过去的一段艰难的关系。运用你的主要感官在脑海中想象这个人的样子，去看、去听、去感受。

这个人曾经试图控制你吗？

如果是的话，你能够放下想要反过来控制他的欲望吗？

你曾经试图控制这个人吗？

如果是的话，你现在能够放下想要控制他的欲望吗？

根据需要重复以上问题，然后，如果你准备好了，就问自己这一系列的第三个问题：

你能够允许这个人做他自己吗？

你愿意允许这个人做他自己吗？

你现在允许这个人做他自己吗？

记住，这个问题只是为了让你有一个决定。

你曾经不喜欢或不认可这个人的什么地方吗？

如果是的话，你能够放下对这个人的不喜欢或不认可吗？

这个人曾经不喜欢或不认可你的什么地方吗？

如果是的话，你能够放下想要他认可你的欲望吗？

根据需要重复以上问题。如果你准备好了，就问自己这一系列的第三个问题：

你能够对他只有爱或接纳的感受吗？

你愿意对他只有爱或接纳的感受吗？记住，这只是一个决定。

你现在对他只有爱或接纳的感受吗？

如果答案为"是"的话，继续往下进行。

这个人曾经挑战、反对或威胁过你吗？

这激起了你想要安全或生存的欲望吗？

如果是的话，看看自己是否能够放下它。

你曾经挑战、反对或威胁过这个人吗？

如果是的话，你能够放下想要挑战、反对或威胁这个人的欲望吗？

这个人曾经挑战、反对或威胁过你吗？

如果是的话，你能够放下想要安全或生存的欲望吗？

你曾经挑战、反对或威胁过这个人吗？

如果是的话，你能够放下想要以这种方式来保护自己的欲望吗？

根据需要重复以上问题。如果你准备好了，就问自己这一系列的第三个问题：

你能够允许自己对这个人只有平静、安全与信任的感受吗？

你愿意允许自己对这个人只有平静、安全与信任的感受吗？

你现在对这个人只有平静、安全与信任的感受吗？

如果答案为"是"的话，继续往下进行。

这个人曾经排斥你、远离你、推开你，或试图以其他方式与你分离吗？

如果是的话，你能够放下想要合一的欲望吗？

你曾经排斥、远离、推开，或试图以其他方式与他分离吗？

如果是的话，你能够放下对他的抗拒以及想要分离的欲望吗？

根据需要重复以上问题。如果你准备好了，就问自己这一系列的第三个问题：

现在，你能够允许自己对这个人只有一种合一的感受，一种"你就是我"的感受吗？

你愿意允许自己对这个人只有一种合一的感受，一种"你就是我"的感受吗？

你现在对这个人只有一种合一的感受，一种"你就是我"的感受吗？

记住，这只是一个决定。如果答案为"是"，你就可以休息了；如果你不是很确定，可以再练习一会儿。

好处／坏处释放流程

对于关系的释放，好处／坏处释放流程也是一个很有效的方法。当你遇到以下情况时，可以运用这个方法。

（1）你和你的伴侣相处很愉快，而你想要感觉更好。

（2）你有机会开始一段关系，但你不确定是否要开始这段关系。

（3）你想要放下一段过去的关系。

现在，我们就来练习一下好处／坏处释放流程。

关注当前的关系、过去的关系，或你想要拥有的理想中的关系。问自己：这段关系对你有什么好处？

它与想要被认可，想要控制，或想要安全的欲望有关吗？

不管是哪一个基本欲望，你能够放下它吗？

这段关系对你有什么坏处？

它与想要被认可，想要控制，或想要安全的欲望有关吗？

不管是哪一个基本欲望，你能够放下它吗？

拥有这样一段关系对你有什么好处？

它与想要被认可，想要控制，或想要安全的欲望有关吗？

你能够放下它吗？

拥有这样一段关系对你有什么坏处？

它与想要被认可，想要控制，或想要安全的欲望有关吗？

你能够放下它吗？

重复这一系列的问题至少 9 次再停下来，然后，我建议你在最近一段时间继续练习好处／坏处释放流程。它真的可以给你的关系带来很大的转变，不管你是感觉自己被困住了，还是你想要体验更多的自由。

放下想要合一与想要分离的欲望

放下想要合一与想要分离的欲望是对关系进行释放的重点。因为，在一段关系中，通常有一个人想要靠近，而另一个人在推开他，有时双方会角色互换，但不管你在关系中处于哪一方，你都可以通过释放来改善这段关系。当你放下想要合一的欲望，你会发现你和对方的关系更亲近了；当你放下想要分离的欲望，你会发现你现在的关系让你感觉很放松。

在你的关系中，留意自己想要合一与想要分离的欲望，你会发现，对这个主题的持续释放会让你的关系变得更好。

威廉的故事：一切都开始变得云淡风轻

威廉和他的妻子艾米丽在一起 6 年了，他开玩笑说："我们两个似乎都很擅长吵架。"在学习圣多纳法之前，他们会卷入负面的能量数天甚至数周。他们会陷在里面，完全意识不到自己在做什么。但是，随着他们的释放，他们意识到，他们就像两个生气、不安和冷漠的孩子。他们意识到这一点之后，就再也没有像以前那样吵起来了。

"上次我们去圣多纳参加静修课程，有一天早上我们从酒店开车去上课，在途中发生了争执。"威廉说，"然后，我们两个人同时变成了自己行为的旁观者，看着正在争论的自己。"他们在那一刻大笑起来。

"你看，"威廉说，"事情其实没有那么严重。所有那些曾经导致我们整天争吵的事情，现在再也不会影响到我们了。"

可视化你理想中的关系

让自己放松下来，然后想象你理想中的关系是什么样子。记住，当你想象的时候，尽可能地运用你所有的感官，将脑海中的画面与身体感觉、声音结合起来。

所以，如果你现在的这段关系是完美的，它会是怎样的呢？或者，你理想中的关系是怎样的呢？让自己想象一下它的样子，尽可能多地运用你的感官。

你理想中的关系看起来怎样？听起来怎样？感觉起来怎样？

现在，你的内心是否有声音在说，"你不可能拥有它""你不值得拥有它"？

它是来自想要被认可，想要控制，还是想要安全的欲望？

不管是哪一个基本欲望，你能够放下它吗？

再一次想象你现在拥有了自己理想中的关系。它看起来怎样？听起来怎样？感觉起来怎样？运用你所有的感官，让画面尽可能地生动。

这一次，看看你的内心是否出现了这样的想法或信念："你不可能拥有它。""你不值得拥有它。""你永远都不会拥有它。""这是不可能的。"

它是来自想要被认可，想要控制，还是想要安全的欲望？

你能够放下它吗？

现在，再次想象一下你理想的关系。你能够允许它存在吗？你要知道，你值得拥有理想的关系，同时，不管你现在的关系是怎样的，都去拥抱它。允许自己放松下来，允许它就是如此。

如果你觉得还有一些障碍在阻碍你拥有理想的关系，你能够放下它们，并知道在当下这一刻没有任何问题吗？

除了可视化练习，第八章的目标释放流程对你的关系也会很有帮助。

释放可以改善各种关系

你在这一章中看到的改善亲密关系的方法同样适用于你与孩子、父母、朋友、同事或其他人的关系。考虑一下如何将这些方法运用到你所有的人际交往中。我保证，你的每一段关系——包括你与自己的关系——都会得到极大的改善，成为你喜悦和舒适的源泉。

第十八章

身体健康，神采飞扬

在 20 世纪 70 年代中期，圣多纳法刚开始传播，"疾病通常是由压抑的情绪和压力引起的"这一观点还没有被普遍接受。如今，身心之间的联系已经被专业医学人员广泛接受，许多常见的治疗方案都包括情绪支持。尽管我和我的同事从未试图去诊断、治疗人们的特定的健康问题，但很多人反馈说，在使用圣多纳法之后他们的身体变得更健康了。

大多数伴随着身体疾病的痛苦都源于我们对身体体验的情绪反应。比方说，你是否有过这样的经历：当你经历身体上的疼痛时，有时候你并不会受到它的影响，但是，有时候这样的疼痛却引起了你很大的痛苦。大多数人都有过这样的经历。为什么会这样呢？我们用来指代疾病的词——dis-ease①——已经暗示了这一点。

我们有时会感到身体不舒服。然后，我们往往会对身体上的问题做出判断。也许我们从别人那里听说，这是我们自己造成的，然后，我们把这个问题解释为个人造成的问题。或者，我们相信自己是因为"错误"的行为而受到惩罚。这样一来，我们就在身体状况之外给自己制造了不必要的

---

① 译者注：英文"disease"一词由否定前缀"dis（不）"和"ease（舒适、自在）"构成。

痛苦。

在意识提升的圈子里，有一个令人啼笑皆非的段子，它揭示了上面提到的那些看法：从某种程度上来说，死亡是高尚的，但是上帝却不允许你生病。生病表明你在某种程度上失败了。

我不认同这种观点。

即使是圣人、智者和情绪健康的人也会生病和死亡，所以，为什么要怪罪自己呢？如果你生病了，不要因此而责怪自己，以免给自己增加不必要的痛苦。是的，由于身心之间的联系，你在情绪层面越健康，身体就会越健康。不过，情绪健康并不能作为身体健康的保证。有时，我们可以运用圣多纳法释放身体的疼痛，这个接下来我们就会讲到。即使身体的疼痛或其他症状一直存在，我们也可以通过放下对它们的情绪反应来减轻痛苦。

这一章是一堂关于身体健康的微型课程，一共分为两个部分：第一部分是应对疾病与不适的 5 个步骤，第二部分是身体健康版本的喜欢 / 讨厌释放流程、好处 / 坏处释放流程、清理程序和可视化技术。

如果你目前正在因某种身体疾病而接受治疗，在咨询你的医生之前，请不要改变你的治疗方案。这里讲述的方法只是用来作为情绪上的支持。此外，如果你认为你的身体状况需要专业医疗人员的帮助，那么在学习以下内容之前，请务必去寻求专业医疗人员的帮助。

现在，让我们继续往下进行。

应对疾病与不适的 5 个步骤

这 5 个步骤对疾病、受伤、外貌和减肥等问题的释放很有帮助。事实上，这些步骤对任何你认为是问题的事情都是有效的。就像第十三章中提到的那样，如果你正在接受心理治疗，你可以稍微修改一下这些步骤，运用它们来处理心理问题，比如抑郁症、惊恐症等。这些方法的目的是帮助你爱和接受自己，不管你遇到了什么问题。

第一步，对治愈疾病的可能性保持开放态度

正如我之前所说的，圣多纳法不会做出任何治疗身体疾病的承诺。但是，请尽可能地对"改变你的思想和情绪会带来身体层面的积极转变"的可能性保持开放态度，这是有很多事实依据的。换句话说，要改变你的身体健康状况，先改变你的思想。在帮助学员进行身体问题的释放之前，我都会问他们是否对这种可能性持开放的态度，或者他们是否对此还有怀疑。

现在，花一些时间，看看你是否对"释放情绪可以改善身体健康"的可能性持开放的态度。如果是的话，那就太好了！直接往下阅读就好。如果你对此还有怀疑，那就看看这个怀疑来自哪一个基本欲望（想要被认可、想要控制、想要安全），然后放下它。

这一步会对你的释放产生巨大的影响，因为它可以轻松地化解你心中的抗拒。我看到很多人在接受了这种可能性之后很快就放下了他们长期以来的问题。

第二步，爱你自己本来的样子

当你发现你在为自己的身体问题而责怪自己时，请做一个简短的练习。

首先，注意这种对自己的不认可，问自己：我能够放下对自己的不认可吗？然后，继续释放，直到你释放了你的不认可。以后，请无条件地认可自己，这样就可以进一步地深化这个练习。

当你发现自己不认可让你感到痛苦的身体部位时，问自己：我能够放下对自己＿＿＿（身体部位）的不认可吗？然后，让自己沐浴在对这一身体部位的爱中。我向你保证，这个非常简单的方法能够创造奇迹。

你越是放下对自己以及自己身体的不认可，越是无条件地认可自己，就越能感受到快乐和有活力，而这对你的疗愈也会有帮助。

自从两年半以前开始练习圣多纳法，我对健康和医疗保健的观念已经完全改变了。我过去常常过敏，背部和颈部动不动就酸痛，通过每天练习圣多纳法，这些症状都得到了改善。我几乎没有再感冒过。我们的健康真的反映了我们的意识。在释放的过程中，我忘掉了我过去学到的一切，回到真正的本质，即健康是什么，也就是回归到我们的真实自性。

——克莱拉·徐　加利福尼亚州圣莫妮卡

第三步，明智的人不问"为什么"

一个身体问题之所以会持续存在，通常是因为我们在试图弄清楚为什么会有这个问题或者它是什么时迷失了方向。正如我之前提到的，对于任何类型的问题，我们想要了解"为什么"的唯一原因就是，我们想要在未来再次体验它。未来，可以是下个星期、明天，也可以是 5 分钟之后。当我们放下打算再次体验痛苦的想法，我们的痛苦就会减少。

当然，我并不是建议你忽视自己的身体状况。如果你有一个需要医治的身体问题，请及时去医院接受治疗。

让自己超越对自己身体状况的纠结，问自己：我是宁愿弄清楚自己为什么生病，还是更愿意让自己感觉变好呢？如果你更愿意"感觉好一些"，那就放下想要弄清楚原因的欲望，把找病因的事交给专业人士吧。

有些人害怕医生，还有些人拒绝任何形式的帮助，这两种情况都会妨碍他们接受适当的治疗。

如果你害怕医生或医疗程序，可以问自己：我对医生、医院和医疗程序有什么感受？不管这个问题激起了你怎样的想法、感受或图像，都允许自己欢迎它们。

然后问自己：它们是来自想要被认可，想要控制，还是想要安全的欲望？

不管是哪一个基本欲望，问自己：我能够放下它吗？

不断地问自己这些问题，直到你对医生、医院和医疗程序不再感到紧张，这可以促进康复及你与医护人员之间的交流。

第四步，超越诊断结果

人们在处理身体或心理问题时经常被困住的一个地方就是诊断结果。当我们从专家那里听到自己得了什么病，比如说，癌症、心脏病、焦虑症，这些病症可能会成为我们"自我实现"的预言。毕竟，我们已经付了钱给这些专业人士，让他们告诉我们自己的身体出了什么问题以及该怎么做，所以接受并按照他们的话去做再合理不过了，不是吗？

我强烈建议你听从医生的建议，不过，除了医生能为你做的那些之外，你也要对自己的身体状况会好转的可能性保持开放态度。对我们很多人来说，诊断结果可能会成为一种困扰，我们对症状的预期会让我们陷入恐惧和担忧之中。

就像第十二章中所说的那样，释放你对更多问题和痛苦的期待的一个很好的方法，就是把问题看作记忆。以下讲述的是如何做到这一点。

首先，问自己：我能够允许自己回忆我过去是如何相信自己有____（你的诊断结果）的吗？

这个问题可能会转变你的意识，让你笑出声来，可能会让你内心感到刺痛，也可能会让你意识到这种可能性："是的，这只是一个记忆。"

然后问自己：我想要改变它吗？

如果答案是肯定的，接着问自己：我能够放下想要改变它的欲望吗？然后尽你所能放下它。

如果答案是否定的，就直接进入下一步。

最后一个问题是：我能够放下想要相信自己有____（你的诊断结果）的想法吗？然后尽你所能放下它。

再检查一下自己的情绪。如果你现在仍然对这个问题的记忆有些执着，就从开始重复这些步骤，直到你可以彻底放下为止。

当你越来越多地从这个视角去释放，你会发现释放变得越来越容易，哪怕是那些曾经看上去无法改变的身体或情绪问题。

第五步，放下你的身体疼痛和症状

现在，你已经采取了前面 4 个步骤来减轻自己的痛苦（你接受了问题改变的可能性；你放下了对自己的不认可，接纳了自己；你放下了想要弄清楚原因的欲望；你还放下了相信自己患有某种疾病的想法），下面我们一起来看两个简单的对身体症状进行释放的方法。

第一个对身体症状进行释放的方法是，运用圣多纳法的基础释放步骤进行释放。首先，关注你对那个问题的感受；其次，识别出这个感受来自哪一个基本欲望；最后，允许自己放下它。很多时候，是我们对症状的感受让它们一直存在。正如你已经了解到的，我们对症状的感受也导致了我们的痛苦，所以，即使症状在你释放之后仍然存在，你的感觉也会好很多。

第二个对身体症状进行释放的方法是，完全地感觉它，然后，感觉它周围的空无或空间，这样交替进行。我看到过一些人通过这个简单的方法放下了他们长期以来的问题。在我们的一次 7 天静修课程中，有一位学员两年来深受严重背痛的困扰，有时甚至需要服用吗啡来缓解疼痛。在做了 5 分钟这个放下的练习后，他的背痛就有所缓解。

就像拥抱我们的情绪一样，愿意去感觉身体上的症状可以让你轻松很多。我们的症状之所以持续存在，而且似乎被放大了，很大程度上是因为我们拒绝接受它们。欢迎我们的感受总是强有力的第一步。然后，让自己注意到那能允许所有积极或消极体验的深层寂静。通过注意到这个深层的空间，我们往往会化解掉出现在意识层面的情绪和症状。

所以，欢迎与你的症状有关的感受，然后，感觉它周围的空间，让自己在这两者之间来回切换。当你这样做的时候，你会看到疼痛和其他症状很快就消失了。

杜克的故事：不再寻求同情

在学习圣多纳法之前，杜克已经患慢性疲劳综合征 6 年了。他的病的主要症状，除了极度疲惫之外，还有手臂上、脚上和腿上持续的疼痛。可想而知他在这段时间吃了多少止痛药，但药物也只能稍微缓解一下他的疼痛。听说圣多纳法可以减轻他的痛苦，他很兴奋。

"在上完基础课程之后，每当我感到哪儿痛了，就对它进行释放。"杜克说，"我会坐下来，把注意力放在自己的疼痛上，先允许它存在，然后再将它释放。过去，我总是无意识地抗拒疼痛，并试图摆脱它，这让我很痛苦。现在，仅仅是允许疼痛存在就能够减轻它。有时我当场就能释放掉疼痛的感觉。"

大约 1 年以后，杜克的大部分疼痛都消失了，但他仍然觉得没有他希望的那么好。有一天，他打电话给我，我引导他做了一次释放。我问他："你能够允许自己放下想要生病的欲望吗？"这次对话对他产生了很深的影响。用他自己的话说："对我来说，这是一次重大的转折。我意识到，出于某种原因，在一个很深的层面上，我一定是想要生病的。也许是为了得到关注和同情，也许是为了逃避工作。我不知道是什么原因，不过也不重要。重要的是，我很快就感觉到我的身体在各个方面都有所好转。这是一次神奇的经历！"

对整体健康状况进行释放

我们已经探讨了一些处理身体问题的方法，接下来，让我们来做一些关于我们的整体健康状况的释放。这些方法是本书第一部分讨论的原则的应用，它们可以帮助我们提升自尊，接受伴随衰老而来的变化，支持自己的减肥计划，以及应对疾病的症状和疼痛。总之，每个人都会受益于对身体的释放。

拥抱事物本来的样子

只是接受你的身体本来的样子，就可以激发它自愈的能力。而且，不管你的身体在当下是怎样的，这都会让你的感觉好起来。默念以下问题，或者让你的搭档问你。

现在，看看你是否能够完全允许自己的身体如它所是。

你能够接纳你的身体本来的样子吗？

你能够更加放松地进入允许身体如其所是的感觉当中吗？毕竟，身体此刻就是如此。抗拒它、想要改变它，以及任何对它的不接受，都只会让你感觉更糟，所以，尽你所能接受它本来的样子。无论它怎样，无论你对它感觉如何，都接受它。

现在，你可以更进一步吗？

关于身体的样子或感觉，有没有什么是你一直在抗拒的？

这一刻，你能够放下对它的抗拒，允许它就是它现在这个样子吗？它就是它现在的样子，你的抗拒和想要改变它的想法都无济于事。

所以，你能够拥抱你的身体吗？

你能够放松地进入这种接纳或允许的感觉当中吗？

更多一些？

再多一些？

允许自己去尝试一下拥抱事物本来的样子。即使你正在释放你对身体的强烈反感，比如某种疾病或身体缺陷，你想要改变它或抗拒它只会让你感觉更糟。如果你能够允许你的身体以它本来的样子存在，哪怕只是片刻，你都会感觉好很多，而且这也开启了改变的可能。

超越父母的影响

正如我之前提到的，我们从很小的时候就以父母为原型来塑造自己，要么直接模仿他们，要么抗拒成为他们。这两种情况都极大地影响了我们对生活的体验和感受。因此，释放对父母的感受可以帮助我们培养对身体的平和心态。

关注你的父母。

他们对自己的身体和外貌，以及对你的身体和外貌的整体感受如何？

对此你有什么想要改变的吗？

如果有的话，你能够放下想要改变它的欲望吗？

再想一个你想要改变的你父母对他们的身体或对你的身体的态度。

你能够放下想要改变它的欲望吗？

在继续往下进行之前，重复以上问题几次。

现在，在你父母对他们的身体或对你的身体的态度中，有什么让你抗拒的吗？

你能够放下这份抗拒吗？

再想一个你抗拒的你父母对他们的身体或对你的身体的态度。

你能够允许这份抗拒消散吗？

你的父母是否认为他们自己太胖、不健康或身体不好？你是否可以清楚地看到，你是如何不自觉地接受了这个信念，或者你是如何生活在对这个信念的抗拒之中？

不管怎样，注意你是否想要改变它。

你能够放下想要改变它的欲望吗？

再想一个你想要改变的你父母对他们的身体或对你的身体的态度。

你能够放下想要改变它的欲望吗？

在你父母对他们的身体或对你的身体的态度中，还有什么是你抗拒的吗？

你能够放下对它的抗拒吗？

在你父母对他们的身体或对你的身体的态度中，有什么被你不知不觉地接受了？

如果你不喜欢这个态度，注意你是否想要改变它。

你能够放下想要改变它的欲望吗？

看看你父母对他们身体的态度，或者他们对你身体的态度，还有什么被你无意识地接受了。

你想要改变自己接受了父母的一些观念这件事吗？

你能够放下想要改变它的欲望吗？

关于你对自己身体的态度，你有什么想要改变的吗？

你能够放下想要改变它的欲望吗？

关于你的身体，你还有什么想要改变的吗？

如果有的话，你能够放下想要改变它的欲望吗？

记住，采取适当的行动并没有什么错。然而，想要改变身体现状的欲望却会让我们陷入困境，阻止我们去做必要的事情。有时候，对于身体，我们什么都做不了，想要改变它只会给我们带来不必要的痛苦，比方说，我们总是纠结于它会变老这一事实，但所有人的身体都是这样的。

对于身体的释放，非常重要的一点是，放下你从父母那里接受的对健康和外貌的态度。我建议你在接下来的几周时间里多做几次这一主题的练习，并且不要放过任何与之有关的释放机会。每一次练习，你都会发现并放下更深层次的限制。

> 我学习圣多纳法的一个收获就是变得更轻松了。我的血压降到了正常范围之内。我可以更好地与自己相处，我不再逃避自己了。每当消极的自我对话开始时，我就运用圣多纳法。我的注意力比以前提高了很多，我变得更专注了。我还在对自己的睡眠呼吸暂停综合征做释放。我尝试过的一些治疗方法没有起作用。不知为何，我知道，在更高的层面上，我必须释放那些让我在睡觉时呼吸暂停的东西。
>
> ——迈克尔·夏皮罗博士 纽约布朗克斯区

释放让你生病的恐惧

正如我们在第十三章中探讨的那样，在潜意识层面上，我们想要那些我们害怕的事情发生。当然，我们不会有意识地这样想，但是在潜意识层面是这样的。当我们对某种恐惧进行释放，我们就是在放下这种可能性，这样一来，我们就为生活创造了一个更好的画面，同时我们也会感受到身体的放松。

下面是一个释放与身体有关的恐惧的方法。

对于自己的身体或身体状况，你有什么害怕的吗？你害怕会发生什么？

你能够放下想要它发生的欲望吗？

在你与身体的关系中，想一下你还有什么害怕的。你是否害怕随着年龄的增长，你可能会有皱纹，或者你会变胖、生病？无论你感觉到什么样的恐惧，都尽可能地允许它的画面进入你的意识，然后，你就可以放下它。真正地拥抱你害怕会发生的事情。

你能够放下想要它发生的欲望吗？

再想一些你害怕会发生在你身体上的事情，一些你在意识层面不希望发生的事情。

你害怕受伤吗？

你害怕摔倒吗？

你害怕得某种疾病吗？

不管它是什么，你能够放下想要它发生的欲望吗？

你还害怕你的身体会发生什么事情？

你能够放下想要它发生的欲望吗？

根据需要，重复这一系列的问题。记住，你可以这样直接释放恐惧。或者，你可以看一下在恐惧的背后是哪一个基本欲望，然后，对那个基本欲望进行释放。这两种方法都是释放恐惧的非常有效的方法。

乔治的故事：在任何情况下都爱自己的身体

4 年前，乔治发现他的前列腺有些肿胀，于是他去看医生。在检查的过程中，医生表现得很担心，并且告诉乔治还需要进一步检查，乔治立刻想到了最坏的结果："不会是前列腺癌吧！我才 37 岁啊！"不过，他很庆幸自己可以运用圣多纳法来应对恐惧。

"对于我们的身体状况，我们有很多选择。"乔治说，"当我去接受检查时，我一直在释放。我对生病的恐惧和死亡的恐惧进行释放，但恐惧不断地袭来。当我回到家时，我继续释放，并集中精力向我身体的那个部位发送爱和感激。"

那天乔治的检查结果显示他的身体没有问题。几个月后，当他回去做后续检查时，医生告诉他一切正常。乔治说："释放让我变得释然，我相信它改善了我的身体状况。就我的经验而言，释放消除了身体中紧缩的能量，而正是这些紧缩的能量导致了许多身体问题。"

乔治还说："身体会自然地运作，以控制身体为目的的释放是行不通的。我们都想要好的结果，但是，只有对结果进行释放，我们才能感到平静。允许一切发生。无论处于什么状况，我都无条件地爱我自己，而这也让接纳变得更容易。"

假如你身体本来的样子就很好呢

现在，我们把喜欢／讨厌释放流程（见第九章）运用在身体这个主题上。当你放下你的喜欢和讨厌，你会开始感觉更能接受身体本来的样子，这会让你的感觉立刻好起来。此外，当你处于接纳高能量的状态时，你会比处于限制性情绪状态时更有能力采取积极的行动。

你喜欢自己身体的哪一点呢？看看这是否激起了你想要被认可，想要控制，或想要安全的欲望。

如果是的话，你能够放下它吗？

你讨厌自己身体的哪一点呢？

这激起了你想要被认可，想要控制，或想要安全的欲望吗？

不管是哪一个基本欲望，你能够放下它吗？

你还喜欢自己身体的哪一点呢？它的背后是哪一个基本欲望？

不管是哪一个基本欲望，你能够放下它吗？

你还讨厌自己身体的哪一点呢？

这激起了你想要被认可，想要控制，或想要安全的欲望吗？

不管是哪一个基本欲望，你能够放下它吗？

重复这一系列问题至少 9 次。你可以对自己身体的整体状况进行释放，也可以对某个你想要清理的疾病的症状进行释放。如果你正在处理与某个健康问题有关的情绪，我建议你使用过去时态来描述你的释放问句。

对于_____（身体状况），我曾经喜欢它的哪一点呢？

对于_____（身体状况），我曾经讨厌它的哪一点呢？

清理程序

清理程序最初是为了处理我们对他人的感受而设计的，但是你也可以用它来处理你对某个事物的感受，比如你对自己身体的感受。事实上，我们与自己身体的关系就像是我们与他人的关系，所以，这些问题是有意义的。你只需要尽你所能去欢迎那些出现的画面和感受，而不是试图去理解。这个方法很有效。随着你运用它对身体进行释放，你可能会开始看到显著的成效。

你的身体曾经试图控制你吗？或者你感觉上是这样？

如果是的话，你能够放下想要反过来控制它的欲望吗？

你曾经试图控制你的身体吗？

如果是的话，你能够放下想要控制它的欲望吗？

重复以上问题 4~5 次，然后问自己：

你现在能够允许你的身体以它本来的样子存在吗？

你愿意允许你的身体以它本来的样子存在吗？

你现在允许你的身体以它本来的样子存在吗？记住，第三个问题是一个决定。

重复以上 3 个问题几次，直到你能给出肯定的答案。然后，如果你觉得准备好了，就进入下一组问题。

你曾经不喜欢或不认可你的身体的什么地方吗？

你能够放下对它的不喜欢或不认可吗，就只是现在这一刻？

你曾经觉得你的身体不喜欢或不认可你的什么地方吗？

如果是的话，你能够放下想要它认可你的欲望吗，就只是现在这一刻？

重复以上 4 个问题 4~5 次，然后问自己：

现在，你能够允许自己对你的身体只有爱或接纳的感受吗？

你愿意允许自己对你的身体只有爱或接纳的感受吗，就只是现在这一刻？

你现在对你的身体只有爱或接纳的感受吗？

如果答案为"否"，在进入下一组问题之前，利用这一系列问题多做一些释放；如果答案为"是"，就继续往下进行。

你觉得你的身体曾经以任何方式挑战、反对或威胁过你吗？

如果是的话，看看这是否激起了你想要安全或生存的欲望，然后问自己：你能够放下它吗？

你曾经挑战、反对或威胁过你的身体吗？或者看上去是这样？

你能够放下想要挑战、反对或威胁它的欲望吗？

你的身体曾经挑战、反对或威胁过你吗？或者看上去是这样？

如果是的话，你能够放下想要反过来挑战、反对或威胁它以保护自己的欲望吗？

你曾经挑战、反对或威胁过你的身体吗？或者看上去是这样？

如果是的话，你能够放下想要这样做的欲望吗？

你的身体曾经挑战、反对或威胁过你吗？

如果是的话，你能够放下自己的不安全感吗？

你曾经挑战、反对或威胁过你的身体吗？

如果是的话，你现在能够放下想要这样做的欲望吗？

现在，你能够做到对你的身体只有平静、安全与信任的感受吗？

你愿意对你的身体只有平静、安全与信任的感受吗？

你现在对你的身体只有平静、安全与信任的感受吗？

如果答案为"是"，那就太好了。如果答案为"否"，在继续往下进行之前，多做一些关于这个问题的释放。

来参加静修课程之前，我的慢性偏头痛每天都会发作，它让我筋疲力尽。病情变得非常严重，以至于我在一年半的时间里都没有去工作。我担心的是，因为疼痛，我可能无法参加大部分的课程。但是，在静修期间，我只经历了3次轻微的偏头痛。与我的"过去的头痛"相关的学习是无价的。我意识到，我为了摆脱头痛所做的一切其实导致了它的持续存在。感谢圣多纳法让我重获新生。这是一次很美好的体验！

——莎伦·克莱恩博士 亚利桑那州斯科茨代尔

好处／坏处释放流程

你可以运用好处／坏处释放流程来释放身体上的任何困境，比如减肥困难、戒烟困难，或任何让你感觉被困住的情况。无论是什么原因让问题一直存在，当我们用开放的心态来做这个练习时，它都可以让我们从困境中解脱出来。

与喜欢／讨厌释放流程一样，当你处理一个特定的情况时，我建议你用过去时态来描述你的问句。接下来，我们将对"你的身体处于你希望的理想状态"这件事进行释放。

你的身体处于你希望的理想状态有什么好处？

这激起了你想要被认可，想要控制，或想要安全的欲望吗？

不管是哪一个基本欲望，你能够允许它被释放吗？

你的身体处于你希望的理想状态有什么坏处？

这激起了你想要被认可，想要控制，或想要安全的欲望吗？

不管是哪一个基本欲望，你能够允许自己放下它吗？

重复以上 6 个问题 9 次左右。你释放得越多，你的整体感觉就会越好。此外，我建议你做几个星期的好处／坏处释放流程，因为这会让你像我的学生特丽莎那样打破许多潜意识的固有编程。

特丽莎曾经运用圣多纳法来实现她的个人目标："我允许自己轻松地达到理想体重并保持下去。"她以前从未觉得节食是件容易的事。她以往的经历是，即使参加了瘦身项目，在减重之后体重又会反弹回来。然而，这一次，她将释放与瘦身计划结合起来，这让她成功地实现了自己的目标。

她说："一开始，限制饮食对我来说是个大问题。暴饮暴食与节食是一个很难打破的循环。即使你节食或改变自己的饮食习惯，你的心态又会在无形中让你增重。关于'如果我没有达到理想的体重，这意味着什么'这件事，我的许多信念需要放下，比如'我心理不成熟''我不是好人''我很懒''不能拥有自己想要的，真是太不公平了''我晚上需要吃东西''我必须尽快减肥'，等等。"

特丽莎发现，对于解决"吃得过多"这个问题，好处／坏处释放流程是一个非常有用的方法。首先，她释放了"吃得过多"的好处，它们包括：不用担心男人会被她吸引、不用考虑自己看起来如何、可以肯定人们喜欢她是因为她的性格而不是外表、可以让她继续想吃什么就吃什么。然后，她释放了"吃得过多"的坏处，它们包括：她的体重可能会一直增加、穿衣服总是不好看、她总是想着食物、因为自己被食物控制而觉得自己不是个好人。有趣的是，她发现最后一个坏处也是一个好处，因为这让她摆脱了完美主义的压力。

"我必须创造空间从一个不同的视角来看待事物。"她总结道，"我必须达到一种'不管自己是否改变，我都不在意'的状态。圣多纳法帮我做到了这一点。当我释放的时候，我感觉那种紧张的感受聚集在我的腹部，然后就消失了，我的心也平静下来。圣多纳法改变了我的生活方式。此外，我的体重也逐渐降了下来！"

描绘你想要的：将想象与释放结合起来

在整个美国，许多医疗中心已经将可视化技术（又称意象引导）作为辅助治疗的方法。许多癌症幸存者、心脏病患者以及其他的一些患者都在使用这种方法。结合了释放的可视化技术是一种非常有效的方法，它可以帮助你的身体最有效地恢复和运转。此外，它还适合与减肥计划或排毒计划一起进行。

在一定程度上，可视化技术类似于我们在第八章中探讨的目标释放流程。这是因为，当我们在脑海中描绘关于健康和理想的身体状况的画面时，不同的感受和想法就会浮现上来支持或反对那些想象。当我们放下这些感受和想法时，就会进入无畏、接纳和平静这样的更高的能量状态，这样我们就可以释放更多的行动的能量。

记住，当你可视化任何事物时，尽可能地调动你所有的感官，将脑海中的图像与身体感觉、声音结合起来。让我们继续往下进行。

首先，想象一下你理想的身体状况。它看起来如何？感觉起来如何？它有多健康？

注意自己对它的感受。此外，注意这个画面是否与想要被认可，想要控制，或想要安全的基本欲望有关。

如果是的话，不管是哪一个基本欲望，你能够放下它吗？

回到对理想的身体状况的想象中来。让它在你的想象中尽可能生动。然后，再检查一下这个画面是否来自想要被认可，想要控制，或想要安全的欲望。

不管是哪一个基本欲望，你能够允许它被释放吗？

然后，再次想象你理想的身体状况。尽可能让画面生动起来。这一次，看看内心是否出现了这样的想法或信念："你不可能拥有它。""你不应该拥有它。""你永远不会拥有它。""这是不可能的。"

它是来自想要被认可，想要控制，还是想要安全的欲望？

不管是哪一个基本欲望，你能够放下它吗？

再次想象你的身体就是你希望的样子。记住，要调动你所有的感官。对于这个画面，你有什么反对、抗拒或其他的感受吗？

不管是怎样的感受，你能够欢迎它吗？

它是来自想要被认可，想要控制，还是想要安全的欲望？

你能够放下它吗，就只是现在这一刻？

重复几次以上问题，不管怎样的欲望或抗拒被激起了，都允许自己放下它们。如果你准备好了，就继续往下进行。

现在，想象你的身体就是你希望的样子。让自己完全沉浸在画面当中，尽你所能让自己投入其中。问自己：你能够欢迎这个画面进入你的意识，并完全接受它吗？

接受得更多一些？

你能够允许它存在吗？

你能够真正地接受这个画面吗？

现在，当你允许这个画面进入你的意识，你要知道，拥有理想的身体是可以的。同时，也要知道，你的身体像现在这样也是可以的。这两者之间并没有冲突。允许自己去感受你的身体是多么好。

现在，让自己安住在自我接纳中一会儿。

结语

关于这一章中的练习，你练习得越多，对自己身体的感觉就会越好，甚至可以改善你的健康状况。在进入下一章之前，我建议你尽可能多地运用这些练习来提升你的幸福感。

第十九章

让组织更自由、更高效

　　读到这里，相信你已经开始看到圣多纳法可以对你所在的组织产生的诸多积极影响了。圣多纳训练协会经常受邀为管理人员、团队以及公司设计定制的培训方案，帮助他们更好地应对挑战、完成目标。即使你不是公司或集团的主要决策者，也可以考虑把这本书送给公司或集团的负责人。你的公司里运用圣多纳法的人越多，它对整个公司的影响就越深刻。

　　如果你试图从外部或局部来改变一个系统，所产生的效果往往不会持久。尽管这样的重组可以在短时间内提高生产力，但有充分的证据表明，这些好处只是暂时的。如果改变不够深入，那么，无序的状态很快就会出现，生产力往往会回到之前的水平。

　　好消息是，当你和组织中的其他人开始运用圣多纳法，就可以放下导致失败的内在态度，从而由内而外、从每个人开始改变整个组织。这已经被证明会产生持久的转变。我在前言中提到过，纽约互助保险公司与他们的保险销售人员进行了一项试点研究，结果非同寻常。学习圣多纳法的那一组的业绩比对照组高了33%，这是一个令人印象深刻的结果。而更令人印象深刻的是，学习的时间越长，业绩就增长越多。这项研究分为2个阶段，每个阶段时长3个月。在第1阶段，销售额增长了23%，而在第2阶段，销售额则增长了 43%。

当你和你的团队成员学会运用自然能力，放下任何令你们不适的、不想要的、限制性的感受、想法或信念，团队的效率和生产力就会获得很大的提高，每个团队成员的幸福感和满足感也会得到提升。

运用圣多纳法后，无论面临什么样的商业或个人挑战，你都能更清晰地思考、更果断地行动，并感到平静，一切尽在掌控之中。圣多纳法将激励你做出必要的改变，从而让你获得自己想要的事业和生活。它会告诉你如何放下那些阻碍你实现目标、享受过程的习惯性思维模式、情绪模式和行为模式。通过让你在当下每一刻保持警觉和高效，圣多纳法会让你拥有一个更高效、更快乐的生活。

此外，虽然在公司里很多人运用圣多纳法会很好，但这并不是必需的。你可以自己练习这个方法，彻底转变自己的工作体验，提高自己的工作效率。释放可以改变整个工作环境，即使只有你一个人在有意识地释放。

情绪智力 / 情绪掌控

越来越多的人认为，在预测一个人的成功和评估这个人的生活满意度时，情商与智商同等重要，甚至比智商更重要。情商帮助我们重新定义了什么是聪明和高效。研究表明，在一个组织中，平均水平的员工和优秀员工之间的差异大约 90% 归因于他们的情商，而只有 10% 左右归因于他们的专业技能。在快速提高情商这方面，没有什么方法比圣多纳法更有效。但到底什么是情商？圣多纳法又如何帮助我们提高它呢？

丹尼尔·戈尔曼在他的《情商》一书中阐述了构成情商的 5 种重要能力，而圣多纳法对这些能力的提高有很大帮助。

1. 自我觉知

戈尔曼将自我觉知的能力定义为："当情绪产生时能够意识到它。"圣多纳法帮助我们关注自己当下的情绪，并给了我们一张路线图，让我们可以在不同的情绪环境中前行。在工作中，拥有高度的自我觉知能力会让我们做出更好的决策。

2. 管理情绪

圣多纳法为我们提供了许多处理限制性情绪的有效方法，让我们不被自己对情绪的贪恋和厌恶所控制。放下可以减少压力、增加能量，帮助我们从生活的挫折和挑战中恢复活力。在工作中，这就意味着我们能够展现出自己的最佳状态。

3. 自我激励

正如戈尔曼所说："为实现目标进行情绪管理，是集中注意力、自我激励、掌控以及创造力的关键。"圣多纳法中的各种方法可以帮助我们轻松地释放那些让我们无法实现自己目标的感受。当我们放下了"我做不到""我不知道怎么做""我不值得""我应付不了"的想法和感受后，我们就唤醒了与生俱来的"我可以"的内在感觉，这种感觉会自然而然地让我们获得更大的成功。持续的释放会让我们更容易进入轻松和流动的状态。

4. 识别他人情绪

当我们运用圣多纳法的时候，我们不仅能够更好地了解自己的情绪，还能够更好地识别他人的情绪，了解情绪对彼此行为的影响。

5. 处理人际关系

戈尔曼说："人际关系的艺术，在很大程度上是管理他人情绪的能力。"当我们通过运用圣多纳法放下自己的情绪包袱，我们会自然而然地发展出一种更好地与他人相处的能力。此外，人们会更喜欢与我们交往，并给予我们想要的，这使得我们与同事、客户之间的交流变得更加顺畅。

自 1974 年以来，圣多纳法指导老师一直在帮助个人和组织提高情商以及更好地掌控情绪。接下来，我们将学习为何要运用圣多纳法来提高以上五种能力以及如何提高，从而促进个人和组织的发展。

超越控制的误区

大多数的组织都是围绕着它们的首要需求来控制它们的内部和外部环境的，但是，当一个组织被一个想要控制结果的管理团队主导时，往往会做出很多糟糕的决策。不管他们的计划有多好，但这些计划只要是基于一种匮乏感（想要控制的欲望）做出的，通常都会偏离正确的轨道。"抗拒就是试图推开这个世界，而世界也会反推回来。"你还记得第四章中的这句话吗？控制的管理方式会在组织内部和外部造成不必要的抗拒。

当个人和整个组织开始放下他们的控制欲时，组织内部的和谐和效率以及市场效益就会有显著的提高。如果你是一位迷失在控制欲之中的管理者，请明白，你可以通过很多方式来发挥自己的作用，包括你个人的释放。当你放下了想要控制员工的欲望，你将不再认为自己需要事无巨细地管理团队，你会发现自己更容易委派任务。你也会真正地放下你委派的任务，让你的员工主动去完成任务。此外，你会愿意授权给自己的团队成员，而不是觉得需要控制他们。这样你的团队就能更轻松地完成更多任务。

如果你在委派任务上有困难，简单问自己基础释放的问句，直到你可以放心地把任务交给别人去做。与此同时，也要释放任何消极的期待，即你委派任务的那个人不能很好地完成任务。无论何时，只要你发现自己在担心，就及时地释放。

请注意，我并不是建议你把任务交给那些能力有问题的人。除非你真正地放下了自己的控制欲和对对方能力的怀疑，否则请继续释放，直到你可以轻松地做出决定。很多管理者在委派任务时都感到有压力，如果没有放下这些压力，他们往往会近乎绝望地去委派任务，而这反而会增加他们的负担。

如果你是一个团队的成员，你可以为你的组织带来轻松、让工作更流畅的最好方式之一就是放下你的抗拒。在日常生活中，我们往往需要做一些自己不怎么喜欢的重复性工作，这个时候，简单地问自己：

我能够放下对做这项工作的抗拒吗？

我能够放下对不做这项工作的抗拒吗?

每当你觉得心中升起抗拒时,如果能来回地问自己几次这两个问题,你就会发现自己放下了抗拒,轻松愉快地把工作完成了。

当然,你所做的其他释放也会让你的整个工作变得更轻松,你会感觉更好,也会对周围的人产生积极的影响。

> 圣多纳法是一个非常强大的商业工具,特别是当你在谈判中处于劣势的时候,它能够化解抗拒,让彼此互相尊重,而且使用起来也很有趣!我从未见过这么好用、适用面这么广却又这么简单的方法!
>
> ——本·简斯 英国白金汉郡

建立并领导一个有凝聚力的团队

在任何团队中,真正的领导者都是别人相信他们会做正确事情的人,他们会把团队和团队成员的利益放在心上,而不只是考虑他们自己的利益。真正的担当,无论你多么努力,都不可能伪装出来,不过,它可以慢慢发展出来。你放下得越多,就越会为团队里的每个人争取利益最大化,同时,你也会更了解他人的观点,更开放地表达自己的观点。当你展示和表达真实的自己时,人们会自然而然地选择跟随你、服从你的领导。

在很多组织中,团队建设是通过参加现场活动或人为干预来强制建立联结的。虽然这些干预措施是有帮助的,甚至是有趣的,但它们往往只能产生短期效果。目前可以肯定的是,当大家开始释放时,他们会自然而然地开始建立联结。

詹姆斯的故事:为职场成功而释放

自 1983 年以来,詹姆斯就一直在使用圣多纳法。他最初是在一场讲座中了解到圣多纳法的,那场讲座我们讲了放下想要被认可和想要控制的欲望。后来，他购买了圣多纳法语音课程，它更为完整，其中包括了放下想要安全的欲望这部分内容。下面讲述的就是圣多纳法如何为他的职业生涯做出贡献的故事。

"当我第一次参加圣多纳法讲座时，我对生活中的很多事情感到愤怒。那时我是硅谷的一名电脑程序员，一年只挣 25 000 美元。我对我的上司感到很生气，因为我不喜欢他对我工作的限定，我觉得很受约束。除此之外，他希望我的工作时间是朝九晚五，而我希望工作时间能够灵活一些。在我开始释放之后，我注意到的第一件事就是，我不再愤怒了。当我放下了自己的愤怒，我开始寻找其他的工作。

"最后我搬到了旧金山西南边的帕西菲卡，找到了一份新的工作，薪水比之前多了 10 000 美元。这时距离我购买圣多纳法语音课程只有 2 个月的时间（从 4 月到 6 月）。后来，我又获得了一些新的工作机会，有一家机构打电话告诉我，在新泽西与西雅图各有一份年薪 75 000 美元的工作。因为西雅图那边似乎更需要我，于是我接受了那份工作。这是那一年 10 月的事。我生活的其他方面也发生了变化。我遇见了我现在的妻子并迅速坠入爱河。我的健康状况也有所好转。改变就这样很快地发生了。

"几年后，在研究生毕业并在海外工作一段时间之后，我回到西雅图，在一家大型计算机软件公司工作。尽管薪水有所减少，但我真的很想在那里工作。我和妻子有了 3 个小宝宝，我们面临着偿还房屋贷款、汽车贷款和学业贷款的财务问题。有段时间，我们甚至需要依靠信用卡来维持生活。我的新上司不但不支持我，还经常用言语攻击我。我的工作进展得不太顺利，而我想要被认可，也想要控制。但是，由于我在财务方面的不安全感，我又觉得自己不可以去顶撞上司。

"我想起了圣多纳法带给我的好处。我开始没日没夜地释放想要安全的欲望。我放下了对财务问题和被言语攻击的感受。从此，当我的上司对我大吼大叫时，我不再畏缩。在接下来的几次会议上，我都坚持了自己的立场。之后，她再也没有过来找我的麻烦，我几乎见不到她了。这样的好处是，她不再妨碍我工作，我可以正常地工作。而坏处是，我们之间没有了交流，就连我的绩效评估都是通过邮件进行的。有一段时间，我想辞职。我试图换到公司别的部门，但是却被她阻止了。后来，意想不到的是，她提拔我为软件测试团队的主管。

"作为一名管理者，我花了很多时间思考如何将圣多纳法应用到工作中。我回顾了自己学习这个方法的过程。最初，我只是想摆脱自己的愤怒，让自己上升到骄傲的情绪状态。这是我在成为团队领导之前所追求的目标。对个人来说，这已经很好了，但是对管理者来说，这还不够。骄傲、自命不凡会让人觉得有距离感。我知道，我需要从骄傲上升到下一个情绪状态，也就是无畏。

"从那时起，每当我注意到自己感觉'比别人好'的时候，我就会放下想要贬低他人的欲望，直到我觉得我们是平等的，我们是一个团队的，朝着一个共同的目标努力。每当我发现自己有'某人很愚蠢'的想法时，我就会立刻释放。我可以在与别人谈话的时候做这件事，一边听一边释放。我不想控制别人。通过释放，我收获了很多惊喜。他们愿意证明自己的能力，或者，如果他们在另一个团队，而我们发生了争执，他们也愿意接受我的建议，或找出一个折中的方案。尽管公司文化提倡竞争，但是我部门的成员之间从来没有发生过冲突。由于我具备把团队成员凝聚在一起的能力，我连续几年都是公司里最好的测试主管。因为团队成员感觉和我在一起工作很轻松，所以他们比其他人更能发挥自己的创造力。我把这些都归功于圣多纳法。

"我喜欢释放的感觉。通常情况下，不好的能量会直接从我的胸腹部离开，感觉就像是一些尘土从我身上脱落，而那些被它们困住的东西就冲了出来。释放的时候，我常常会感到酸酸的、麻麻的。我知道我的内心深处累积了一些情绪，而酸麻的感觉就是它们开始消散的迹象。"

减轻职场压力

如果你愿意为一个没有压力的工作环境做出贡献，可以采用一个简单的原则——请求，而不是命令。你可能还记得在第四章中读到过这一点。运用这个方法，你会发现那些向你汇报的人的合作程度有了显著提高，你会减轻他们的压力和你自己的压力。

减轻工作环境压力的另一个有效方法是停止逼迫自己和他人去做需要完成的事情。我之前提到过，任何逼迫，哪怕是来自自身的，都会产生一个同等的反作用力。所以，如果你发现自己在逼迫自己或他人，就让自己放下，同时采取一种顺其自然的态度——一切都很好，一切都在按照它应该呈现的样子展开。

那么，这是否意味着你不再发号施令了呢？当然不是。这是否意味着你不用再约束自己了呢？当然也不是。当你放下了那些制造压力的感受和欲望，所发生的事情就是，你为轻松高效地完成任务创造了必要的环境。

即使你和同事所释放的感受与工作环境并不相关，你们的释放也会提升整个组织和组织里每个成员的幸福感。因此，目前紧张的工作环境可以在相对较短的时间内变得不那么有压力。

> 作为一名终身学习者和个人成长教练，我参加过很多课程，读过几百本书，买过上千盘磁带，但我可以毫无保留地说，没有一种方法像圣多纳法这样简单、有效和实用。在准备演讲的过程中，我很放松、很专注，然后演讲获得了成功！我最开心的一点是，我可以在瞬间释放。
>
> ——贝蒂·马哈里克　内华达州拉斯维加斯

从截止日期的压力中解脱出来

很多公司将时间视为稀缺的、珍贵的商品。是的，时间很珍贵，但只有在你相信它稀缺的时候，它才是稀缺的。在大多数情况下，当你因为截止时间而匆匆忙忙或感到有压力时，你的效率往往会降低而不是提高，这从结果就能看出来。我第一次发现这一点是在我自己的公司里。当我开始提前计划，并且知道事情可能会、也可能不会按照我的预想发展时，我发现我和我的员工不再那么匆匆忙忙，犯的错误也比以前少了。不慌不忙、从容不迫让我们能够更高效地工作。

所以，当你发现自己匆匆忙忙的时候，尽可能地让自己放下压力，采取一种"我拥有世界上所有的时间"的态度。

正如我在第四章中提到的，一心一意做好你正在做的事，不要去想你没在做的事。我们大多数人都会花时间去想自己没在做的事，并因为自己没在做那件事而责备自己；或者，我们一直期待着去做一些我们认为有趣的、休闲的或更有成效的事情。这两种心理活动都让我们无法专注地做好眼前的事。当我们真正地活在当下，时间似乎变长了，然后，我们就能集中自己的注意力，更轻松、更高效地完成任务。

当一天结束的时候，放下你对这一天的感受。有时，你可能会感到沮丧，因为某些事情花了很长时间，或某些事情还没有完成。不管你现在是如何使用自己的时间的，允许自己放下对此的感受。例如，你可能会发现，你鼓励员工与你沟通，实际上只是因为你想要得到他们的认可，即使这会浪费你的时间；或者，你对安全的渴望让你觉得有必要随时与想要和你说话的人交谈，即使这会干扰你的工作。放下与你的时间使用有关的感受和欲望会让你更容易改变目前效率不高的模式。

如果你正在使用一个特定的时间管理系统来管理你的时间，只要以适当的方式将释放加入其中就可以。你可以回顾一下第八章中的目标释放流程与行动步骤释放流程的简化形式，这会让你受益更多。只要投入一点时间和精力，将释放融入你的日常生活，你就会得到很多倍的回报。

高效销售

在每一次互动中，我们都在推销自己和自己的想法。我们越是去找到互惠的方式，而不是把自己的意愿强加给别人，他们就会越认可我们。因此，尽你所能从对方的角度来看待彼此之间的互动。与其想要达成协议、结束交易，不如让自己放下，看看你是否能找到一种与对方建立联结的方式。

当你放下自己的需求，你会发现它们更容易实现了。你也会注意到别人的需求，你会真正地关心他们需要什么。如果别人感觉到你关心他们，他们就会更希望你成功。

放下对销售结果的执着，这会让所有与之相关的活动更加顺利。当你与他人交流重要的想法时，你会自然而然地希望达成一个双赢的局面。

掌控目标

通过运用圣多纳法，你可以将实现目标过程中的压力、紧张与失望释放掉，从而轻松地实现它们。只要遵循第八章中的指导原则，你就可以更轻松、更快速地实现自己的目标。

当团队中的每个成员都在运用圣多纳法时，整个团队成员可以就大家共同的目标做一些工作。如果你是团队的领导，可以让你的团队成员对大家共同的目标进行释放。比方说，你可以把目标写在挂图或白板上，然后让大家分享并释放他们对目标的想法和感受。通过对提出来的问题进行释放，整个团队可以很快地对这个目标有一个更加积极的态度。

有一次，在帮助一个由科学家和工程师组成的技术研究与开发小组时，我像上面讲述的那样引导大家释放，效果非常显著。在此之前，他们一直在和另一家公司竞争，想把一种新的产品推向市场。他们都知道，谁先把产品推向市场，谁就会赢得新兴市场的大部分份额。他们已经花了3年多的时间来研发这个产品，还有不到6个月的时间来制作一个样品，而在产品创意和引入外部合作伙伴方面，他们遇到了一个又一个障碍。整个团队处于绝望的状态，他们觉得，就算有两倍的时间，他们也不可能完成这个任务。

在我们共同对目标进行释放之前，我们先释放了对以这种方式来实现目标的抗拒。在大家的态度发生了转变之后，我们开始对目标本身进行释放。虽然我们只释放了一次，但接下来发生的事情让我和整个团队都惊讶不已。这些之前都不相信任务能够完成的人，提前完成了任务！

做出更好的决策

作为组织中的管理人员和团队成员，在当今快速变化的环境下能够做出适当的决定并采取适当的行动是至关重要的。随着对圣多纳法的运用，你会发现你的直觉、你内在的觉知。

我强烈建议你运用第十章中的好处／坏处释放流程。当你不确定正确的行动方案或不确定要做什么决定时，投入少量的时间练习这个方法会为你节省大量的时间和精力。你会发现自己可以更自信地做出决定，当然，你也会更积极地行动。

与难以相处的人共事

几乎每个人在工作中都需要与难以相处的人共事。与他们交流、互动真的会影响我们的工作，除非我们放下与他们有关的想要被认可、想要控制和想要安全的欲望。因此，我强烈建议你经常运用第十一章中讲述的清理程序。在内部会议之前和之后，以及与客户、外部供应商交流之前和之后，都是运用清理程序的绝佳时机。

当你的员工在人际交往中遇到困难时，你可以建议他们运用清理程序。仅这一个方法就可以为你所有的关系带来和谐，也可以为许多其他领域带来和谐。

结语

我希望这一章有助于你将圣多纳法引入你的组织。随着你的组织中越来越多的人接受并掌握这本书中的原则和方法，我保证你的整个组织将会以更高的效率和生产力运行。你和你的同事也会感到更自由、更幸福、更快乐。

第二十章

支持我们的世界

在我看来，你之前通过释放解决自己的问题、实现自己的目标，就已经是在支持我们的世界了。每当你释放一种感受、想法或信念，你就会发现更多爱的天性。莱斯特曾经说过："一个心中有爱的人，比那些积极改变世界的人更能解决世界的问题。"你内心深处的爱只是被你想象出来的限制遮住了。当你释放的时候，就是在清除那些限制。此外，你每次释放的时候，都是在解除集体意识和个人意识中的限制。

在 20 世纪 70 年代中期，圣多纳法刚开始传播时，一些人想知道它是否有可能被人利用，从而对世界造成危害。根据我多年的经验，无论人们在他们的人生中处于哪个阶段，当他们开始运用圣多纳法发现自己与生俱来的无畏、接纳和平静时，他们只会变得更有建设性，而那些让他们做出破坏性行为的动机都会自然而然地消失。

以释放来支持我们的世界

除了变得更平静、更有爱、更有建设性，你还可以通过其他的方式运用圣多纳法来支持这个世界。现在，我们一起来看一看！

聚焦最好的

当想到这个世界的时候，大多数人脑海中浮现的并不是一些积极的画面。只要去看看电视或报纸上的新闻，你就会明白我的意思。事实上，很多人告诉我，新闻是他们每天压力的主要来源之一。然而，我们中的许多人觉得有必要看新闻，这样才能知道发生了什么事。另一些人则完全不看新闻，以免受到他们认为的负面新闻的影响。虽然我不建议沉迷于新闻，但我也不建议将新闻完全隔绝在外。我的建议是，一边看新闻，一边释放。

放下新闻报道在你心中激起的各种感受，比如愤怒、焦虑和抗拒。允许自己在脑海中描绘一下你希望看到的世界的样子，然后，放下任何觉得它不会或不可能发生的想法或感受。

与此同时，放下想要改变这个世界的欲望（见第五章），尽你所能接受这个世界本来的样子。你越能如实地接纳这个世界，就越能把爱和完美传递给这个世界。

在你看新闻的时候，释放自己的感受，这样就算你还没有采取什么行动，你也已经为这个世界做出贡献了。

关注解决方案

许多人都发现自己在反对他们不喜欢的东西，然而，如果我们反对某件事，我们就会抓住它不放，例如，在越战期间，美国民众的反战情绪并没有让冲突迅速结束。我们在头脑中持有什么，就会将能量传送给它，促使它变为现实。

就像目标释放流程那部分所说的那样，关注解决方案，而不是问题，这样你就可以用更少的努力去完成更多的工作，并且在这个过程中你也会变得更有建设性。例如，关注点要放在支持环保而非反对污染，支持平等而非反对歧视，支持和平而非反对战争。

支持你的领导人

对有些人来说，有时候世界上发生了一些他们不喜欢的事，他们可能会去指责领导人。但是，领导人只是代表了他们所在地区或国家的集体意志。如果你对领导人的感受是恨，而不是爱，你就会让自己成为问题的一部分。

在这个方面，我们可以运用的一个很好的方法是清理程序。如果我们都对我们对领导人的感受做清理程序，那么我们周围的世界的能量动态不需要很长时间就会发生显著的变化。想象一下，如果我们都允许我们的领导人以他们本来的样子存在，世界将会是什么样子。仅此一点就会对我们产生巨大的影响。

实践慈爱

正如我在第十七章中提到的，不求回报的给予可以很好地支持你与他人的关系。事实上，这样也可以很好地支持这个世界。所以，想一想自己可以为社会和国家做些什么。总之，你遇到的任何人都有可能从你的支持中获益。

不过，用你自己的方式给予就好。你可以通过提供服务、分享知识或分享善意和尊重来给予。金钱并不是给予的唯一方式，甚至不是最好的方式。你的生活，以及你关心的人的生活，不应该因为你的给予而遭受痛苦。无谓的牺牲和痛苦，不会对你或你想要支持的人和组织有所帮助。

真正可以给予他人和世界帮助的两个要点是：

（1）给予而不需要任何回报，甚至不需要被认可或感谢。

（2）允许自己将那些你支持的人看作完整的、完美的存在，并且和你是完全平等的。允许他们做他们自己，接纳他们本来的样子，而不是认为他们是不完美的，是需要帮助或改变的。

唯一能够有效实现这两个关键的方法是释放，释放你想要通过给予得到认可或回报的欲望，释放你对自己所帮助的那些人的任何评判。

慈爱不仅会支持这个世界，也会支持你。你在给予之前释放得越多，你的感觉就会越好，而你的个人世界将会反映出你内在的美好。

将这本书中的信息与愿意接受它的人分享

如果你已经读到这里了，我相信你会同意"这本书中的信息可以真正地帮助这个世界"的观点。想象一下这样一个世界：人们都能放下过去，活在当下，爱着当下；冲突都能通过协商和释放解决，而不是诉诸暴力或侵犯；每个人都能放下他们非爱的感受，发现自己爱的天性；每个人都可以做他自己。这就是我憧憬的世界，越来越多的人学会释放，并且爱事物本来的样子。

如果你愿意支持这一愿景，我鼓励你把这本书分享给任何你认为能够从中受益的人。不过，在你热情高涨的时候，请不要像下面这个故事中的两个少年那样。在一次活动上，两个少年向他们的领队汇报他们这一周做的好事。第一个孩子站起来报告说，他帮助了一位老奶奶过马路。然后，第二个孩子站起来报告说，他帮助了同一个老奶奶过马路。领队很困惑，就问他们："为什么帮助一位老奶奶过马路需要两个人呢？"他们异口同声地回答："因为她本来不想过马路啊！"

当我们对某个方法抱有很大的热情时，可能会过于热情地想把它分享给他人。但是，请不要把圣多纳法强加给任何人。与那些心态开放、对它感兴趣的人分享就好，有人对它可能会比你一开始认为的更感兴趣。

当我开始教授圣多纳法现场课程时，最让我惊讶的是，被圣多纳法吸引并从中受益的人如此之多。根据我的经验，我相信，任何真正渴望改变或改善自己的生活并愿意为此去做一些事情的人，都可以从圣多纳法中受益。我邀请你和我一起将这个蕴含着无限可能与自由的方法——圣多纳法——分享给这个世界。

附　录

整体释放

释放的第四种方法是整体释放。

整体释放基于这样一个前提：无论是真实的还是想象的，头脑体验到的一切都是成对出现的。从二元性的观念来看，有进就有出，有对就有错，有好就有坏，有苦就有乐。

我们大多数人在生活中总是试图抓住好的、摆脱不好的，但是，这样做却忽略了一个显而易见的事实。回想一下，当你试图抓住一些好的东西时，它总是会溜走。再回想一下相反的情形，当你抗拒你不喜欢的东西时，会发生什么？是的，它会继续存在。所以，实际上，我们大多数人一直在做的是把不喜欢的拉近，把喜欢的推开！

我们花费了大量的时间和精力，试图让我们喜欢的东西尽可能远离我们不喜欢的东西，从而保持这些对立的极性，这需要大量的能量，并产生了我们所说的"问题"。二元对立观念忽略了事物深层的整体性，这种整体性存在于思想之前，不受任何观念的影响。

整体释放非常简单。你只需要关注或接受对立的两极，在它们之间来回释放就可以了。就拿快乐来说吧，我们大多数人有时感到快乐，有时感到不快乐，但我们往往只看到其中一个，而看不到另一个。我们来做一个小小的实验。问自己：

我能够允许自己像现在这样不开心吗？

我能够允许自己像现在这样开心吗？

像现在这样不开心？

像现在这样开心？

像现在这样不开心？

像现在这样开心？

当你在一个极性的两极之间来回释放几次后，注意内在发生了什么。你可能在做这个练习的时候就注意到了，对立的两极会相互抵消。你会越来越多地意识到你的自由和存在，也会看到对立的两极在分离之下的内在统一。你可能会感到一种消融、一种清静或一种轻松，也可能会有更多的领悟，头脑变得比以前更清晰。

当你把一个极性的两极放在一起时，就像是把物质和反物质放在一起，它们会彼此中和，然后，你就会对自由、存在有更深刻的认识。你看到的是解决方案，而不是问题，你感觉更开放、更有活力、更平静。随着你越来越多地练习整体释放，你会发现这种效果会随着时间的推移而增加。你会看到更多的可能性，看事情也会看得更清楚。每次以这种方式释放时，你都会从中得到更多——更多地了解关于你自己的真相。

像练习之前的 3 种释放的方法一样练习整体释放。以下是一些指导原则和提醒。整体释放可以通过陈述或问答的方式进行。运用问答的方式时，我们只是在问你是否有可能那样做，"是"或"否"都是可以接受的答案，即使你的回答是否定的，也一样可以释放。尽可能不假思索地回答问题，不要让自己陷入思考或分析。所有的问题都设计得非常简单。问题本身并不重要，它们只是用来引导你放下。

以下是一些常见问题的列表，你可以运用它们来处理你的问题。在练习的时候，简单地陈述或提问就好，然后反复地在两极之间来回切换。当你在生活中运用这个方法，你会发现那些一直在限制你的对立观念。你可以参考下面的例子设计你自己的对立观念问题。

我能够允许自己像现在这样抗拒_____吗？

我能够允许自己像现在这样接纳_____吗？

我能够允许自己像现在这样排斥_____吗？

我能够允许自己像现在这样接受_____吗？

我能够允许自己像现在这样讨厌_____吗？

我能够允许自己像现在这样喜欢_____吗？

我能够允许自己像现在这样恨_____吗？

我能够允许自己像现在这样爱_____吗？

我能够允许自己像现在这样想要改变_____吗？

我能够允许自己尽可能地放下想要改变_____的欲望吗？

我能够允许自己对_____说"不"吗？

我能够允许自己对_____说"是"吗？

我能够允许自己像现在这样对_____敞开心扉吗？

我能够允许自己像现在这样对_____紧闭心门吗？

让这个方法带着你走

从整体释放中得到最大收获的方法就是，在你学习和实践它的过程中尽可能地保持开放的态度。你可以自己问自己这些问题，也可以对自己重复这些问题。尽可能地跟随你的心。只是简单地保持开放的态度，让这个方法带着你走。这个方法实际上是自己运作的。在对立的两个观念之间来回切换，它们会相互抵消。当你处理这些极性时，保持头脑和心灵的开放，并尽可能地保持觉知。允许你意识中出现的想法、感受、限制性信念或画面存在——尽可能地欢迎它们。你甚至都不需要去尝试放下它们，它们自然而然就会被化解。

与财富和成功有关的对立观念

我能够允许自己像现在这样抗拒有钱这件事吗？

我能够允许自己尽可能地欢迎有钱这件事吗？

我能够允许自己像现在这样感到匮乏吗？

我能够允许自己尽可能地感到富足吗？

我能够允许自己像现在这样讨厌钱吗？

我能够允许自己像现在这样喜欢钱吗？

金钱是邪恶的。

金钱是美好的。

我是个失败的人。

我是个成功的人。

我拥有的总是很少。

我拥有的总是很多。

与人际关系有关的对立观念

我能够允许自己像现在这样抗拒这个人吗？

我能够允许自己像现在这样接纳这个人吗？

我能够允许自己像现在这样不信任这个人吗？

我能够允许自己像现在这样信任这个人吗？

我能够允许自己像现在这样依赖这个人吗？

我能够允许自己像现在这样不依赖这个人吗？

处理人际关系很困难。

处理人际关系很简单。

男人 / 女人都不好。

男人 / 女人都很好。

与健康有关的对立观念

我能够允许自己的身体像现在这样不适吗？

我能够允许自己的身体像现在这样舒适吗？

我能够允许自己像现在这样对____上瘾吗？

我能够允许自己像现在这样对____不再上瘾吗？

我能够允许自己想要改变自己的身体吗？

我能够允许自己爱我身体本来的样子吗？

我的睡眠质量很差。

我的睡眠质量很好。

我很胖。

我很瘦。

我不健康。

我很健康。

当你练习整体释放时，有时可能会觉得自己到了一个极限。如果这种情况发生了，可以让自己更放松地去练习，或者干脆休息一下，睁开眼睛看看四周，站起来伸展一下身体，去散散步，做一些事情来打破现在的模式。然后，如果你觉得问题还没有完全处理好，就再练习几遍。

可能会有一些问题或陈述，在你第一次使用它们时没有产生共鸣。如果遇到这种情况，让自己放松下来，允许这些对立的观念微妙地发挥作用，它们的效果往往会随着时间的推移而增加。当然，你也可以调整措辞，直到你感觉到更明显的释放。

刚开始练习时效果可能会不太明显，但是随着你练习次数的增多，效果会变得越来越明显。如果你坚持练习，随着内在限制的解除，你将会进入更深的内在空间。这也许很快就会发生。简单地在两极之间来回切换几次就可以完全解除它们。

在日常生活中运用整体释放

整体释放有两个目的：一个是深化你运用前三种释放的方法所做的工作，另一个是加深你对圣多纳法的理解。这个方法将帮助你解除你内在的限制。随着你对这个方法的实践，你会发现自己开始在生活中自发地运用它——注意到更多的可能性，看到其他的选择。你会感觉更灵活、更开放、更有能力处理生活中遇到的问题。

在你的日常生活中运用整体释放，开始去注意你是如何在生活中创造出对立的两极的，并开始将它们结合在一起。即使只是注意到它们，它们就会开始消融，而你也会对自己的对立观念更加开放。

当你发现自己在内在或外在只能感知到一种可能性时，你很有可能错过了至少一种或更多的可能性。养成寻找其他可能性的习惯，然后运用这种方法让自己的内在更清晰。

如果你发现自己在评判自己或他人，可以让自己在你的评判和它的对立面之间来回切换几次。

如果你觉得自己陷入了困境，那就允许自己接受陷入困境和走出困境这两种状态。

当你运用整体释放时，请尽情地发挥你的创造力，你会发现自己看到了越来越多的可能性，并开始对拥有这一切保持开放态度。

整体释放可以帮助你放下所有你不想要的行为模式、思维模式和情绪模式。通过告诉你如何放下那些消极的自我对话、阻碍你的限制性感受和信念，它会让你拥有你想要的、成为你想成为的、做你想做的。它唯一的要求就是尽可能地对这个方法保持开放态度。它会让你的思维更清晰，但它并不是一种思考的方法。它将帮助你获得更高的创造力，尽管练习这个方法并不需要你特别有创造力。只要清除了内在的负面推动力，你就可以自由地面对一切。

发现存在的本质

圣多纳法的力量之所以强大，一部分是因为它是自然的，而且它是建立在这样的基础上，那就是：我们可以作为临在的觉知存在，没有抗拒、没有自我阻碍地去生活。正是出于这个原因，我花了大量的时间观察当下在这里的是什么，以便开拓出新的方法来帮助大家更容易地认识和接受真正的自己。

圣多纳法基于这样的前提：感受只是感受，它们不是事实，它们不是你，你可以放下它们。在我们的静修课堂上，我们会花一些时间，让大家相互提醒，记住我们认为的自己并不是真正的自己。换句话说，"我"只是一个"想法"而已，并不是我们的本质。一旦认识到这一点，它会对我们体验生活的方式产生深刻的影响。当我们认识到，我们所谓的问题并不是个人的，而且，实际上，没有什么问题是个人的时，我们就很难再将它们当真，或抓住它们不放。

认识到你不是什么

在静修时，当有人希望发现自己是谁，或当他迷失在自己的故事里时，我会问对方："在这一刻，如果你不进入记忆，你真的能够找到你所说的这个'我'吗？"

我还没有发现有人能够在这一刻找到一个"我"。对于大多数人，这一提问会让他们的头脑完全停下来，安住于他们一直所是的那个存在。也有很多人在享受了一段时间的安住之后，不是让自己继续安住，而是让自己再次认同"我"这个虚拟参考点。大多数人还发现，即使存在受到了再次出现的"我"这个虚拟参考点的干扰，那种自在和安然的感觉也从未消失。

不管怎样，当你以此来审视真正的自己时，要知道"你所是的"永远不会"来来去去"，而"来来去去"的，究其本质，不可能是真正的你。如果那个虚拟的参考点又一次出现了，并不意味着你错过了什么，它只意味着这个习惯还没有完全消失。你可以不断地提醒自己，此刻在这里的实际上是什么，或者运用圣多纳法里的其他方法。

我个人的体验是，"你—所是的—存在"一直都在此时此地。这个存在就是背景，而所有的体验就在其上或其内升起。

存在，也可以被称为"知道"，因为它是"认知"的虚空，它允许所有的体验发生。"我们所是"的这个"知道"和思考是紧密相关的。当思考被"我"这个虚拟参考点里的信念染色的时候，它就被限制住了。不过，当染色消失时，一直在此时此地的"直接的知道"就会显现出来。思考也会变得更加沉静，与我们的"自然的知道"越来越一致。我们的头脑会因此闪现出清明的理性和敏锐的直觉，同时身体也会充满能量和活力。

有时我会接着问："如果此刻没有'我'，有没有可能从来就没有过'我'呢？""此刻在这里的是什么？"

以下是如何探索你的情绪和问题的方法。

当你迷失在一种情绪或一个故事里，或者你只是想看穿"我"的幻象时，就问自己：这是谁的感受、想法或故事？

如果你认同了那个虚拟的中心，那么答案就会是"我的"。如果你没有认同"我"这个错觉（这种情况随时都有可能发生），那么，你就会拥有一种全无虚拟自我意识的体验。如果这种情况发生了，就让自己安住当下，并且知道不需要再进一步提问了。

如果答案是"我的"，就问自己：在这一刻，如果你不进入记忆，你真的能够找到这个"我"吗？

你还可以再问一句：如果此刻没有"我"，有没有可能从来就没有过"我"呢？

允许自己注意到当下在这里的是什么

你可以问自己：此刻在这里的实际上是什么？不断地问自己这个简单的问题，直到你注意到头脑给出的所有答案都消失了为止。然后，审视一下在此刻更加明显的"存在"或"觉知"是否一直都在。我的体验是，真正的自己一直都在，只不过有时候被我们忽略了。

你还可以问自己：这是你吗？然后让自己安住下来。接下来，问自己：你能够允许这样就足够了吗？不断地问自己这些问题，直到你发现头脑已不再需要回答这些问题，而你能够安住于自己的实相为止。

允许这一切自然地发生，不要强迫，而且在做的时候，要从自己的直接体验出发，而不是根据记忆或自认为应该有的体验去做。此外，也要知道这并不是取巧，而是直接看破分离的幻象，看到你那闪耀着爱与美好的永恒存在。

当你以开放的心态来审视你在当下正在体验的一切时，有两点变得很明显：首先，那个分离的"我"和受苦的故事没有了；其次，此刻在这里的是存在、觉知和允许一切体验升起的那个空无。

这就像是在斩断问题的根源。如果你以开放的心态去做这件事，你就会发现，这不仅能够释放你在那一刻的痛苦，而且，即使不是全部，这也会消除一大部分你对痛苦的执着。

下一步行动方案

恭喜你完成了圣多纳法的学习！当你将学到的东西运用在追求你想要拥有的东西（包括终极领悟）时，你会发现自己表面上的那些问题在逐渐消失，而你与生俱来的自由则闪耀着越来越亮的光芒。当你将圣多纳法融入你的生活，你的生活会变得越来越轻松，而你对这些方法的运用也会变得越来越容易。即使是那些你过去认为很难实现的目标，也会轻松地实现。这一过程将一直持续下去，直到你每一刻都安住在当下，你会看到这一切的完美。

以下建议旨在帮助你从这本书中获得最大的益处。

（1）将书中的方法运用在你生活的每个方面。即使你每天只花几分钟时间释放，你也会获得很多好处。如果你每天都全心全意地释放，成果将会呈指数级增长。就像其他事情一样，你投入的能量越多，收获就会越多。

（2）经常复习书中的内容。每次重读这本书，你都会从中收获更多。随着你内在的成长，你会理解并能够在更深的层次上运用你学到的东西。把每一次复习都当作你第一次阅读，尽可能以全新的眼光去探索那些练习。

（3）分享你学到的东西。与你的朋友、亲戚和熟人交流这些理念和方法可以扩展你的视野，加深你的理解，还能让你的身边都是志同道合的人，大家都愿意深化自己的自由、释放自己的痛苦。不过，请与那些真正感兴趣的人分享这一方法。承认你认识的人的存在本质——看到他们已经是完美的，不管他们是否理解你的想法。

（4）创建或加入一个圣多纳法学习小组。当2个或2个以上的人聚集在一起共修时，场域的能量就会提升。团体越大，能量就会提升得越高。莱斯特曾经说过，团体释放时，能量是呈指数级增长的。也就是说，2个人一起释放，会产生4倍的能量，3个人一起释放，会产生9倍的能量，以此类推。参加学习小组的另一个好处是，你可以从一些不同的角度来看待书中的内容，这会加深你对圣多纳法的理解。

（5）读一读我与莱斯特合著的一本书——《幸福是免费的》(*Happiness Is Free*)。这是一本关于圣多纳法的书，其中既有莱斯特的演讲，也有我的解说，以及一些相关的练习。

第 1 周练习内容

情绪状态表（chart of emotions）

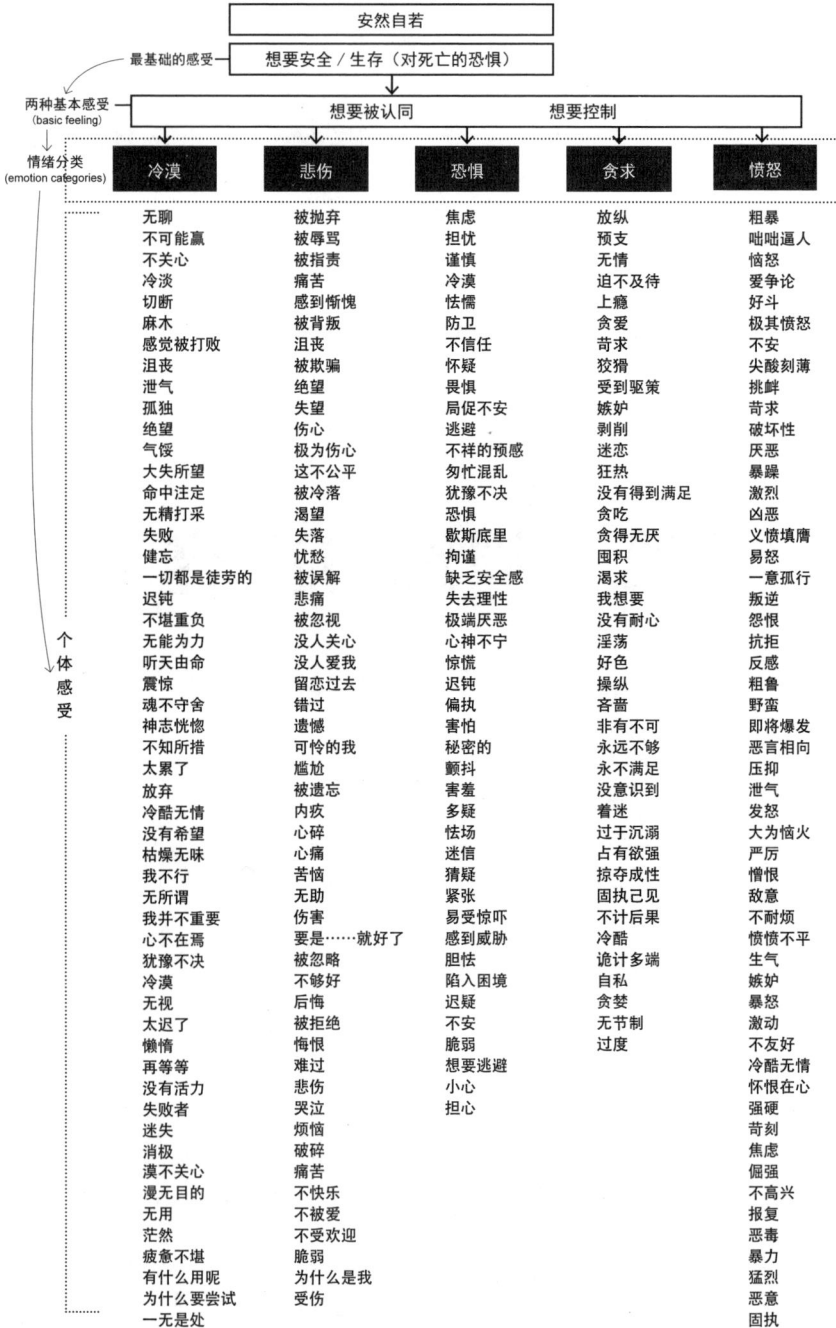

安然自若				

最基础的感受 —— 想要安全 / 生存（对死亡的恐惧）

两种基本感受
(basic feeling)

想要被认同	想要控制

情绪分类
(emotion categories)

冷漠	悲伤	恐惧	贪求	愤怒

个
体
感
受

冷漠	悲伤	恐惧	贪求	愤怒
无聊	被抛弃	焦虑	放纵	粗暴
不可能赢	被辱骂	担忧	预支	咄咄逼人
不关心	被指责	谨慎	无情	恼怒
冷淡	痛苦	冷漠	迫不及待	爱争论
切断	感到惭愧	怯懦	上瘾	好斗
麻木	被背叛	防卫	贪爱	极其愤怒
感觉被打败	沮丧	不信任	苛求	不安
沮丧	被欺骗	怀疑	狡猾	尖酸刻薄
泄气	绝望	畏惧	受到驱策	挑衅
孤独	失望	局促不安	嫉妒	苛求
绝望	伤心	逃避	剥削	破坏性
气馁	极为伤心	不祥的预感	迷恋	厌恶
大失所望	这不公平	匆忙混乱	狂热	暴躁
命中注定	被冷落	犹豫不决	没有得到满足	激烈
无精打采	渴望	恐惧	贪吃	凶恶
失败	失落	歇斯底里	贪得无厌	义愤填膺
健忘	忧愁	拘谨	囤积	易怒
一切都是徒劳的	被误解	缺乏安全感	渴求	一意孤行
迟钝	悲痛	失去理性	我想要	叛逆
不堪重负	被忽视	极端厌恶	没有耐心	怨恨
无能为力	没人关心	心神不宁	淫荡	抗拒
听天由命	没人爱我	惊慌	好色	反感
震惊	留恋过去	迟钝	操纵	粗鲁
魂不守舍	错过	偏执	吝啬	野蛮
神志恍惚	遗憾	害怕	非有不可	即将爆发
不知所措	可怜的我	秘密的	永远不够	恶言相向
太累了	尴尬	颤抖	永不满足	压抑
放弃	被遗忘	害羞	没意识到	泄气
冷酷无情	内疚	多疑	着迷	发怒
没有希望	心碎	怯场	过于沉溺	大为恼火
枯燥无味	心痛	迷信	占有欲强	严厉
我不行	苦恼	猜疑	掠夺成性	憎恨
无所谓	无助	紧张	固执己见	敌意
我并不重要	伤害	易受惊吓	不计后果	不耐烦
心不在焉	要是……就好了	感到威胁	冷酷	愤愤不平
犹豫不决	被忽略	胆怯	诡计多端	生气
冷漠	不够好	陷入困境	自私	嫉妒
无视	后悔	迟疑	贪婪	暴怒
太迟了	被拒绝	不安	无节制	激动
懒惰	悔恨	脆弱	过度	不友好
再等等	难过	想要逃避		冷酷无情
没有活力	悲伤	小心		怀恨在心
失败者	哭泣	担心		强硬
迷失	烦恼			苛刻
消极	破碎			焦虑
漠不关心	痛苦			倔强
漫无目的	不快乐			不高兴
无用	不被爱			报复
茫然	不受欢迎			恶毒
疲惫不堪	脆弱			暴力
有什么用呢	为什么是我			猛烈
为什么要尝试	受伤			恶意
一无是处				固执

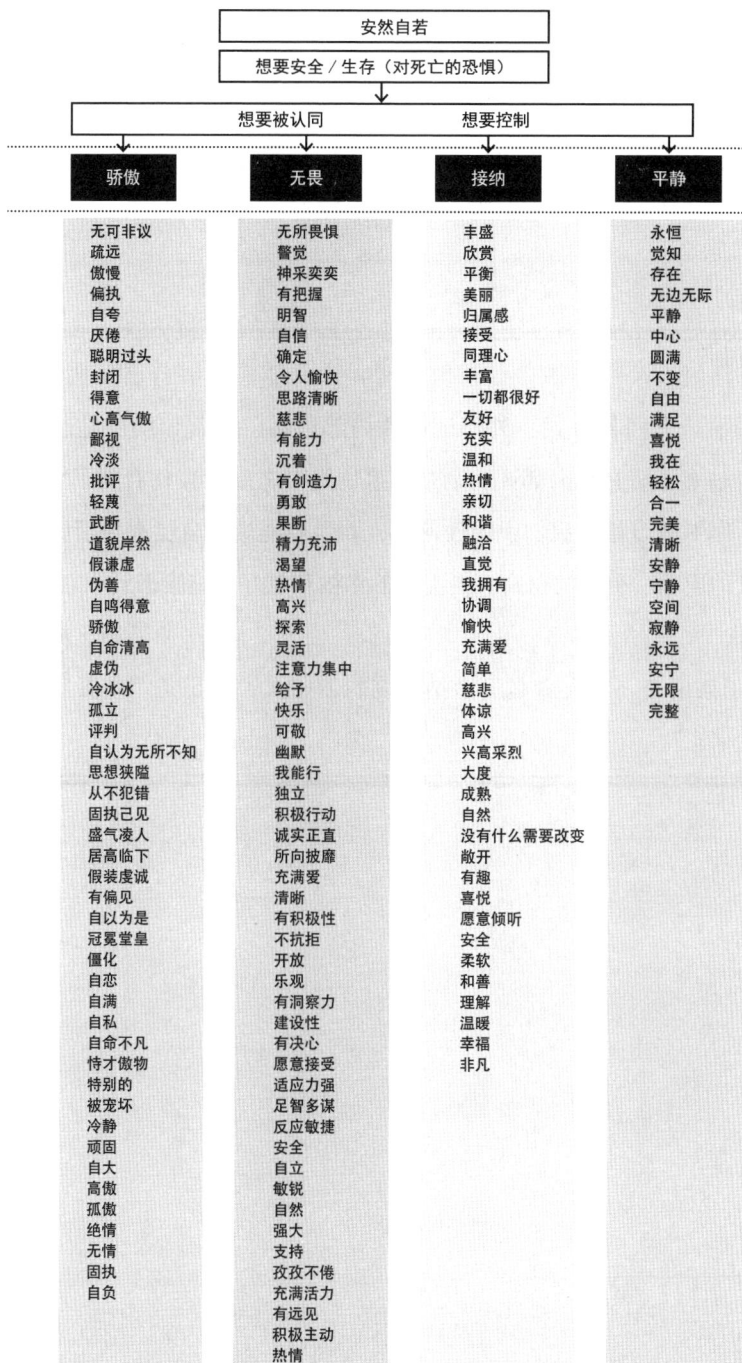

```
                    ┌─────────────────────────────┐
                    │          安然自若            │
                    ├─────────────────────────────┤
                    │  想要安全／生存（对死亡的恐惧）│
                    └──────────────┬──────────────┘
          ┌────────────────────────▼─────────────────────────┐
          │        想要被认同              想要控制            │
          └───┬──────────────┬───────────────┬─────────────┬──┘
          ┌───▼───┐      ┌───▼───┐       ┌───▼───┐     ┌───▼───┐
          │ 骄傲  │      │ 无畏  │       │ 接纳  │     │ 平静  │
          └───────┘      └───────┘       └───────┘     └───────┘
```

骄傲	无畏	接纳	平静
无可非议	无所畏惧	丰盛	永恒
疏远	警觉	欣赏	觉知
傲慢	神采奕奕	平衡	存在
偏执	有把握	美丽	无边无际
自夸	明智	归属感	平静
厌倦	自信	接受	中心
聪明过头	确定	同理心	圆满
封闭	令人愉快	丰富	不变
得意	思路清晰	一切都很好	自由
心高气傲	慈悲	友好	满足
鄙视	有能力	充实	喜悦
冷淡	沉着	温和	我在
批评	有创造力	热情	轻松
轻蔑	勇敢	亲切	合一
武断	果断	和谐	完美
道貌岸然	精力充沛	融洽	清晰
假谦虚	渴望	直觉	安静
伪善	热情	我拥有	宁静
自鸣得意	高兴	协调	空间
骄傲	探索	愉快	寂静
自命清高	灵活	充满爱	永远
虚伪	注意力集中	简单	安宁
冷冰冰	给予	慈悲	无限
孤立	快乐	体谅	完整
评判	可敬	高兴	
自认为无所不知	幽默	兴高采烈	
思想狭隘	我能行	大度	
从不犯错	独立	成熟	
固执己见	积极行动	自然	
盛气凌人	诚实正直	没有什么需要改变	
居高临下	所向披靡	敞开	
假装虔诚	充满爱	有趣	
有偏见	清晰	喜悦	
自以为是	有积极性	愿意倾听	
冠冕堂皇	不抗拒	安全	
僵化	开放	柔软	
自恋	乐观	和善	
自满	有洞察力	理解	
自私	建设性	温暖	
自命不凡	有决心	幸福	
恃才傲物	愿意接受	非凡	
特别的	适应力强		
被宠坏	足智多谋		
冷静	反应敏捷		
顽固	安全		
自大	自立		
高傲	敏锐		
孤傲	自然		
绝情	强大		
无情	支持		
固执	孜孜不倦		
自负	充满活力		
	有远见		
	积极主动		
	热情		

任何人都不应该接受任何事情，除非他们能够自己证明出来。证明事情有两种方式：外部证明和内部证明。外部证明就是通过实际行动来证明它，内部证明则是在事情发生之前凭直觉看到了它。

　　你不应该相信我们说的任何话，而是要通过你自己在生活中获得更大的成功、更多的财富、更美满的幸福和更好的健康来证明它。

——莱斯特·利文森

　　（莱斯特·利文森是圣多纳学院的创始人，也是圣多纳释放法的创造者。）

你可以
将圣多纳释放法运用到
所有领域

在工作中（On the Job）:

参加了这个课程之后，我对自己有了更好的认识。我现在意识到了过去是什么导致了我的问题，以及我如何才能改正这些问题。我感觉到更轻松、更自由。我觉得我的人生有了新的方向，我的能力和我能取得的成就不再受到任何限制了。我会向所有人推荐这个课程。

——约翰·里德林格，牙医博士

关于健康（With your health）:

我曾同时患有几种身体疾病，包括偏头痛、憩室炎、痛风和严重的低血糖。我原计划在课程结束一周后进行手术。但开始练习释放法后没几天，我的症状就减轻了，后来慢慢消失，而且再也没有出现过。我身体的其他问题也一扫而光。我相信这些是由于这个方法减轻了我的压力。

——大卫·霍金斯博士

关于实现目标（To reach your goals）:

圣多纳释放法让我变得更有条理，更能专注于我的目标。而且，由于我对于被拒绝的情绪反应大大减少，我发现自己可以更容易地实现既定的销售目标。这也带来了令人欣慰的结果。

我相信，我所掌握的这个方法对任何从事销售工作的人来说都是最有价值的。

——康拉德·E.伊姆豪斯

欢迎你

生命是一份珍贵的礼物，但仅仅活着是不够的。我们都希望拥有最好的生活。对大多数人来说，这意味着他们希望在生活的各个领域都能获得成长，拥有充沛的精力，以及持久的平静和幸福感。作为圣多纳释放法课程的毕业生，你将会体验到所有这一切，甚至比这还要多。

圣多纳释放法建立在最基本的科学原理之上。这个释放法是通过向你展示如何消除你的潜意识障碍来发挥作用的。

这个释放法是一种关于放下的内在系统，它能够立即让你与那个本然的、成功的自我联系起来，从而让你在任何情况下都能够拥有自信、平静和掌控力。

这个释放法并不是一个知识性的学习过程，而是一个体验式的学习过程。你将要学到的是一种"如何做"的方法，它能够让你轻松地、没有痛苦地在当下就解除和释放掉所有不想要的感觉。

学习使用这个方法需要一个日积月累的过程。在每一天的培训中，我们对于这种方法的运用能力都会增强。当你完成全部课程时，你将会具备随时随地使用这种动态方法的能力，而无须再从你的其他活动中抽出时间。你将不再需要后续的课程、书籍或磁带。总之，一旦你掌握了它，你就真的学会了使用它！

我们很高兴你能接受并学习圣多纳释放法。我们深信，你会发现这是你对自己所做的最好的投资。

最真挚的祝福

海尔·德沃斯金

培训总监

在整个学习过程中
让自己收益最大化的建议

做好下面这些事情，将有助于你从课程中获得更多的好处。

寻找各种机会进行释放

在任何情况下，都要积极觉察可以使用释放法的机会。特别是觉察那些你已经习惯于"一带而过"的细微烦恼，因为你之前一直没有办法处理它们。因此，在看似很微小的事情上也要使用释放法，这样做会对你的整体进步产生积极影响。

请记住，越多地运用它，你获得的益处就越大。所以，我们建议你持续不断地运用这个方法。

记录你的收获

随身携带你的收获记录本，花点时间记录下你使用释放法过程中的点滴收获。你能做的最重要的事情之一，就是认可自己的进步。每一点收获都代表你取得了一些成就，当你把它记录下来时，你就是在不断地鼓励自己前进。

保持清醒的头脑

学习圣多纳释放法，是你用自己的时间和资源对自己做的一项重大投资。为了最大限度地利用好它，你在学习这种处理压力和不良情绪的新方法时，尽可能保持头脑清醒是很有必要的。

因此，在学习期间，建议你不要服用任何非处方药物，也不要饮酒，这将对你有益。

保持开放去参与体验

请敞开自己的心去体验它，而不是试图理性地弄清楚这个方法。当你使用这个方法时，你自然而然就会理解它。通过体验，你会从自己的亲身感受中去理解它，而不是从别人那里以文化知识的角度去理解它。

在其他人使用释放法时，跟着他们一起做释放

当你周围有人接受圣多纳释放法的引导时，请密切关注。当有人体验释放时，你也可以跟着一起做。这样的话，你将在整个学习过程中多次使用该方法。总之，你使用得越多，就越容易理解这个释放法及其工作原理。

自己练习

在休息时间、晚上，请尽可能多地使用释放法。在学习过程中，这一点尤为重要，因为你将有机会在许多不同的情况下尝试运用圣多纳释放法。记住，这是一个需要亲身实践的方法。练习得越多，你就能够越快速地将它融入生活的各个方面。

我想从圣多纳释放法中获得什么

我们想要为你提供一个机会，让你关注对你来说最重要的问题。请将下面的表格视为一份愿望清单，写出你在个人生活方面和职业发展方面希望改变或改进的事项。你可以在整个学习过程中不时地参考这个表格来找到你想要解决的问题。圣多纳释放法将会成为你生活中许多积极变化的开端，因此请让你的清单远超出你认为自己在学习期间可以完成的目标。

个人生活方面	职业发展方面

处理感受的三种方法

一般来说，世人都知道有两种处理感受的方法：表达感受、试图压抑感受。

下面，我们将教大家处理感受的第三种方法，那就是圣多纳释放法。它是一种"放下"感受、释放感受的方法。

1. 压抑（suppress）。这是最糟糕的处理感受的方法。它会导致那些被压抑的能量日渐积聚，最终驱使你做出你不喜欢的行为。也就是说，你可能会在被感觉驱使的状况下，做出自己本不想做的行为。

2. 表达（express）。表达是将感受付诸行动，这样做有时会带给人一种如释重负的感觉。但是，它并不能消除这种感受，而只是暂时缓解了压力。而且，这对被表达的人来说往往是不愉快的体验，有时你还会因为对自己的行为感到内疚而造成进一步的痛苦。

3. 圣多纳释放法（the sedona method）。这个方法就是放下感受本身，这是最健康、最好的处理感受的方法，是一种释放被压抑的感受能量的方法。每使用一次这个方法，你就能消除一点被压抑的负面能量，直至你所有被压抑的能量都得到释放，你就会变得自由、平静。随着时间的推移，你会自然而然地变得更自由、更平静，头脑更加清晰，你的目标和方向将会变得更加积极和有建设性，你也会做出更好的决策并提高工作效率。

我想在生活中改变什么？

列出生活中想要改变的一些情况、人或问题	我"现在"对它的感受是什么？	放下了吗？	感觉良好吗？

想一想你生活中想要改变的方面，并把它们写在第一列中。接下来，选择其中一项内容，写下你现在对它的感觉，并完全释放这种感觉。一旦你完全释放了这种感觉，就在"放下了吗？"一栏打钩。当你释放到对这项内容感觉良好之后，就在"感觉良好吗？"一栏打钩。然后，依次重复同样的步骤，释放你现在对每一项内容的感受。

我想在生活中改变什么？

列出生活中想要改变的一些情况、人或问题	我"现在"对它的感受是什么？	放下了吗？	感觉良好吗？

我想在生活中改变什么？

列出生活中想要改变的一些情况、人或问题	我"现在"对它的感受是什么？	放下了吗？	感觉良好吗？

释放压抑和表达

回忆一件压抑了自己感受的具体事件	我"现在"对它的感受是什么?	放下了吗?	感觉良好吗?

在第一列中写下你记忆中曾经压抑自己感受的几个事件。然后,在第二列中写下你现在对该事件的感受。当你完全释放了那个感受之后,就在"放下了吗?"一栏打钩。重复上述步骤,继续释放你现在的感受,直到你对那件事感觉良好为止。一旦你对那件事感觉良好,就在"感觉良好吗?"一栏打钩。然后,将注意力转移到下一个事件上进行释放。

回忆一件压抑了自己感受的具体事件	我"现在"对它的感受是什么?	放下了吗?	感觉良好吗?

在第一列中写下你记忆中曾经表达自己情绪的几个事件。然后,在第二列中写下你现在对该事件的感受。当你完全释放了那个感受之后,就在"放下了吗?"一栏打钩。重复上述步骤,继续释放你现在的感受,直到你对那件事感觉良好为止。一旦你对那件事感觉良好,就在"感觉良好吗?"一栏打钩。然后,将注意力转移到下一个事件上进行释放。

释放压抑和表达

回忆一件压抑了自己感受的具体事件	我"现在"对它的感受是什么?	放下了吗?	感觉良好吗?
回忆一件压抑了自己感受的具体事件	我"现在"对它的感受是什么?	放下了吗?	感觉良好吗?

释放压抑和表达

回忆一件压抑了自己感受的具体事件	我"现在"对它的感受是什么？	放下了吗？	感觉良好吗？
回忆一件压抑了自己感受的具体事件	我"现在"对它的感受是什么？	放下了吗？	感觉良好吗？

释放压抑和表达

回忆一件压抑了自己感受的具体事件	我"现在"对它的感受是什么？	放下了吗？	感觉良好吗？
回忆一件压抑了自己感受的具体事件	我"现在"对它的感受是什么？	放下了吗？	感觉良好吗？

释放对成功和失败的感觉

主题:＿＿＿＿＿＿＿＿＿＿＿＿＿＿＿＿＿＿＿＿＿＿＿＿＿

我"现在"对于获得成功的感觉是怎样的?	放下了吗?	感觉良好吗?	我"现在"对于失败的感觉是怎样的?	放下了吗?	感觉良好吗?

想一想,在你的生活中,你希望在哪个领域取得更大的成功,然后把它写在表格上方的横线上。接下来,写下你现在对在这个领域取得成功的感觉,并完全释放这种感觉。一旦你完全释放了这种感觉,就在"放下了吗?"一栏打钩。当你释放到对其感觉良好之后,就在"感觉良好吗?"一栏打钩。然后,重复同样的步骤,释放你现在对于失败的感觉。

反复执行上述步骤,释放你关于这个主题的成功和失败的所有感觉,一直到你感觉完成了全部释放,并更有能力在生活中的那个领域取得成功为止。

释放对成功和失败的感觉

主题：_____

我"现在"对于获得成功的感觉是怎样的？	放下了吗？	感觉良好吗？	我"现在"对于失败的感觉是怎样的？	放下了吗？	感觉良好吗？

释放对成功和失败的感觉

主题：_____

我"现在"对于获得成功的感觉是怎样的？	放下了吗？	感觉良好吗？	我"现在"对于失败的感觉是怎样的？	放下了吗？	感觉良好吗？

收　　获

收获，简单来说就是在前一刻你还感觉不好，而这一刻你感觉良好。收获也是你通过释放所达到的具体结果。它包括你每天通过使用圣多纳释放法所获得的大大小小的益处、成功和成就。

每当你在收获记录本上记下你的收获时，你都是在为你对自己所做的有益之事进行肯定。除了记录下你的进步之外，你的收获记录本也会提醒你继续使用这个释放法。

收获有很多类别，以下提供了关于收获类别的示例，供你参考。

• 行为和/或态度发生积极变化

• 在日常活动中更轻松、更有效率

• 更有效地沟通

• 提高解决问题的能力

• 更灵活

• 在行动中更加放松和自信

• 获得成就

• 拥有洞察力和领悟力

• 成功完成各项事情

• 新的开始

• 获得新的能力或技能

• 积极感受增加

• 负面感受减少

• 负面情绪减少

释放喜欢与不喜欢

主题：_____

我喜欢哪些方面？	我"现在"对它的感受是什么？	放下了吗？	感觉良好吗？

这张清单可用来对任何主题进行进一步的释放，例如超重、吸烟、人际关系、你的工作、某个人、某种情况等。

在表格上方的横线上写下一个主题。然后在"我喜欢哪些方面？"一列写下你对于这个主题所喜欢的一个方面。然后，专注于你现在对这一个方面的感觉，并在"我'现在'对它的感受是什么？"一列中写下来。完全释放你现在的感受，然后在"放下了吗？"一栏打钩。重复上述步骤，直到你对那个感受感觉良好为止，然后在"感觉良好吗？"一栏打钩。

接下来，在"我不喜欢哪些方面？"一列写下你对于该主题所不喜欢的一个方面。然后，专注于你对现在这一个方面的感觉，并在"我'现在'对它的感受是什么？"一列中写下来。完全释放你现在的感受，然后在"放下了吗？"一栏打钩。重复上述步骤，直到你对那个感受感觉良好为止，然后在"感觉良好吗？"一栏打钩。

一旦你对这个"不喜欢"的一个方面感觉良好之后，就再写下"喜欢"的一个方面并进行释放。

持续重复这个过程，直到你感觉自己释放了这个主题的所有感受为止。记住，我们要放下对感觉的固有抓取习惯，所以也要不断释放好的感觉，这样你会感觉越来越好。

我不喜欢哪些方面？	我"现在"对它的感受是什么？	放下了吗？	感觉良好吗？

22

释放喜欢与不喜欢

主题：_____

我喜欢哪些方面?	我"现在"对它的感受是什么?	放下了吗?	感觉良好吗?
我不喜欢哪些方面?	我"现在"对它的感受是什么?	放下了吗?	感觉良好吗?

释放喜欢与不喜欢

主题：_____

我喜欢哪些方面？	我"现在"对它的感受是什么？	放下了吗？	感觉良好吗？

我不喜欢哪些方面？	我"现在"对它的感受是什么？	放下了吗？	感觉良好吗？

释放喜欢与不喜欢

主题：_____

我喜欢哪些方面？	我"现在"对它的感受是什么？	放下了吗？	感觉良好吗？

我不喜欢哪些方面？	我"现在"对它的感受是什么？	放下了吗？	感觉良好吗？

释放喜欢与不喜欢

主题：_____

我喜欢哪些方面?	我"现在"对它的感受是什么?	放下了吗?	感觉良好吗?

我不喜欢哪些方面?	我"现在"对它的感受是什么?	放下了吗?	感觉良好吗?

26

释放喜欢与不喜欢

主题：_____

我喜欢哪些方面？	我"现在"对它的感受是什么？	放下了吗？	感觉良好吗？

我不喜欢哪些方面？	我"现在"对它的感受是什么？	放下了吗？	感觉良好吗？

释放喜欢与不喜欢

主题:＿＿＿＿＿＿＿＿＿＿＿＿＿＿＿＿＿＿＿＿＿＿＿＿＿＿＿

我喜欢哪些方面?	我"现在"对它的感受是什么?	放下了吗?	感觉良好吗?

我不喜欢哪些方面?	我"现在"对它的感受是什么?	放下了吗?	感觉良好吗?

人类从未有意要成为自己人生境遇的受害者。他们是这些人生境遇的控制者，却失去了对这一事实的认识。当他们重新认识到这一点时，就会再次成为自己人生境遇的主人，从而有意识地控制自己的境遇。

　　被压抑的情绪是指被我们压抑在潜意识中而没有意识到的情绪。

　　任何被压抑的情绪都会一直试图自己消散，直至消失。

　　被压抑的情绪和想法会发展出强迫症和抑制性行为，从而导致错误的行为习惯。

　　永远不要压抑情感。你不必满足它们，但也不要压抑它们。只是知道它们就在那里，然后放开它们。

——莱斯特·利文森

我不得不做的事

我觉得自己不得不做的事情	我"现在"对它的感受是什么?	放下了吗?	感觉良好吗?

在第一列中列出你觉得自己不得不做的事情,然后,依次处理每一件事。先在第二列写下你现在对这件事的真实感觉,然后,释放你对这件事的感觉。一旦你完全释放了那种感觉,就在"放下了吗?"一栏打钩。重复上述步骤,当你释放到感觉良好时,就在"感觉良好吗?"一栏打钩。然后,继续释放下一件事。

我不得不做的事

我觉得自己不得不做的事情	我"现在"对它的感受是什么?	放下了吗?	感觉良好吗?

我不得不做的事

我觉得自己不得不做的事情	我"现在"对它的感受是什么?	放下了吗?	感觉良好吗?

运用圣多纳释放法
来实现你的目标

所有人都在追求完全的自由和幸福，无论有意识还是无意识，每个人都在追求这一点。

我们的目标是获得无限的幸福。

我们的目标是彻底解脱——达到无限和安然自若的境界。

——莱斯特·利文森

我在 6 个半月内就完成了个人年度销售指标，全年的销售额更是达到了销售指标的 201%。我将自己在销售方面的成功归功于使用了圣多纳释放法。它减轻了我的压力并增强了我的自信心。我发现自己能够更快地找出解决问题的方法。

——诺玛·德·索菲，销售代表

我使用圣多纳释放法来帮助自己应对在业务方面遇到的恐惧和优柔寡断的问题，它帮助我移除了云雾般的障碍，让我更清晰地看到目标，使我能够做出正确的决定。

——丹尼斯·C.奥沃基，牙医博士

我将你与爱因斯坦、牛顿和哥白尼并列。他们揭开了自然界的奥秘，而你则揭开了人性的奥秘！突然间，我从我一直认为不可战胜的各种力量中解脱了出来！

——巴里·法伯，美国国家电视台、广播电台主持人、评论员

正确陈述目标的措辞与方式

1. 使用"现在"来表述——就好像它已经实现了。如果把它说成是未来的事，往往会让人觉得它总是遥不可及。

2. 用正向的措辞来表述目标，不要使用任何负面的措辞。要写上你想要得到的结果，而不是你不想得到的结果。你的目标陈述应该反映出你想要获得的最终结果；因此，要确保你的陈述中没有包含那些你不想要的东西。通常，把不想要的东西保留在脑海中，就会倾向于创造出它。

3. 它应该让你感觉起来是真实的、现实的、正确的——最好是能让你有一种"我可以拥有它"的感觉。

4. 在陈述时，要明确写出你与这个目标的关系。

5. 要简洁准确。在确保完整表达你的目标的同时，使用尽可能少的词语，选择那些对你有特定意义的确切词语。

6. 要具体，但不要设置任何限制。不要因为过度设置细节而限制了你的最终结果。尽可能让事情保持开放，允许结果比你最初预测的还要好。

7. 使用的措辞要有助于让你放手。

8. 不要使用"想要"这个词。

9. 陈述的是目标或最终结果，而不是实现它的手段或计划。这些可能性行动方案更适合填入"目标行动清单"。

10. 每个陈述只包含一个目标。不要在一个陈述句中包含多个目标，那样做会分散你的能量。

目标陈述示例

注意：你可以以下面这些内容为基础来创建你自己的目标陈述句。你只需适当调整措辞，使它能够反映出你的个人情况即可。

工作 / 事业 / 财务

我允许自己高效地、成功地经营自己的（业务、部门）。

我允许自己在整个工作日期间也轻松地释放。

我允许自己在（生活 / 工作）中轻松地拥有并享受最适合我现在状况的生活 / 工作。

我允许自己轻松地找到并做好一份能极大发挥我的创造能力（和 / 或技能）并能提供丰厚经济回报的工作。

关系 / 沟通

我允许自己与_____的关系是_____（从以下词语中选择：轻松、放松、舒适、友好、和谐、互相关爱、互相支持、开放、诚实、亲切、互利）的。

我允许自己轻松有效地与我的_____（从以下词语中选择：配偶、同事、上司、下属、子女、朋友；或填写某人的姓名）沟通。

我允许我与_____之间的问题在公平和互惠的基础上得到解决。

无论如何，我都允许自己爱并接受 / 原谅我自己（或_____）。

饮食

我允许自己轻松地达到并保持理想的体重。

我允许自己去享受食用那些能保持苗条身材和健康体魄的食物。

整体健康

我允许自己自然轻松地释放。

我允许自己睡个好觉，并在早上_____点钟醒来时是神清气爽、休息充足的。

我允许自己轻松愉快地建立并保持一种能促进健康和良好身材的生活方式。

我允许自己享受作为一名不吸烟者的乐趣。

我允许自己充满爱心地支持_____的成长 / 自由。

我允许_____拥有他自己想要的东西。

目　　标

目标:

_____

_____

_____

我"现在"对我的目标有什么感觉?	放下了吗?	感觉良好吗?

> 　　将你的目标写在表格上方的横线上。我们在"正确陈述目标的措辞与方式"一页中为你提供了一些很好的指导原则,你可以参考一下。写完目标后,在"我'现在'对我的目标有什么感觉?"一列中写下你现在对这个目标的各种感觉。
>
> 　　依次释放每一种感觉。一旦你完全释放了一种感觉之后,就在"放下了吗?"一栏打钩。当你释放到感觉良好时,就在"感觉良好吗?"一栏打钩。然后,再次阅读目标,并重复上述步骤,直到你对这个目标感到无畏、接受或平静。然后翻到下一页,对你目标行动清单上的内容进行释放。

目标行动清单

目标：

_____

_____

_____

达成目标行动清单	我"现在"对于做每一件事有什么感觉？	放下了吗？	感觉良好吗？

　　将你的目标写在表格上方的横线上。在"达成目标行动清单"一列中列出为了达成这个目标必须做的事情。在"我'现在'对于做每一件事有什么感觉？"一列中写下你现在对于去做清单上每一件事的感觉。

　　依次释放每一种感觉。一旦你完全释放了一种感觉之后，就在"放下了吗？"一栏打钩。当你释放到感觉良好时，就在"感觉良好吗？"一栏打钩。重复以上步骤，直到你对实现这个目标的所有行动都感到无畏、接受或平静。

目标表格

目标：

_____

_____

_____

我"现在"对我的目标有什么感觉?	放下了吗?	感觉良好吗?

目标行动清单

目标：＿＿＿＿＿＿＿＿＿＿＿＿＿＿＿＿＿＿＿＿＿＿＿＿＿＿

＿＿＿＿＿＿＿＿＿＿＿＿＿＿＿＿＿＿＿＿＿＿＿＿＿＿＿＿＿＿＿

＿＿＿＿＿＿＿＿＿＿＿＿＿＿＿＿＿＿＿＿＿＿＿＿＿＿＿＿＿＿＿

达成目标行动清单	我"现在"对于做每一件事有什么感觉？	释放了吗？	感觉好吗？

目　　标

目标：

_____

_____

_____

_____

我"现在"对我的目标有什么感觉?	放下了吗?	感觉良好吗?

目标行动清单

目标：

_____

_____

_____

达成目标行动清单	我"现在"对于做每一件事有什么感觉？	放下了吗？	感觉良好吗？

目　　标

目标：

_____

_____

_____

我"现在"对我的目标有什么感觉?	放下了吗?	感觉良好吗?

目标行动清单

目标:

_____

_____

_____

达成目标行动清单	我"现在"对于做每一件事有什么感觉?	放下了吗?	感觉良好吗?

莱斯特谈爱

爱不可能只适用于一个人，而不适用于另一个人。爱这个人而恨另一个人是不可能的。一个人为我们做了一些事情，我们就爱这个人胜过爱另一个人，这是人类之爱。一个人因为别人对他好而去爱别人，这也是人类之爱。真爱是无条件的。在真爱中，一个人甚至爱那些反对他的人。

爱是想要对方得到他们自己想要的东西。

我们应该平等地爱每一个人。

——莱斯特·利文森

祝贺你完成了
前一阶段的课程

我们希望你通过使用圣多纳释放法度过了愉快的一周。我们期待能听到你的收获和成功。

即将到来的这一周非常重要，它旨在让你去亲身实践圣多纳释放法。看看你能在生活中为自己带来什么好处、收获和成功。你要多多在交通出行、家庭成员、商店购物等小事上练习释放。记住，你应用得越多，效果就越好；即使是在小事上应用，它的效果也会越来越好。然后，你可能会发现自己在一天之中已经自动自然地做了成千上万次释放。在你释放的过程中，会有很多值得期待的东西：更多的能量、更加清晰的见解、更强的创造力、更高的效率和更强烈的幸福感。

这是一个要自己亲身实践的工具。这个方法的力量就在于你能够自己独立去实施它。记得保持简单。这本册子中的练习表格将帮助你专注于任何需要深入释放的主题。

我们压抑情感的方式之一就是滥用药物和酗酒。为了让你能够在本周获得最大收益并保持头脑清醒，我们要求你远离这些东西。

祝你本周愉快！

第 2 周练习内容

欢迎回来

接下来，我们将把释放提升到一个全新的、更强大的层次。

在释放法学习的第二阶段，你将认识到感受是如何最终归结为三种欲望的，由此，你的释放体验将会逐步加深。释放这三种"想要"的欲望，就能够消除隐藏在它们下面的所有感觉，从而让你迅速达到"安然自若"的最高目标。

释放回忆

回忆一件曾经想要被认可的具体事件	关于它，我"现在"想要什么？	放下了吗？	感觉良好吗？

在"回忆一件曾经想要被认可的具体事件"一列中，尽可能多地写下你所记得的想要被认可的具体事件。在第二列写下你现在想要些什么，如想要被认可或想要控制。

依次释放每个"想要"的欲望。一旦你完全释放了一种欲望之后，就在"放下了吗？"一栏打钩。当你释放到感觉良好时，就在"感觉良好吗？"一栏打钩。然后继续释放你列出的下一个事件。

回忆一件曾经想要控制的具体事件	关于它，我"现在"想要什么？	放下了吗？	感觉良好吗？

回忆一下你生活中想要控制的事件，并把它们写在"回忆一件曾经想要控制的具体事件"一列中。在第二栏中写下关于每个事件，你现在想要些什么。

依次释放每个"想要"的欲望。一旦你完全释放了那个欲望，就在"放下了吗？"一栏打钩。当你释放到感觉良好时，就在"感觉良好吗？"一栏打钩。然后继续释放你列出的下一个事件，直至完成所有事件的释放。

释放回忆

回忆一件曾经想要被认可的具体事件	关于它，我"现在"想要什么？	放下了吗？	感觉良好吗？

回忆一件曾经想要控制的具体事件	关于它，我"现在"想要什么？	放下了吗？	感觉良好吗？

释放回忆

回忆一件曾经想要被认可的具体事件	关于它，我"现在"想要什么？	放下了吗？	感觉良好吗？
回忆一件曾经想要控制的具体事件	关于它，我"现在"想要什么？	放下了吗？	感觉良好吗？

释放回忆

回忆一件曾经想要被认可的具体事件	关于它，我"现在"想要什么？	放下了吗？	感觉良好吗？
回忆一件曾经想要控制的具体事件	关于它，我"现在"想要什么？	放下了吗？	感觉良好吗？

我们应该努力达到安然自若的境界。只要还有欲望，我们就会感觉匮乏，就会被困在有限制的世界里。"想要"是保持永恒喜悦的最大敌人。

——莱斯特·利文森

　　放下欲望，反而可以帮助你实现这些欲望。想要去控制，只会让你失去控制。

——维吉尼亚·查特斯，圣地亚哥

　　当我说应该通过这个"方法"有效地化解压力及其相关的小情绪时，我知道我不仅仅是代表我自己说的，也是代表我的团队说的。我们都在与他人的关系和我们自己的头脑中体验到了积极的结果。

——迈克尔·芬顿，美国电话电报公司全国客户经理

　　这是一个强大而神奇的过程，它远远超越了人们头脑中自以为是的理解。正如我们的导师提醒我们的那样，结果的美妙之处在于我获得了大量非常愉快的体验，我原本还担心会失去它们来着。

——凯特·桑德森，纽黑文

释放想要

我想要什么?	放下了吗?	感觉良好吗?	我不想要什么?	放下了吗?	感觉良好吗?

在表格中分别列出你想要的和不想要的东西。然后回到第一列,一次处理一个内容,看看你现在想要的是什么,然后释放它。一旦你完全释放了,就在"放下了吗?"一栏打钩。继续释放这个你想要的东西,直到你对这件事感觉良好,然后在"感觉良好吗?"一栏打钩。然后释放下一个你想要的东西。

用同样的步骤释放每一个你不想要的东西。

释放想要

我想要什么?	放下了吗?	感觉良好吗?	我不想要什么?	放下了吗?	感觉良好吗?

释放想要

我想要什么?	放下了吗?	感觉良好吗?	我不想要什么?	放下了吗?	感觉良好吗?

释放想要

我想要什么?	放下了吗?	感觉良好吗?	我不想要什么?	放下了吗?	感觉良好吗?

直至我们变得完全安然自若之前，我们总会在别人面前摆出一副虚假的面孔。我们摆出这副面孔是为了赢得他人的接受和认可。我们根据自以为的对方想要的东西去做出行动，而不是表达我们自己的真实感受。

　　这样，我们就形成了一种扭曲的行为模式，成了习惯性的、自动自发的、潜意识的行为。由于我们无法表达自己的真实本性，因此这种模式必然导致不快乐。

　　潜意识之下的自动行为，就其本质而言，是将我们与我们自己、与他人，以及与这个世界捆绑在了一起。如果我们要想获得快乐，就必须看到事物的真实面目，并释放我们的两种基本欲望（想要被认同、想要控制）。

——莱斯特·利文森

　　多年来，我一直徘徊在转行和创业的道路上。我的焦虑症常常发作，并总是陷入困境。这个课程告诉了我如何摆脱这些困境。于是，我的焦虑和恐惧感完全消失了，我相信我一定能够拥有自己的事业。

——凯伦·弗里索尔，纽黑文

　　我终于找到了那把"钥匙"。我现在明白了"改变你的思维，就能改变你的生活"这句话的含义。我知道我也可以拥有人人向往的那种家庭生活，这太令人兴奋了。

——金吉儿，凤凰城

释放想要控制与被控制

从想要控制之中，我能得到什么?	放下了吗?	感觉良好吗?	从想要被控制之中，我能得到什么?	放下了吗?	感觉良好吗?

在表格中列出你想要通过控制而得到的东西，然后再列出你想要通过被控制而得到的东西。从第一列开始，根据列出的第一个内容，体会你现在想要些什么，并释放它。当你完全释放了那个"想要"之后，就在"放下了吗?"一栏打钩。然后，继续释放每个"想要"，直到你对它感觉良好，然后在"感觉良好吗?"一栏打钩。然后，转到下一个内容，继续释放。

用同样的步骤释放每一个你从想要被控制中得到的东西。

释放想要控制与被控制

从想要控制之中，我能得到什么?	放下了吗?	感觉良好吗?	从想要被控制之中，我能得到什么?	放下了吗?	感觉良好吗?

释放想要控制与被控制

从想要控制之中，我能得到什么？	放下了吗？	感觉良好吗？	从想要被控制之中，我能得到什么？	放下了吗？	感觉良好吗？

我走进这里时还是一个非常渺小的人，在每个角落、每个人的眼中寻找自己的幸福。

　　结果，我在自己的内心深处找到了它。想象一下我的惊喜吧。我打算今天离开这里，并永远记住：那份存在于我自己内心的力量可以实现我想要做的一切。

　　感谢圣多纳释放法为我指明了探索的方向——内心！

——桑迪·维尔库斯，凤凰城

释放想要被认可与不被认可

从想要被认可之中，我能得到什么？	放下了吗？	感觉良好吗？	从想要不被认可之中，我能得到什么？	放下了吗？	感觉良好吗？

在表格中列出你想要通过被认可而得到的东西，然后再列出你想要通过不被认可而得到的东西。从第一列开始，根据列出的第一个内容，体会你现在想要什么，并释放它。当你完全释放了那个"想要"时，就在"放下了吗？"一栏打钩。继续释放下去，直到你对其感觉良好，然后在"感觉良好吗？"一栏打钩。然后，转到下一个内容，继续释放。

用同样的步骤释放每一个你从想要不被认可之中得到的东西。

释放想要被认可与不被认可

从想要被认可之中，我能得到什么？	放下了吗？	感觉良好吗？	从想要不被认可之中，我能得到什么？	放下了吗？	感觉良好吗？

释放想要被认可与不被认可

从想要被认可之中,我能得到什么?	放下了吗?	感觉良好吗?	从想要不被认可之中,我能得到什么?	放下了吗?	感觉良好吗?

在这个世界上，我们的一切行为、一切举动都是基于对爱的渴望。这种渴望使得我们去寻求认可、接受、关注、权力、名声和财富。然而不幸的是，爱并不能通过这种方式得到，于是我们就会变得沮丧和不快乐。我们只有通过爱，才能找到爱，才能获得幸福。

——莱斯特·利文森

释放回忆

回忆一件想要安全或想要生存的具体事件	关于它，我"现在"想要什么?	放下了吗?	感觉良好吗?

在第一列中，尽可能多地写下你所记得的当你想要安全或想要生存的具体事件。在第二列中，写下你现在想要的，如想要被认可、想要控制或想要安全。释放每一个"想要"的欲望，直至完成释放，然后在"放下了吗?"一栏打钩。当你释放到感觉良好时，就在"感觉良好吗?"一栏打钩。

接着，继续释放你列出的下一个事件。

释放回忆

回忆一件想要安全或想要生存的具体事件	关于它，我"现在"想要什么？	放下了吗？	感觉良好吗？

释放回忆

回忆一件想要安全或想要生存的具体事件	关于它，我"现在"想要什么？	放下了吗？	感觉良好吗？

化解卡住

主题:＿＿＿＿＿＿＿＿＿＿＿＿＿＿＿＿＿＿＿＿＿＿＿＿

对我有什么好处?	放下了吗?	感觉良好吗?	对我有什么坏处?	放下了吗?	感觉良好吗?

选取一个你感觉被卡住的主题,比如做决定、制定目标、改正不良习惯或行为模式、麻烦的关系或情况、反复出现的感觉,等等,将它写在表格上方的横线上。

先想一想这个主题对你有什么好处,并写在"对我有什么好处?"一列,然后在旁边写上"想要被认可""想要控制"或"想要安全"。然后释放现在想要的,直至完成释放,然后在"放下了吗?"一栏打钩。继续释放下去,直到你感觉良好,然后在"感觉良好吗?"一栏打钩。

接下来,想一想这个主题对你有什么坏处,并写在"对我有什么坏处?"一列,并完成同样的释放步骤。

接着,再用同样的步骤释放另一个好处,结束之后,再释放另一个坏处。这样不断交替进行,保持平衡地释放好处和坏处。如果你想不出什么好处或坏处,就在那一栏写上"无",然后继续释放其他的内容。

化解卡住

主题：_____

对我有什么好处?	放下了吗?	感觉良好吗?	对我有什么坏处?	放下了吗?	感觉良好吗?

化解卡住

主题：_____

对我有什么好处？	放下了吗？	感觉良好吗？	对我有什么坏处？	放下了吗？	感觉良好吗？

化解卡住

主题：_____

对我有什么好处?	放下了吗?	感觉良好吗?	对我有什么坏处?	放下了吗?	感觉良好吗?

看见你的想要被认可、想要控制和想要安全

我寻求被认可的方式	放下了吗？	感觉良好吗？	我寻求被认可的方式	放下了吗？	感觉良好吗？
我试图控制的方式	放下了吗？	感觉良好吗？	我试图控制的方式	放下了吗？	感觉良好吗？

　　列出你试图获得认可的所有方式、试图控制的所有方式以及寻求安全的所有方式。观察自己的每一个方式，去体会你现在的"想要"，是想要被认可、想要控制还是想要被安全，把它写在对应的单元格中并完全释放它，然后在"放下了吗？"一栏打钩。继续释放下去，直到你感觉良好，然后在"感觉良好吗？"一栏打钩。

　　这将有助于你持续地觉知自己的行为，并确定自己是想要被认可、想要控制还是想要安全，从而让你有更好的机会当场释放。然后，你可以更理性地选择是否要采取行动。

我寻求安全的方式	放下了吗？	感觉良好吗？	我寻求安全的方式	放下了吗？	感觉良好吗？

看见你的想要被认可、想要控制和想要安全

我寻求被认可的方式	放下了吗?	感觉良好吗?	我寻求被认可的方式	放下了吗?	感觉良好吗?
我试图控制的方式	放下了吗?	感觉良好吗?	我试图控制的方式	放下了吗?	感觉良好吗?
我寻求安全的方式	放下了吗?	感觉良好吗?	我寻求安全的方式	放下了吗?	感觉良好吗?

看见你的想要被认可、想要控制和想要安全

我寻求被认可的方式	放下了吗?	感觉良好吗?	我寻求被认可的方式	放下了吗?	感觉良好吗?
我试图控制的方式	放下了吗?	感觉良好吗?	我试图控制的方式	放下了吗?	感觉良好吗?
我寻求安全的方式	放下了吗?	感觉良好吗?	我寻求安全的方式	放下了吗?	感觉良好吗?

看见你的想要被认可、想要控制和想要安全

我寻求被认可的方式	放下了吗?	感觉良好吗?	我寻求被认可的方式	放下了吗?	感觉良好吗?
我试图控制的方式	放下了吗?	感觉良好吗?	我试图控制的方式	放下了吗?	感觉良好吗?
我寻求安全的方式	放下了吗?	感觉良好吗?	我寻求安全的方式	放下了吗?	感觉良好吗?

找到快乐

为了快乐，我需要获得什么？	放下了吗？	感到快乐吗？	为了快乐，我需要避免些什么？	放下了吗？	感到快乐吗？

快乐是我们的正常情绪之一。列出你认为自己需要获得什么才能快乐，然后再列出你认为自己需要避免什么才能快乐。回到第一列，每次选择一项，写出这是想要被认可、想要控制还是想要安全，然后完全释放它，并在"放下了吗？"一栏打钩。继续释放下去，直到你感到快乐为止，然后在"感到快乐吗？"一栏打钩。

然后，对你认为获得快乐需要避免的事情进行释放，重复上述同样的步骤，完全释放，直到你感到快乐为止。

找到快乐

为了快乐，我需要获得什么?	放下了吗?	感到快乐吗?	为了快乐，我需要避免些什么?	放下了吗?	感到快乐吗?

找到快乐

为了快乐，我需要获得什么?	放下了吗?	感到快乐吗?	为了快乐，我需要避免些什么?	放下了吗?	感到快乐吗?

谢谢！谢谢！谢谢！在过去的一周里，在释放法的教导和这个精彩课程的帮助下，我改变了自己的态度、感受和生活。自 1979 年以来，我第一次没有了颈部和背部的疼痛。我能够释放旧的记忆以及恐惧、愤怒和冷漠的感受，这让我感觉棒极了。

——加里·N.尼基，凤凰城

　　这个方法是一个极其宝贵的工具，能让人获得极佳的夜间休息，并让人醒来后感觉神清气爽、乐观向上。

——弗朗西斯·沃特曼，凤凰城

　　无论何时，我总能开心！这太棒了！

——罗素·布朗，凤凰城

六个步骤

1. 你必须想要自由（或实现你的目标）超过想要被认可、想要控制和想要安全。

2. 下定决心运用圣多纳法获得自由（或实现你的目标）。

3. 看到你所有的感受都来自三个基本欲望—想要被认可、想要控制、想要安全，然后放下它们。

4. 持续释放。不管你是独自一人还是与他人在一起，不断地释放想要被认可、想要控制、想要安全的欲望。

5. 如果你被困住了，就放下想要控制或改变这个状况的欲望。

6. 每一次释放都会让你更轻松、更快乐、更高效。如果你持续释放，就会越来越轻松、越来越快乐、越来越高效。

抵达安然自若（自由）的境界的"门票"

做到下面这三点，你就能很快达到安然自若的境界。

1.只是释放这三类欲望（想要被认可、想要控制、想要安全）。

2.持续地释放，立即释放。允许"想要被认可""想要控制"和"想要安全"进入你的觉知，并立即将其释放。

3.让圣多纳释放法成为你自己实践的一个工具。

现在，你已经拥有了抵达安然自若的境界所需要的一切。

恭喜你

我们一起度过的这段时间，为你应用圣多纳释放法做好了准备。现在，你已经拥有了所需的一切，可以自己去开始并完成这个旅程了。

我们衷心希望你能在各个领域中继续使用这个方法。当你在某个领域使用该方法时，你将发现它也会影响到你的所有其他领域。当你获得越来越大的成功和满足感时，你帮助的不仅仅是你自己，你还帮助了你周围的人，你的爱人、朋友、同事，甚至你在街上遇到的陌生人。他们能够感受到你内心的平静，并注意到你能更有效地体验生活。我们希望你能与这些人分享你的奇妙收获，并与我们一起实现让每个人都学会圣多纳释放法的愿景。

感谢你学习圣多纳释放法，衷心祝愿你达到安然自若的最高境界。

圣多纳学院

你会发现，圣多纳释放法是当今世界上唯一简便易行的"如何做"的方法，它是行之有效的，你的体验很快就能证明这一点。

所有人在他的一举一动中，都在寻找这种存在于自身之内的终极状态。但是，他却在它并不存在的物质世界中去寻找它。而这个"如何做"的方法将会让你如愿以偿，帮助你达到这种最高境界。

这个世界现在需要的是爱，更多的爱，也包括你的爱。这在你使用圣多纳释放法的体验中已经得到了验证。圣多纳释放法只是让你释放掉非爱的感受，从而让你本就自然存有的爱表达出来。

你的生活将变得更健康、更快乐、更富足。祝你好运，也祝你成功。

——莱斯特·利文森

我 的 收 获